Krause
Hate Speech

Hate Speech

Strafbarkeit und Strafverfolgung von Hasspostings

von

Dr. Benjamin Krause
Oberstaatsanwalt

2022

Zitiervorschlag: Krause Hate Speech

Alle in den Fußnoten zitierten Internetquellen wurden zuletzt am 6. Juli 2022 abgerufen.

www.beck.de

ISBN 978 3 406 79430 8

© 2022 Verlag C.H. Beck oHG
Wilhelmstraße 9, 80801 München
Druck und Bindung: Beltz Grafische Betriebe GmbH
Am Fliegerhorst 8, 99947 Bad Langensalza
Umschlaggestaltung: Druckerei C.H. Beck Nördlingen

Satz: Fotosatz Buck
Zweikirchner Str. 7, 84036 Kumhausen

Gedruckt auf säurefreiem, alterungsbeständigem Papier
(hergestellt aus chlorfrei gebleichtem Zellstoff)

Vorwort

Seit Anfang 2019 ist die Strafverfolgung von „Hate Speech" ein Schwerpunkt meiner Zentralstelle zur Bekämpfung der Internetkriminalität (ZIT) der Generalstaatsanwaltschaft Frankfurt am Main.

Dieses Buch beruht auf den dabei gewonnenen Erfahrungen bei der strafrechtlichen Würdigung mehrerer tausend Äußerungen, bei der Durchführung von Ermittlungen zur Identifizierung unbekannter Internetnutzer, bei der Suche nach Beweismitteln zum Tatnachweis und letztlich bei der Teilnahme an Hauptverhandlungen. Es soll Praktikern einen ersten Zugang zu dem Thema „Hate Speech" ermöglichen, aber auch bei den in der Praxis immer wiederkehrenden Problemen als ein Nachschlagewerk und Hilfsmittel für die tägliche Arbeit dienen.

Zu diesem Zweck wird zunächst das Phänomen „Hate Speech" mitsamt den über die unmittelbaren Rechtsgutsverletzungen hinausgehenden Auswirkungen und Gefahren dargestellt. Bei der folgenden Darstellung der praxisrelevanten Straftatbestände sowie der praxisrelevanten Ermittlungen orientiert sich dieses Buch an der aktuellen obergerichtlichen und höchstrichterlichen Rechtsprechung. Soweit diese im Hinblick auf die Besonderheiten von „Hate Speech" und die Nutzung von Internetkommunikation nicht vorhanden ist, werden eigene Lösungswege entwickelt – so etwa für den Beginn der Strafantragsfrist bei Online-Beleidigungen (→ Rn. 96 ff.), die Formwirksamkeit von Strafanträgen über Online-Meldeplattformen (→ Rn. 105 ff.), die notwendigen Datensicherungen für die strafrechtliche Würdigung von „Hate Speech" (→ Rn. 248 ff.), die Voraussetzungen der „vereinfachten" Nutzungsdatenauskunft gemäß § 100k Abs. 3 StPO (→ Rn. 270 ff.) oder die abgestufte Vorgehensweise bei der Sicherstellung internetfähiger Geräte (→ Rn. 342 ff.). Angesichts der rechtspolitischen Dynamik des Themas können einzelne Punkte nicht abschließend dargestellt werden – so etwa die „NetzDG-Meldepflicht" (→ Rn. 43 ff.), die „Vorratsdatenspeicherung" für IP-Adressen (→ Rn. 284 ff.) oder der „Digital Services Act" (→ Rn. 49 ff.). An einzelnen Stellen wie etwa bei dem Plädoyer für einen „Kulturwandel bei den Strafverfolgungsbehörden" (→ Rn. 57 ff.) werden bewusst provokante Thesen vertreten, um eine weitergehende Diskussion zu initiieren. Da dieses Buch aber vornehmlich auf die Erfordernisse der Praxis ausgerichtet ist, sind auch ausführliche Mustertexte für Ermittlungsmaßnahmen und ein Glossar von Fachbegriffen enthalten.

Ohne die Bereitschaft vieler Personen, immer wieder neu über Fragestellungen und Probleme ergebnisoffen zu diskutieren, wäre dieses Buch niemals entstanden. Ich bin daher allen Kolleginnen und Kollegen der ZIT, der Schwerpunktstaatsanwaltschaften in den anderen Bundesländern, der zentralen Meldestelle für strafbare Inhalte im Internet (ZMI) des Bundeskriminalamts und der zivilgesellschaftlichen Kooperationspartner dafür sehr dankbar.

Frankfurt am Main, im Juli 2022 *Benjamin Krause*

Inhaltsverzeichnis

Vorwort	V
Inhaltsverzeichnis	VII
Abkürzungsverzeichnis	XI
Verzeichnis der abgekürzt zitierten Literatur	XIII

§ 1. Phänomen „Hate Speech" 1
   I. Begriffsbestimmung von „Hate Speech" 1
  II. Wahrnehmung und Betroffenheit von „Hate Speech" 4
      1. Bevölkerungsumfragen 4
      2. Transparenzberichte der sozialen Netzwerke 4
      3. Statistiken der Strafverfolgungsbehörden 5
 III. Gefahren von „Hate Speech" 6
      1. „Silencing" 6
      2. „Radikalisierung" 7
 IV. Rechtspolitische Maßnahmen gegen „Hate Speech" 8
      1. Maßnahmen in den Bundesländern 9
      2. Maßnahmen im Bund 10
      3. Maßnahmen auf europäischer Ebene 11
  V. Praxis der Strafverfolgungsbehörden 13

§ 2. Praxisrelevante Straftatbestände bei „Hate Speech" 15
   I. Übergreifende Problemstellungen 15
      1. Abgrenzung zur Meinungsfreiheit – Art. 5 GG 15
        a) Schutzbereich der Meinungsfreiheit 15
        b) Einschränkungen der Meinungsfreiheit 18
      2. Strafanwendungsrecht – § 5 StGB 18
      3. Inhaltsbegriff – § 11 StGB 20
      4. Strafzumessungsrecht – § 46 StGB 21
      5. Strafantrag – § 77b StGB und § 158 StPO 22
        a) Antragsfrist – § 77b StGB 22
        b) Schriftform – § 158 Abs. 2 StPO 24
      6. Eignung zur Störung des öffentlichen Friedens – §§ 126, 130, 140 StPO 26
      7. Verantwortlichkeit der Plattformbetreiber – §§ 7 ff. TMG ... 26
  II. Angriffe auf den öffentlichen Rechtsfrieden 28
      1. Kennzeichenverwendung – § 86a StGB 28
      2. Aufforderung zu Straftaten – § 111 StGB 30
      3. Androhung von Straftaten – § 126 StGB 31
      4. Veröffentlichen von „Feindeslisten" – § 126a StGB 32
      5. Betreiben krimineller Plattformen im Internet – § 127 StGB 34

6. Volksverhetzung – § 130 Abs. 1 und 2 StGB		36
a) „Verhetzung" – § 130 Abs. 1 StGB		36
b) „Verbreitung" – § 130 Abs. 2 StGB		39
7. „Holocaust-Leugnung" und „NS-Verherrlichung" – § 130 Abs. 3 und 4 StGB		40
8. Billigung von Straftaten – § 140 StGB		43
III. Angriffe auf den individuellen Rechtsfrieden		44
1. Beleidigung – §§ 185, 193 StGB		44
a) „Formalbeleidigung"		45
b) „Schmähkritik"		46
c) Abwägung		47
d) Kollektivbeleidigung		49
e) Beleidigungsfreie Sphäre		49
2. Üble Nachrede und Verleumdung – §§ 186, 187 StGB		50
3. Personen des politischen Lebens – §§ 188, 194 StGB		52
a) Voraussetzungen des § 188 StGB		53
b) Kein Strafantrag erforderlich – § 194 Abs. 1 Satz 3 StGB		54
4. Verunglimpfung des Andenkens Verstorbener – § 189 StGB		55
5. Verhetzende Beleidigung – § 192a StGB		56
6. Bedrohung – § 241 StGB		56

§ 3. Praxisrelevante Ermittlungen bei „Hate Speech" 59

I. Kontext- und Profilrecherche 59
II. Standardmaßnahmen zur Identifizierung 60
   1. Online-Recherche – §§ 161, 163 StPO 60
   2. „Einfache" Bestandsdatenauskunft – § 100j Abs. 1 StPO 61
      a) Bestandsdatenauskunft bei TK-Diensten 61
      b) Bestandsdatenauskunft bei TM-Diensten 62
      c) Pflicht zur Beauskunftung und Verschwiegenheit 63
   3. Nutzungsdatenauskunft – § 100k Abs. 3 StPO 63
      a) Voraussetzungen 63
      b) Befugnis der Polizeibehörden 64
      c) Pflicht zur Beauskunftung und Verschwiegenheit 65
   4. „Qualifizierte" Bestandsdatenauskunft – § 100j Abs. 2 StPO .. 65
      a) Voraussetzungen und Erfolgsaussicht 66
      b) Dokumentations- und Benachrichtigungspflicht 67
   5. Direktanfragen an ausländische Dienstanbieter 68
   6. Folgeermittlungen in Registern – §§ 161, 163 StPO 70
III. Spezialmaßnahmen zur Identifizierung 71
   1. „IP-Tracking" – § 100h StPO 71
   2. „Login-Überwachung" – §§ 100g, 100k StPO 72
   3. E-Mail-Beschlagnahme – §§ 94, 95a, 99 StPO 73
      a) „Offene" und „Verdeckte" Beschlagnahme – §§ 94, 99 StPO 74
      b) Zurückstellung der Benachrichtigung – § 95a StPO 75
      c) E-Mail-Beschlagnahme bei „Hate Speech" 76
   4. E-Mail-Überwachung – § 100a StPO 78
   5. Inhaltsüberwachung bei Telemediendiensten – § 100a StPO 79
IV. Sicherstellung internetfähiger Geräte 79
   1. Suche nach „Alltagsgeräten" 80

2. Fotografische Sicherung bei kooperativen Beschuldigten 81
3. Sicherung bei nicht kooperativen Beschuldigten 81
4. Beschränkung der digital-forensischen Auswertung 81

§ 4. Mustertexte für Ermittlungsmaßnahmen 83
I. Standardmaßnahmen 83
1. Online-Recherche – §§ 161, 163 StPO 83
2. Bestandsdatenauskunft – § 100j Abs. 1 StPO 84
3. Nutzungsdatenauskunft – § 100k Abs. 3 StPO 84
4. Bestandsdatenauskunft zu IP-Adresse – § 100j Abs. 2 StPO 85
5. Direktanfrage an ausländischen E-Mail-Dienst – § 100j StPO 86
6. Direktanfrage an ausländisches soziales Netzwerk – §§ 100j, 100k StPO 87
II. Spezialmaßnahmen 88
1. IP-Tracking – § 100h StPO 88
2. IP-Tracking – §§ 100g, 100k StPO 89
3. Login-Überwachung bei TK-Dienst – § 100g StPO 91
4. Login-Überwachung bei TM-Dienst – § 100k StPO 92
5. Vorläufige E-Mail-Sicherstellung bei Dienstanbieter – § 103 StPO.... 94
6. E-Mail-Beschlagnahme nach Sichtung – §§ 94, 95a StPO 94
7. E-Mail-Überwachung – § 100a StPO 96

Glossar 99

Stichwortverzeichnis 107

Abkürzungsverzeichnis

aA	andere Ansicht
Abs.	Absatz
aE	am Ende
aF	alte Fassung
AG	Amtsgericht
Art.	Artikel
BayObLG	Bayerisches Oberstes Landesgericht
BeckRS	Beck'sche Rechtssache
BfJ	Bundesamt für Justiz
BGBl.	Bundesgesetzblatt
BGH	Bundesgerichtshof
BMG	Bundesmeldegesetz
BT-Drs.	Bundestagsdrucksache
BVerfG	Bundesverfassungsgericht
bzw.	beziehungsweise
CCC	Übereinkommen des Europarats über Computerkriminalität, Cybercrime-Convention
DSA	Digital Services Act
dh	das heißt
DRiZ	Deutsche Richterzeitung (Zeitschrift)
DS-GVO	Datenschutzgrundverordnung
ECRI	Europäischen Kommission gegen Rassismus und Intoleranz
EEA	Europäische Ermittlungsanordnung
EMRK	Europäische Menschenrechtskonvention
etc.	et cetera
EU	Europäische Union
EuZW	Europäische Zeitschrift für Wirtschaftsrecht (Zeitschrift)
f./ff.	fortfolgende
FD-StrafR	Fachdienst Strafrecht (Zeitschrift)
GG	Grundgesetz
GRUR-RS	Gewerblicher Rechtsschutz und Urheberrecht Rechtsprechung (Zeitschrift)
GSZ	Zeitschrift für das gesamte Sicherheitsrecht (Zeitschrift)
i.Ü.	im Übrigen
IRG	Internationales Rechtshilfegesetz
iSd	im Sinne des
iSv	im Sinne von
JA	Juristische Arbeitsblätter (Zeitschrift)
JR	Juristische Rundschau (Zeitschrift)
JuS	Juristische Schulung (Zeitschrift)
JZ	JuristenZeitung (Zeitschrift)
KG	Kammergericht
K & R	Kommunikation & Recht (Zeitschrift)
Kriminalistik	Kriminalistik, Unabhängige Zeitschrift für die kriminalistische Wissenschaft und Praxis (Zeitschrift)
KriPoZ	Kriminalpolitische Zeitschrift (Zeitschrift)
LG	Landgericht
MMR	Zeitschrift für IT-Recht und Recht der Digitalisierung (Zeitschrift)
mwN	mit weiteren Nachweisen
NAPT	Network-Adress-Port-Translation

NetzDG	Netzwerkdurchsetzungsgesetz
NJW	Neue Juristische Wochenschrift (Zeitschrift)
NJW-RR	Neue Juristische Wochenschrift Rechtssprechungs-Report (Zeitschrift)
Nr.	Nummer
NStZ	Neue Zeitschrift für Strafrecht (Zeitschrift)
NStZ-RR	Neue Zeitschrift für Strafrecht Rechtsprechungs-Report (Zeitschrift)
NVwZ	Neue Zeitschrift für Verwaltungsrecht (Zeitschrift)
NZWiSt	Neue Zeitschrift für Wirtschafts-, Steuer- und Unternehmensstrafrecht (Zeitschrift)
OLG	Oberlandesgericht
OVG	Oberverwaltungsgericht
PKS	Polizeiliche Kriminalstatistik
RiStBV	Richtlinien für das Strafverfahren und das Bußgeldverfahren
RL	Richtlinie
sog.	sogenannt/e/er
StGB	Strafgesetzbuch
StPO	Strafprozessordnung
StVG	Straßenverkehrsgesetz
TerrOIBG	Terroristische-Online-Inhalte-Bekämpfungs-Gesetz
TKG	Telekommunikationsgesetz
TMG	Telemediengesetz
TTDSG	Telekommunikation-Telemedien-Datenschutz-Gesetz
ua	unter anderem
Var.	Variante
VG	Verwaltungsgericht
VO	Verordnung
VStGB	Völkerstrafgesetzbuch
zB	zum Beispiel
ZD	Zeitschrift für Datenschutz (Zeitschrift)
ZIT	Zentralstelle zur Bekämpfung der Internetkriminalität
ZMI	Zentrale Meldestelle für strafbare Inhalte im Internet
ZRP	Zeitschrift für Rechtspolitik (Zeitschrift)
ZStW	Zeitschrift für die gesamte Strafrechtswissenschaft (Zeitschrift)
ZWH	Zeitschrift für Wirtschaftsstrafrecht und Haftung im Unternehmen (Zeitschrift)

Verzeichnis der abgekürzt zitierten Literatur

BeckOK StGB/Bearbeiter	von Heintschel-Heinegg (Hrsg.), Beck'scher Onlinekommentar StGB, 53. Edition 2022
BeckOK StPO/Bearbeiter	Graf (Hrsg.), Beck'scher Onlinekommentar StPO mit RiStBV und MiStra, 43. Edition 2022
Erbs/Kohlhaas/Bearbeiter	Erbs/Kohlhaas (Hrsg.), Strafrechtliche Nebengesetze, Kommentar, 237. Auf. 2021
Fischer StGB	Fischer, Strafgesetzbuch, 69. Aufl. 2021
Gola DS-GVO	Gola, Datenschutz-Grundverordnung, 2. Aufl. 2018
Hilgendorf/Valerius Computer- und InternetStrafR	Hilgendorf/Valerius, Computer- und Internetstrafrecht, 2. Aufl. 2012
HK-GS/Bearbeiter	Dölling/Duttge/König/Rössner (Hrsg.), Gesamtes Strafrecht, 5. Aufl. 2022
KK-StPO/Bearbeiter	Hannich (Hrsg.), Karlsruher Kommentar zur Strafprozessordnung: StPO, 8. Aufl. 2019
LK-StGB/Bearbeiter	Cirener/Radtke/Rissing-van Saan/Rönnau/Schluckebier (Hrsg.), Leipziger Kommentar Strafgesetzbuch, 13. Aufl. 2019
Löwe/Rosenberg/Bearbeiter	Löwe/Rosenberg (Hrsg.), Die Strafprozessordnung und das Gerichtsverfassungsgesetz, 27. Aufl. 2017
LTZ/Bearbeiter	Leipold/Tsambikakis/Zöller (Hrsg.), Anwaltkommentar StGB, 3. Aufl. 2020
Meyer-Goßner/Schmitt/Bearbeiter	Meyer-Goßner/Schmitt, Strafprozessordnung StPO, 65. Aufl. 2022
MüKoStGB/Bearbeiter	Erb/Schäfer, Münchener Kommentar zum Strafgesetzbuch, 4. Aufl. 2020
MüKoStPO/Bearbeiter	Knauer/Kudlich/Schneider (Hrsg.), Münchener Kommentar zur Strafprozessordnung, 1. Aufl. 2014
NK-StGB/Bearbeiter	Kindhäuser/Neumann/Paeffgen (Hrsg.), Strafgesetzbuch, 5. Aufl. 2017
Park Durchsuchung	Park, Durchsuchung und Beschlagnahme, 5. Aufl. 2020
Plath DSGVO/BDSG/Bearbeiter	Plath (Hrsg.), DSGVO/BDSG, 3. Aufl. 2018
Schomburg/Lagodny/Bearbeiter	Schomburg/Lagodny (Hrsg.), Internationale Rechtshilfe in Strafsachen, 6. Aufl. 2020
Schönke/Schröder/Bearbeiter	Eser/Bosch/Eisele/Hecker/Kinzig/Perron/Schittenhelm/Schuster/Sternberg-Lieben/Weißer (Hrsg.), Strafgesetzbuch, 30. Aufl. 2019
SK-StPO/Bearbeiter	Wolter (Hrsg.), Systematischer Kommentar zur Strafprozessordnung und zum Gerichtsverfassungsgesetz, 5. Aufl. 2015

§ 1. Phänomen „Hate Speech"

„People say and do things in cyberspace that they wouldn't ordinarily say and do in the face-to-face world."[1]

Die Bekämpfung und Verfolgung von „Hate Speech" ist spätestens seit dem rechtsextremistisch motivierten Mord an dem Kasseler Regierungspräsidenten Dr. Lübcke im Juni 2019 eines der bestimmenden Themen in der rechtspolitischen Diskussion. Landesregierungen haben Aktionsprogramme gegen „Hate Spech" beschlossen wie etwa *„Gemeinsam gegen Hass im Netz"*[2], *„Hessen gegen Hetze"*[3] oder *„Konsequent gegen Hass"*[4]. Zivilgesellschaftliche Organisationen haben sich zu Kompetenznetzwerken zusammengeschlossen.[5] Und auch die Bundesregierung hat seit 2019 ein umfassendes Maßnahmenpaket zur Bekämpfung der Hasskriminalität umgesetzt. Gesellschaftlich wird jedoch vor allem eines erwartet: eine **konsequente Strafverfolgung von „Hate Speech"**. 1

I. Begriffsbestimmung von „Hate Speech"

Bereits seit 1997 verwendete der **Europarat** den Begriff „Hate Speech", um ablehnungswürdige und vom Schutzbereich der Europäischen Menschenrechtskonvention (EMRK) ausgeschlossene Aussagen zu charakterisieren.[6] Spätestens seit der sog. „Flüchtlingskrise" im Spätsommer 2015 wird „Hate Speech" jedoch als Sammelbegriffe für Äußerungen im Internet verwendet, mit denen einzelne Menschen oder Gruppen von Menschen angegriffen, diffamiert oder bedroht werden. Grund dafür war und ist, dass auf Plattformen wie Facebook, YouTube und Twitter entsprechende Äußerungen im „öffentlichen Meinungskampf" gegen „Andersdenkende" massenhaft auftreten – auch und gerade als Reaktion auf öffentlichkeitswirksame Ereignisse wie Unglücksfälle, Straftaten oder politische Entscheidungen. 2

Der Verhinderung der „zunehmenden Verbreitung von Hasskriminalität und anderen strafbaren Inhalten vor allem in sozialen Netzwerken wie Facebook, YouTube und Twitter"[7] dient seit Oktober 2017 das **Netzwerkdurchsetzungsgesetz (NetzDG)**. Dieses Gesetz verpflichtet Anbieter sozialer Netzwerke ua dazu, einen offensichtlich 3

---

[1] Suler, CyberPsychology & Behavior 2004, 321.
[2] Informationen dazu sind abrufbar unter https://www.medien.sachsen.de.
[3] Informationen dazu sind abrufbar unter https://hessengegenhetze.de/.
[4] Informationen dazu sind abrufbar unter https://www.blm.de/konsequent-gegen-hass.cfm.
[5] https://kompetenznetzwerk-hass-im-netz.de/.
[6] Nach der Definition des Ministerkomitees des Europarats – Empfehlung Nr. R (97) 20 – sollte mit „Hate-Speech" jede Form von Äußerung gemeint sein, welche Rassenhass, Fremdenfeindlichkeit, Antisemitismus oder andere Formen von Hass, die auf Intoleranz gründen, propagieren, dazu anstiften, sie fördern oder rechtfertigen, einschließlich der Intoleranz, die sich in Form eines aggressiven Nationalismus und Ethnozentrismus, einer Diskriminierung und Feindseligkeit gegenüber Minderheiten, Einwanderern und der Einwanderung entstammenden Personen ausdrücken.
[7] BT-Drs. 18/12356, 1.

rechtswidrigen Inhalt (§ 1 Abs. 3 NetzDG) innerhalb von 24 Stunden nach Eingang einer Beschwerde zu entfernen (§ 3 Abs. 2 Nr. 2 und 3 NetzDG). Eine Begriffsbestimmung von „Hate Speech" enthält das NetzDG jedoch nicht.

4   In der politischen, gesellschaftlichen und wissenschaftlichen Diskussion gibt es zudem unterschiedliche enge oder breite Verständnisse dessen, was als „Hate Speech", „Hasskommentar" oder „Hassposting" gilt.

5   So ist nach der Definition der **Europäischen Kommission gegen Rassismus und Intoleranz (ECRI) des Europarates**[8] zum Zwecke einer allgemeinen politischen Empfehlung unter Hate Speech

> *„…das Befürworten und Fördern von oder Aufstacheln zu jeglicher Form von Verunglimpfung, Hass oder Herabwürdigung einer Person oder Personengruppe zu verstehen (…), ebenso wie jegliche Belästigung, Beleidigung, negative Stereotypisierung, Stigmatisierung oder Bedrohung einer Person oder Personengruppe und die Rechtfertigung der genannten Äußerungen, die aufgrund der „Rasse", Hautfarbe, Abstammung, nationalen oder ethnischen Herkunft, des Alters, einer Behinderung, der Sprache, der Religion oder der Überzeugung, des biologischen oder sozialen Geschlechts, der Geschlechtsidentität, sexuellen Orientierung oder anderer persönlicher Eigenschaften und Statusmerkmale getätigt werden."*

6   Die **Landeszentrale für politische Bildung Baden-Württemberg**[9] definiert „Hate Speech" dagegen wie folgt:

> *„Hate Speech ist ein Begriff aus dem Englischen. Er bezeichnet Hassreden, die Nutzerinnen und Nutzer im Internet und in sozialen Netzwerken posten, liken und rechtfertigen. Hasspostings enthalten Äußerungen, die Einzelne oder Gruppen diskriminieren, zum Beispiel wegen ihrer Herkunft, Religion, ihrer sozialen Zugehörigkeit, wegen einer Behinderung oder wegen ihres Geschlechts. Ziel der sogenannten Hater ist es, Hass auszudrücken und zu verbreiten und Gruppen oder einzelne Personen abzuwerten. Die Täter versuchen, Gruppen oder Einzelne als weniger wert darzustellen."*

7   Das **Institut für Demokratie und Zivilgesellschaft**[10] hat im Juni 2019 für eine bundesweite repräsentative Untersuchung folgende Definition zugrunde gelegt:

> *„Aggressive oder allgemein abwertende Aussagen gegenüber Personen, die bestimmten Gruppen zugeordnet werden, werden ‚Hate Speech' genannt bzw. synonym auch ‚Hassrede', ‚Hasssprache' oder ‚Hasskommentare'. Dabei kann es um unterschiedliche Gruppen bzw. soziale Kategorien gehen, von Geschlecht oder der ethnischen Herkunft bis hin zu Berufsgruppen wie ‚Politiker*innen'. Hate Speech ist nach dieser Definition somit abzugrenzen von individuellen Formen der Herabsetzung, die sich nicht auf bestimmte Gruppenmitgliedschaften beziehen, wie zB individuelle Beleidigungen, Belästigungen oder Cybermobbing. ‚Hasssprache' bezieht sich damit weniger auf die Emotion, als vielmehr auf negative Vorurteile gegenüber spezifischen Gruppen von Menschen. Mit Hate Speech ist also vor allem vorurteilsgeleitete, abwertende Sprache gemeint."*

---

[8] CRI 2016 15.
[9] Online-Dossier „Hate Speech – Hassrede im Netz" abrufbar unter https://www.lpb-bw.de/hate-speech.
[10] Definition abrufbar unter https://www.idz-jena.de/.

I. Begriffsbestimmung von „Hate Speech"

Anbieter sozialer Netzwerke im Internet haben für ihre Plattformen wiederum eigene, oftmals sehr ausdifferenzierte Definitionen von „Hate Speech", auf deren Grundlage Hasskommentare bewertet und geahndet werden, zB **Facebook**[11]:

> *„Wir definieren Hassrede als direkten Angriff auf Personen aufgrund geschützter Eigenschaften: ethnische Zugehörigkeit, nationale Herkunft, religiöse Zugehörigkeit, sexuelle Orientierung, Kaste, Geschlecht, Geschlechtsidentität, ernsthafte Erkrankung oder schwere Behinderung. Auch der Einwanderungsstatus ist in gewissem Umfang eine geschützte Eigenschaft. Wir definieren Angriff als gewalttätige oder entmenschlichende Sprache, Aussagen über Minderwertigkeit oder Aufrufe, Personen auszuschließen oder zu isolieren. (...)".*

Für die Zwecke des polizeilichen Meldedienstes hat die **bundesweite Kommission Staatsschutz**[12] den Begriff „Hassposting" folgendermaßen definiert:

> *„(...) Hasspostings werden solche Straftaten zugerechnet, die in Würdigung der Umstände der Tat oder der Einstellung des Täters Anhaltspunkte dafür geben, dass diese wegen einer zugeschriebenen oder tatsächlichen politischen Haltung, Einstellung und/oder Engagements, Nationalität, ethnischer Zugehörigkeit, Hautfarbe, Religionszugehörigkeit, Weltanschauung, sozialen Status, physischer und/ oder psychischer Behinderung oder Beeinträchtigung, sexuellen Orientierung und/ oder sexuellen Identität oder äußeren Erscheinungsbildes kausal gegen eine oder mehrere Person(en), Gruppe(n) oder Institution(en) gerichtet sind."*

Zusammenfassend kann also festgehalten werden, dass der Begriff „Hate Speech" gesellschaftlich als **Sammelbegriff für unterschiedliche Formen von Äußerungen** verwendet wird, **mit denen entweder Gruppen von Menschen oder einzelne Menschen aufgrund unterschiedlichster Attribute angegriffen, diffamiert oder bedroht werden.**[13]

Im Unterschied zu dem allgemeinen und medienunabhängigen Begriff der „Hasskriminalität"[14] werden unter „Hate Speech" jedoch nur **Äußerungen mittels Internetkommunikation** verstanden, also Texte, Bilder, Audionachrichten und Videos, die über private Nachrichten (E-Mail, Messenger etc.) versendet oder über soziale Netzwerke (Kommentare, Posts, Tweets etc.) und andere Plattformen (Webseite, Blog etc.) der Öffentlichkeit bzw. offenen oder geschlossenen Benutzergruppen zugänglich gemacht werden. Auch „Hasspostings" deckt daher nicht alle relevanten Sachverhalte von „Hate Speech" ab.

Angesichts der Vielzahl von in Betracht kommenden Sachverhalten und Straftatbeständen existiert **für die Zwecke der strafrechtlichen Einordnung keine einheitliche oder gar verbindliche Begriffsbestimmung von „Hate Speech".** Am ehesten dürfte dafür die etwas sperrige Bezeichnung „Äußerungsdelikte im Internet" geeignet sein.

---

[11] Definition abrufbar unter https://www.facebook.com/communitystandards/hate_speech.
[12] BT-Drs. 19/11908, 5.
[13] Vgl. Hestermann/Hoven/Autenrieth KriPoZ 2021, 204 mwN.
[14] Vgl. dazu Roth GSZ 2022, 123 mwN.

II. Wahrnehmung und Betroffenheit von „Hate Speech"

13   In Bezug auf die Wahrnehmung und Betroffenheit von „Hate Speech" ergibt sich aus verschiedenen Umfragen, den Transparenzberichten der sozialen Netzwerke und den Statistiken der Strafverfolgungsbehörden derzeit ein **völlig uneinheitliches Bild**.

1. Bevölkerungsumfragen

14   Verschiedene repräsentative Bevölkerungsumfragen haben in den vergangenen Jahren jeweils festgestellt, dass eine **hohe Prozentzahl der Bürgerinnen und Bürger von „Hate Speech" betroffen** ist. Bei einer Umfrage der Universität Leipzig im Jahr 2020 haben 18 % der Befragten angegeben, dass sie selbst schon einmal von Hassrede im Internet betroffen waren.[15] In zwei Umfragen des Branchenverbands BITKOM im Jahr 2021 zum „Safer Internet Day" und zur „IT- und Cybersicherheit" wurde festgestellt, dass 21 % der Social-Media-Nutzer in den vergangenen 12 Monaten Opfer von Hassrede geworden sind und 65 % der Social-Media-Nutzer Hassrede bereits wahrgenommen haben.[16] Im Rahmen der Umfrage des Meinungsforschungsunternehmens POLLYTIX zu Hass im Netz im Jahr 2021 gaben 38 % der Befragen an, bislang von mindestens einer Form von Hass in den sozialen Medien betroffen gewesen zu sein – bei den 18-24-jährigen waren es sogar 70 %.[17] Letztlich haben in der FORSA-Befragung 2022 zu Hate Speech im Auftrag der Landesmedienanstalt NRW über 75 % der Befragten angegeben, schon einmal Hate Speech bzw. Hasskommentaren im Internet begegnet zu sein – 36 % davon sogar häufig.[18] Wenig überraschend haben alle Umfragen festgestellt, dass sich **Betroffene von Hassreden häufiger unter den jüngeren Befragten** finden. Ein Grund dafür ist sicherlich, dass 14-29-Jährige täglich über vier Stunden „mediales Internet" nutzen, wobei über 80 % auf sozialen Netzwerken wie Instagram, Facebook, LinkedIn, Snapchat, TikTok etc. unterwegs sind.[19]

2. Transparenzberichte der sozialen Netzwerke

15   Dieser hohe Prozentsatz der Wahrnehmung und Betroffenheit von „Hate Speech" wird durch die NetzDG-Transparenzberichte der sozialen Netzwerke bestätigt. Nach § 2 NetzDG sind die Anbieter sozialer Netzwerke verpflichtet, halbjährlich ua zu der Anzahl der eingegangenen Beschwerden über rechtswidrige Inhalte und der Löschungen der beanstandeten Inhalte zu berichten. Aus diesen Transparenzberichten ergibt sich, dass die von dem Anwendungsbereich des NetzDG (§ 1 Abs. 2 NetzDG) erfassten sozialen Netzwerke wie etwa Facebook, Instagram, YouTube und Twitter **jährlich mehrere hunderttausend Löschungen rechtswidriger Inhalte** vornehmen.[20]

16   Selbst vorsichtige Schätzungen gehen davon aus, dass in sozialen Netzwerken jährlich mindestens 250.000 NetzDG-Löschungen wegen strafrechtlich relevanter Inhalte erfolgen – ohne die Antragsdelikte der Beleidigungen gemäß §§ 185 ff. StGB.[21]

---

[15] Umfrageergebnisse sind abrufbar unter https://medienstrafrecht.jura.uni-leipzig.de.
[16] Umfrageergebnisse sind abrufbar unter www.bitkom.org.
[17] Umfrageergebnisse sind abrufbar unter https://pollytix.eu.
[18] Umfrageergebnisse sind abrufbar unter www.medienanstalt-nrw.de.
[19] ARD-ZDF-Onlinestudie 2020, abrufbar unter www.ard-zdf-onlinestudie.de.
[20] Die Transparenzberichte sind jeweils auf der Homepage der sozialen Netzwerke veröffentlicht.
[21] BT-Drs. 19/17741, 24 f. zum Erfüllungsaufwand der NetzDG-Meldepflicht in § 3a NetzDG ab Februar 2022.

3. Statistiken der Strafverfolgungsbehörden

Dieses Bild spiegelt sich allerdings in den Statistiken der Strafverfolgungsbehörden nicht einmal ansatzweise wider.

Bei der Erfassung des Tatmittels „Hasspostings" für politisch motivierte Kriminalität (PMK) ist im Jahr 2020 zwar eine Steigerung von über 70 % zu verzeichnen – allerdings auf vergleichsweise geringem Niveau (2020: 2.607 Straftaten / 2019: 1.524 Straftaten). Im Jahr 2021 sind diese Zahlen mit insgesamt 2.411 erfassten Straftaten jedoch rückläufig.[22] Im Bereich der allgemeinen, nicht politisch motivierten Kriminalität wird die Kategorie „Hatespeech" in der polizeilichen Kriminalstatistik (PKS) nicht ausdrücklich erfasst. Jedoch kann man sich den relevanten Zahlen nähern, indem man einzelne Straftaten recherchiert, die mit dem Tatmittel „Internet" begangen worden sind. Auf diesem Weg findet man ca. 27.000 Fälle für 2021. Diese verteilen sind auf 17.980 Fälle der Beleidigungen gemäß §§ 185 ff. StGB (2020: 14.450), 7.984 Fälle der Bedrohung gemäß § 241 StGB (2020: 5.127), 557 Fälle der öffentlichen Aufforderung zu Straftaten (2020: 356), 458 Fälle der Störung des öffentlichen Friedens durch Androhung von Straftaten gemäß § 126 StGB (2020: 386) und 78 Fälle der Billigung von Straftaten gemäß § 140 StGB (2020: 40).[23]

Auch bei den Staatsanwaltschaften und Strafgerichten erfolgt keine statistische Erfassung des Tatmittels „Hasspostings". Ebenso existiert beispielsweise kein Sachgebietsschlüssel „Hate Speech", so dass die entsprechenden Verfahren etwa unter den Sachgebieten „Politische Strafsachen" oder „sonstige allgemeine Strafsachen" statistisch erfasst werden. Auch die Strafverfolgungsstatistiken ermöglichen daher keine unmittelbaren Informationen zu „Hate Speech". Bei den Staatsanwaltschaften ist jedoch für statistische Zwecke eine Erfassung der Verfahrensklasse „Hasskriminalität" möglich, die durch Nebenverfahrensklassen wie „mittels Internet", „antisemitisch", „ausländerfeindlich", „islamfeindlich", „frauenfeindlich" etc. näher ausdifferenziert werden kann. Da diese statistische Erfassung anders als die Erfassung des Tatmittels „Hasspostings" ausdrücklich auf Vorurteile der Tatverdächtigen abstellt, ist eine entsprechende Erfassung jedoch oft noch nicht bei Einleitung des Ermittlungsverfahrens möglich.

Ein Grund für die **geringen Zahlen der Strafverfolgungsbehörden** ist sicherlich, dass sowohl Opfer als auch Zeugen von „Hate Speech" kaum Strafanzeigen erstatten. So haben die FORSA-Umfragen für die Landesmedienanstalt NRW in den Jahren 2018, 2020 und 2022 jeweils ergeben, dass nur 1 % der Opfer von „Hate Speech" bereits einmal Strafanzeige erstattet haben[24] – ein katastrophaler Wert für die Strafverfolgungsbehörden. Demgegenüber haben die genannten Umfragen festgestellt, dass jeweils über 40 % der Opfer von „Hate Speech" bereits einmal einen Kommentar bei einem sozialen Netzwerk gemeldet haben.

Zusammenfassend lässt sich also festhalten, dass 2 von 3 Personen in Deutschland bereits „Hasskommentare im Internet wahrgenommen haben und insbesondere jüngere Menschen aufgrund der intensiveren Nutzung des Internets auch überproportional von „Hate Speech" betroffen sind. Diese Betroffenheit spiegelt sich bislang jedoch nicht in entsprechenden Verfahrenszahlen der Strafverfolgungsbehörden wider.

---

[22] Statistiken sind abrufbar unter https://www.bmi.bund.de.
[23] Statistiken sind abrufbar unter https://www.bka.de.
[24] Umfrageergebnisse sind abrufbar unter www.medienanstalt-nrw.de.

III. Gefahren von „Hate Speech"

22 Soziale Netzwerke wie Facebook, Instagram und Twitter, Kommentarspalten von Videoplattformen wie YouTube und TikTok oder auch journalistischen Onlinepublikationen werden täglich von 50% der Deutschen genutzt; unter den 30-49-Jährigen sind es 62% und unter den 14-29-Jährigen sogar über 89%.[25] Damit werden „**völlig neue Räume für herabwürdigende und bedrohliche Äußerungen** geschaffen, in denen die individuellen und gesellschaftlichen Folgen von digitalem Hass weit über die Wirkungen von Beleidigungen oder Bedrohungen in der analogen Welt hinausgehen.[26]" Gerade die schnelle Verbreitung, Beteiligung und Kenntnisnahme anderer Personen sowie die damit verbundene Perpetuierung und nahezu unbegrenzte Reichweite digitaler Massenkommunikation **intensiviert die Rechtsgutsverletzung** und ist das wesentliche Unterscheidungsmerkmal zwischen „Hate Speech" und „analoger Hassrede" am Gartenzaun oder in der Fußgängerzone.[27]

23 Vor diesem Hintergrund hat „Hate Speech" – neben den mit den Taten unmittelbar verbundenen Rechtsgutsverletzungen – auch die folgenden gesamtgesellschaftlichen Auswirkungen:

1. „Silencing"

24 Mehreren repräsentativen Umfragen zufolge hat „Hate Speech" insbesondere die Folge, dass Menschen sich **in Reaktion auf Hassrede im Internet seltener zu ihrer Meinung bekennen und sich seltener an Diskussionen im Netz beteiligen**. So gaben etwa in der Umfrage des Instituts für Demokratie und Zivilgesellschaft im Juni 2019 insgesamt 47% der Befragten an, dass sie wegen Hassrede seltener an Diskussionen im Netz teilnehmen.[28] Ganz ähnliche Ergebnisse liefert auch die repräsentative Bevölkerungsumfrage der Universität Leipzig im Juli 2020, bei der 42% aller Befragten antworteten, dass sie aufgrund von Hassrede vorsichtiger eigene Beiträge im Internet formulieren oder darauf verzichten, etwas zu posten; bei den von Hate Speech betroffenen Personen waren es sogar 68%.[29]

25 Dieser Effekt betrifft insbesondere auch **politisch tätige Personen**. Im Rahmen der FORSA-Umfrage „Hass und Gewalt gegen Kommunalpolitiker/innen[30]" aus dem Jahr 2021 gaben 35% der befragten Bürgermeisterinnen und Bürgermeister an, bereits wegen ihrer Tätigkeit in sozialen Netzwerken beleidigt oder bedroht worden zu sein; in Städten mit mehr als 20.000 Einwohnern waren es sogar 71%. Daneben bestätigten 37% der befragten Personen, auf die Nutzung von sozialen Medien weitgehend zu verzichten. Zudem gaben 19% aller befragten Bürgermeisterinnen und Bürgermeister an, schon einmal konkret darüber nachgedacht zu haben, sich aus Sorge um ihre Sicherheit und die ihrer Familie aus der Politik zurückzuziehen. Bei den Befragten, die selbst schon einmal von (analogen oder digitalen) Beleidigungen oder Angriffen betroffen waren, war dies fast jeder Dritte. Diese Zahlen werden bestätigt von einer entsprechenden Umfrage des Magazins KOMMUNAL im Auftrag des ARD-Politmagazins „Report

---

[25] ARD-ZDF-Onlinestudie 2020, abrufbar unter www.ard-zdf-onlinestudie.de.
[26] Hoven/Witting NJW 2021, 2397 (2398).
[27] Eingehend dazu Hoven/Witting NJW 2021, 2397 (2398) mwN.
[28] Umfrageergebnisse abrufbar unter https://www.idz-jena.de/.
[29] Umfrageergebnisse abrufbar unter https://www.jura.uni-leipzig.de/.
[30] Umfrageergebnisse abrufbar unter https://www.stark-im-amt.de/.

München" aus dem Jahr 2021, in der 39% der befragten Bürgermeisterinnen und Bürgermeister angaben, Hass und Beleidigungen über E-Mails und soziale Netzwerke erfahren zu haben.[31] Im Rahmen von Recherchen von „Report München" unter allen weiblichen Bundestagsabgeordneten im Jahr 2019 bestätigten sogar 87% bereits Opfer von Hass und Bedrohung im Netz geworden zu sein; daneben gaben 11% an, dass sie aufgrund der Beleidigungen und Bedrohungen an ihrem Beruf als Politikerin zweifeln und übers Aufhören nachdenken würden.[32]

Und auch **journalistisch tätige Personen** sind von diesem Effekt betroffen: Nach 26 der Studie „Hass und Angriffe auf Medienschaffende[33]" des Instituts für interdisziplinäre Konflikt- und Gewaltforschung der Universität Bielefeld aus dem Jahr 2020 sind knapp 60% der befragten Journalistinnen und Journalisten im Jahr 2019 mindestens einmal angegriffen worden – und zwar ganz überwiegend über soziale Netzwerke oder per E-Mail. Dabei äußerte jeder zweite Journalist Verständnis dafür, wenn Kollegen bestimmte Themen aus Angst vor Angriffen ablehnten. 26% der Journalisten gaben an, nach Verbalangriffen hätten sie zum betreffenden Thema nicht weiter berichtet. Insgesamt nahmen mehr als 60% eine Bedrohung der Freiheit und Unabhängigkeit journalistischer Arbeit wahr. Zwei Jahre zuvor hatten etwas über 40% aller Befragten von Angriffserfahrungen berichtet; zudem spielten Angriffe über soziale Medien und E-Mails noch eine untergeordnete Rolle.[34]

Der Effekt, dass Personen, Positionen und Berichterstattung aus dem öffentlichen 27 Diskurs verdrängt werden (sog. „Silencing"), beeinträchtigt damit nicht nur die Rechtsgüter des Adressaten, sondern stellt auch eine **Bedrohung für den freien und offenen Meinungsaustausch** dar.[35]

2. „Radikalisierung"

Spätestens seit dem rechtsextremistisch motivierten Mord an dem Kasseler Regie- 28 rungspräsidenten Dr. Walter Lübcke im Juni 2019, dem ausdrückliche Mordaufrufe sowie massive Bedrohungen und Beleidigungen in sozialen Netzwerken vorangegangen waren[36], erscheint zudem die folgende Schlussfolgerung zu den Auswirkungen von „Hate Speech" naheliegend: „**Aus Worten werden Taten**".

„Aus Worten wurden Taten." (Jan-Hendrik Lübcke zur Ermordung seines Vaters 29
Walter Lübcke im Juni 2019[37])

„Sehr oft kann es passieren, dass aus Worten Taten werden." (Bundeskanzlerin 30
Angela Merkel zum Terroranschlag in Halle im Oktober 2019[38])

---

[31] Online-Dossier abrufbar unter https://kommunal.de/attacken-kommunalpolitiker-corona/.
[32] Vgl. dazu etwa https://www.tagesschau.de/investigativ/report-muenchen/hass-politikerinnen-101.html.
[33] Umfrageergebnisse abrufbar unter https://mediendienst-integration.de/.
[34] Umfrageergebnisse abrufbar unter https://mediendienst-integration.de/.
[35] Eingehend dazu Hestermann/Hoven/Autenrieth KriPoZ 2021, 204 f.; Hoven/Witting NJW 2021, 2397 (2398).
[36] Vgl. etwa den Wikipedia-Beitrag „Mordfall Walter Lübcke", abrufbar unter https://de.wikipedia.org/.
[37] Online-Dossier „Wenn aus Worten Taten werden" der Tagesschau vom 29.12.2019, abrufbar unter https://www.tagesschau.de/.
[38] Online-Dossier „Wenn aus Worten Taten werden" der Süddeutschen Zeitung vom 10.10.2019, abrufbar unter https://www.sueddeutsche.de/.

31 „*Aus Worten des Hasses entstehen Taten des Hasses.*" *(Hessischer Ministerpräsident Volker Bouffier zum Anschlag in Hanau im Februar 2020[39])*

32 Auch nach wissenschaftlichen Erkenntnissen können Hasskommentare im Internet zu realen Gewalttaten führen:

33 „*Aus einem Wort wird nicht sofort eine Tat. Man muss sich damit schon über einen längeren Zeitraum befassen. Wenn sich ein Mensch oder eine Gruppe über einen längeren Zeitraum damit befasst, eine Zielperson ausmacht oder ein Zielobjekt, zum Beispiel einen Politiker. Das kann zum Auslöser werden.*[40]" *Je mehr Raum wir Hass, Hetze und Aggression im digitalen Alltag geben, somit salonfähig machen, umso stärker verändert sich auch der Umgang mit anderen in unserem physischen Umfeld. Das Internet ist eben keine Einbahnstraße: Dort akzeptiertes Verhalten bleibt nicht im digitalen Raum stecken, sondern verlagert sich dann auf die Straße.*[41]"

34 „*Nur weil man auf eine rechte Seite geht und Kommentare gegen Flüchtlinge liest, wird man natürlich nicht radikalisiert und verübt Übergriffe. (...) Wir vermuten, dass das Leute sind, die schon vorher kritisch gegenüber Geflüchteten waren und deshalb in diesen rechten Facebook-Gruppen unterwegs sind. Durch den permanenten Austausch mit Gleichgesinnten werden diese Menschen irgendwann über eine Linie gedrückt. Dann sind sie tatsächlich bereit, Angriffe auf Flüchtlingsheime oder Geflüchtete zu verüben.*[42]"

35 Auf wenn insofern nicht in jedem Fall von „Hate Speech" und auch nicht sofort „aus Worten auch Taten werden", so zeigen diese Studien und der Mord an Dr. Walter Lübcke doch, dass „Hate Speech" Personen auch radikalisieren kann.

IV. Rechtspolitische Maßnahmen gegen „Hate Speech"

36 Aufgrund des offensichtlichen Umfangs von „Hate Speech" ist die Bekämpfung von Hasskommentaren im Internet aktuell eines der bestimmenden Themen in der gesellschaftlichen und der rechtspolitischen Diskussion. So haben in der POLLYTIX-Umfrage 85% der Befragten bestätigt, dass Hasskommentare im Netz ein eher großes oder sehr großes Problem für die Gesellschaft sind; 75% gaben an, dass sowohl die Social-Media-Plattformen als auch die politisch Verantwortlichen zu wenig dagegen unternähmen.[43] Auch in der BITKOM-Umfrage zum „Safer Internet Day 2021" wurde festgestellt, dass 89% der Befragten ein verstärktes Vorgehen der Strafverfolgungsbehörden gegen Hassrede befürworten.[44]

37 Dieser gesellschaftlichen Erwartung ist die Rechtspolitik in den Ländern und im Bund in den vergangenen Jahren nachgekommen:

---

[39] Bericht „Grenzenloser Schmerz, unfassbare Leere und Fassungslosigkeit" des Tagesspiegels vom 4.3.2020, abrufbar unter https://www.tagesspiegel.de/.
[40] Katzer FAZ-Woche vom 28.2.2020.
[41] Katzer Pressemitteilung der Generalstaatsanwaltschaft Frankfurt vom 24.2.2021.
[42] Schwarz Süddeutsche Zeitung vom 2.9.2021.
[43] Umfrageergebnisse sind abrufbar unter https://pollytix.eu.
[44] Umfrageergebnisse sind abrufbar unter www.bitkom.org.

1. Maßnahmen in den Bundesländern

In vielen Bundesländern sind **Zentralstellen oder Schwerpunkt-Staatsanwalt-** 38
schaften für „Hate Speech" bestimmt worden, so etwa bei der Staatsanwaltschaft Berlin, der Generalstaatsanwaltschaft Brandenburg an der Havel, der Generalstaatsanwaltschaft Dresden, der Generalstaatsanwaltschaft Frankfurt am Main, der Staatsanwaltschaft Göttingen, der Staatsanwaltschaft Köln oder der Generalstaatsanwaltschaft München. Diesen ist – mit Unterschieden im Detail – gemein, dass sie einerseits koordinierende Tätigkeiten in Ihrem jeweiligen Bundesland ausüben und darüber hinaus auch Ermittlungsverfahren von besonderer Bedeutung selbst operativ führen.

Auch bestehen in vielen Bundesländern **Kooperationsprojekte** zur Bekämpfung und 39
Verfolgung von „Hate Speech". So wurde bereits 2017 in Nordrhein-Westfalen die Initiative „Verfolgen statt nur Löschen" begründet, bei der die Landesanstalt für Medien NRW mit der Staatsanwaltschaft Köln – Zentral- und Ansprechstelle Cybercrime Nordrhein-Westfalen (ZAC NRW) –, dem Landeskriminalamt NRW und verschiedenen Medienhäusern wie der Mediengruppe RTL Deutschland, der Rheinischen Post und dem Westdeutschem Rundfunk eine gemeinsame Arbeitsgruppe gegründet hat. Über die Arbeitsgruppe werden den teilnehmenden Medienunternehmen Ansprechpartner und effiziente Verfahrensabläufe bei der Anzeigenerstellung samt Musteranzeige und Rechtsschulungen zur Verfügung gestellt, um den Prozess insgesamt zu vereinfachen.[45] Vergleichbare Kooperationen mit Medienunternehmen sind beispielsweise auch in Bayern unter dem Schlagwort „Justiz und Medien – konsequent gegen Hass[46]", in Hamburg unter dem Schlagwort „OHNe Hass[47]", in Hessen unter dem Schlagwort „KeineMachtdemHass[48]" und in Sachsen unter dem Schlagwort „Gemeinsam gegen Hass im Netz[49]" eingerichtet worden.

Seit Januar 2020 ist in Hessen darüber hinaus auch eine zentrale **staatliche Mel-** 40
deplattform für Bürgerinnen und Bürger, Unternehmen, Medienhäuser, Behörden, Kommunen etc. eingerichtet worden, über die Hasskommentare niederschwellig und auf Wunsch auch anonym dem Hessen CyberCompetenceCenter (H3C) des Hessischen Innenministeriums gemeldet werden können. Dort werden dann zunächst eine Dokumentation, eine Beweissicherung und eine Kontextrecherche durchgeführt. Wenn der Kommentar vor diesem Hintergrund durch die Meldeplattform als möglicherweise strafrechtlich relevant gewürdigt und beweissicher dokumentiert ist, folgt die Weitergabe an die hessische Zentralstelle zur Bekämpfung der Internetkriminalität (ZIT) der Generalstaatsanwaltschaft Frankfurt am Main.[50] Daneben ist etwa in Bayern bei der Generalstaatsanwaltschaft München eine vereinfachte Online-Anzeigemöglichkeiten für Politikerinnen und Politiker und in Sachsen ein Bürgermeldeportal für Hasskriminalität im Internet geschaffen worden.[51] Die rheinland-pfälzische Polizei hat ein Portal eingerichtet, das ua über Beratungsstellen und Möglichkeiten zur Strafanzeige über die sogenannte Online-Wache informiert.[52]

---

[45] Nähere Informationen zur Kooperation unter https://www.medienanstalt-nrw.de/themen/hass/verfolgen-statt-nur-loeschen-rechtsdurchsetzung-im-netz.html.
[46] Nähere Informationen zur Kooperation unter https://www.blm.de/konsequent-gegen-hass.cfm.
[47] Nähere Informationen zur Kooperation unter https://www.hamburg.de/bjv/ohne-hass/.
[48] Nähere Informationen zur Kooperation unter https://keinemachtdemhass.de.
[49] Nähere Informationen zur Kooperation unter https://www.medienservice.sachsen.de/medien/news/241210.
[50] Meldeplattform ist erreichbar unter https://hessengegenhetze.de.
[51] Übersichten über die Ansprechstellen und Projekte ua bei https://www.stark-im-amt.de/.
[52] Informationsportal erreichbar unter http://www.contrahass.rlp.de/.

2. Maßnahmen im Bund

41 Auch der Bundesgesetzgeber hat auf die gesellschaftliche Erwartungshaltung reagiert und im März 2021 das **Gesetz gegen Rechtsextremismus und Hasskriminalität** verabschiedet.[53]

42 Der Gesetzgeber bezweckt damit die „**Ermöglichung einer intensiveren Strafverfolgung von Hasskriminalität im Internet**", da „nicht nur das allgemeine Persönlichkeitsrecht der Betroffenen, sondern auch der politische Diskurs in der demokratischen und pluralistischen Gesellschaftsordnung angegriffen" wird.[54] In diesem Gesetzespaket sind sowohl **Verschärfungen und Erweiterungen von Straftatbeständen des StGB** (ua §§ 126, 140, 185, 188 und 241 StGB) als auch Erweiterungen und Klarstellungen von Ermittlungsbefugnissen (§§ 100j, 100k StPO) beschlossen worden.[55]

43 Insbesondere ist aber für Anbieter sozialer Netzwerke in § 3a NetzDG eine Pflicht zur Meldung strafrechtlich relevanter Äußerungen an die Strafverfolgungsbehörden verabschiedet worden („**NetzDG-Meldepflicht**"), die ursprünglich ab Februar 2022 in Kraft treten und umgesetzt werden sollte. Dabei war nicht vorgesehen, dass die Anbieter eigeninitiativ auf die Suche nach strafrechtlich relevanten Sachverhalten gehen sollen. Die Pflicht zur Meldung an das Bundeskriminalamt sollte vielmehr erst dann bestehen, wenn die Anbieter durch eine Beschwerde Kenntnis von einem Inhalt erlangt hatten, bei dem objektive, nachprüfbare und erkennbare Indizien für jedermann die Verwirklichung eines Katalogstraftatbestands[56] nahelegen.[57] Auf der Grundlage der bisher von diesen Plattformen mitgeteilten Transparenzberichten zur Löschung von Inhalten ging der Gesetzgeber davon aus, dass durch die NetzDG-Meldepflicht ca. 250.000 Meldungen pro Jahr bei dem Bundeskriminalamt als Zentralstelle eingehen und daraus jährlich ca. 150.000 zusätzliche Ermittlungsverfahren zu bearbeiten sein würden.[58]

44 Im Juli 2021 hatte zunächst *Google*[59] vor dem *VG Köln* Klage auf Feststellung der Rechtswidrigkeit des § 3a NetzDG erhoben sowie einen vorgelagerten Antrag auf einstweiligen Rechtsschutz gestellt.[60] Andere Plattformen wie Meta für *Facebook* und *Instagram* sowie *Twitter* und *TikTok* zogen mit entsprechenden Klagen vor dem *VG Köln* nach. Das *Bundesregierung* hatte in diesen Verfahren bereits im August 2021 „Stillhaltezusagen" gegeben, bis zu einer rechtskräftigen Entscheidung im einstweiligen Verfahren keine aufsichtsrechtlichen Maßnahmen gegen die klagenden Anbieter sozi-

---

[53] BGBl. 2021 I 441; zu den rechtspolitischen Hintergründen ua Luczak/Höferlin DRiZ 2020, 92; vgl. dazu auch Art. 15 des Gesetzes zur Anpassung der Regelungen über die Bestandsdatenauskunft pp. vom 30.3.2021, BGBl. 2021 I 448, ber. 1380; zur Historie ua Geuther DRiZ 2020, 328.
[54] BT-Drs. 19/17741, 1, 3.
[55] Dazu zusammenfassend Engländer NStZ 2021, 385 ff.; Krause DRiZ 2021, 236 ff.
[56] Als Katalogstraftaten sind in § 3a Abs. 2 NetzDG aufgeführt: §§ 86, 86a, 89a, 91, 126, 129 bis 129b, 130, 131, 140, 184b StGB sowie § 241 StGB in Form der Bedrohung mit einem Verbrechen gegen das Leben, die sexuelle Selbstbestimmung, die körperliche Unversehrtheit oder die persönliche Freiheit. Beleidigungsdelikte der §§ 185 ff. StGB sowie die öffentliche Aufforderung zu Straftaten gemäß § 111 StGB oder „einfache" Bedrohungen nach § 241 StGB sollten damit nicht von der NetzDG-Meldepflicht erfasst sein.
[57] BT-Drs. 19/17741, 44.
[58] BT-Drs. 19/17741, 31.
[59] Die Hintergründe der Klage hat YouTube in einem Blogbeitrag erläutert, vgl. https://blog.youtube/intl/de-de/news-and-events/zum-erweiterten-netzwerkdurchsetzungsgesetz-deutschland/.
[60] ZD-Aktuell 2021, 05314.

aler Netzwerke durchzuführen (§ 4 Abs. 4 NetzDG), wenn diese ab Februar 2022 ihrer Pflicht nach § 3a NetzDG nicht nachkommen.[61]

Im März 2022 entschied das *VG Köln* im Eilverfahren, dass die in § 3a Abs. 1 NetzDG vorgesehene Meldepflicht nicht den europarechtlichen Anforderungen genüge.[62] Insbesondere läge ein Verstoß gegen das – über § 3 Abs. 2 TMG zu berücksichtigende – sog. Herkunftslandprinzip aus Art. 3 Abs. 2 der sog. E-Commerce-Richtlinie[63] vor. Nach diesem Prinzip richten sich die rechtlichen Anforderungen an einen Anbieter elektronischer Dienste in einem EU-Mitgliedsstaat nach dem Recht seines Sitzstaates. Die Bundesrepublik Deutschland könne sich nicht auf Ausnahmen von diesem Prinzip berufen. Der Gesetzgeber habe nämlich nicht das für Ausnahmen vorgesehene Konsultations- und Informationsverfahren durchgeführt. Auch hätten die Voraussetzungen eines Dringlichkeitsverfahrens nicht vorgelegen.[64]

Das *Bundesregierung* hat gegen diesen Beschluss kein Rechtsmittel eingelegt.[65] Daher wird die NetzDG-Meldepflicht **auf unbestimmte Zeit nicht umgesetzt** werden.

Aufgrund europäischer Vorgaben ist die NetzDG-Meldepflicht gemäß § 1 Abs. 3a NetzDG bereits seit Juni 2022 nicht auf terroristische Online-Inhalte iSd Art. 2 Nr. 7 der Verordnung zur Bekämpfung der Verbreitung terroristischer Online-Inhalte[66] anwendbar. Umfasst davon sind ua die auch im Kontext von Hatespeech anzutreffende Verherrlichung und Befürwortung terroristischer Straftaten.[67] Hintergrund für den Ausschluss der NetzDG-Meldepflicht ist, dass für solche Inhalte einheitliche europäische Vorgaben zur Überprüfung und Löschung bestehen, die dem NetzDG vorgehen.[68] Unter anderem nimmt das Bundeskriminalamt gemäß § 1 Abs. 1 TerrOIBG[69] die Funktion einer zentralen Stelle zum Erlass und zur Überprüfung von Entfernungsanordnungen an Host-Provider wahr.

3. Maßnahmen auf europäischer Ebene

Auf europäischer Ebene gibt es zudem weitere Projekte zur Verbesserung der Strafverfolgung von Cybercrime und Hatespeech.

In diesem Zusammenhang ist zunächst das „Gesetz über digitale Dienste – **Digital Services Act (DSA)**[70]" zu nennen, das ab 2024 in Kraft treten soll. Damit sollen im Wege der unmittelbar geltenden Verordnung die aufsichtsrechtlichen Vorgaben für Internet-Unternehmen europaweit vereinheitlicht werden. Dabei wird auch mit dem DSA den Anbietern von Vermittlungsdiensten keine allgemeine Verpflichtung auferlegt, die von

---

[61] BT-Drs. 20/1937, 4.
[62] BeckRS 2022, 3081; vgl. dazu Liesching MMR 2022, 330, 338 ff.
[63] Richtlinie 2000/31/EG des Europäischen Parlaments und des Rates vom 8.6.2000 über bestimmte rechtliche Aspekte der Dienste der Informationsgesellschaft, insb. des elektronischen Geschäftsverkehrs im Binnenmarkt („E-Commerce-RL").
[64] Vgl. dazu Handel K&R 2022, 331 ff.; Liesching MMR 2022, 338 ff.
[65] BT-Drs. 20/1937, 3.
[66] VO (EU) 2021/784.
[67] Vgl. Art. 3 und 4 RL (EU) 2017/541.
[68] BT-Drs. 20/1632, 19.
[69] Terroristische-Online-Inhalte-Bekämpfungs-Gesetz; vgl. BT-Drs. 20/1632.
[70] Vorschlag für eine Verordnung des Europäischen Parlaments und des Rates über einen Binnenmarkt für digitale Dienste (Gesetz über digitale Dienste), COM/2020/825 final; vgl. dazu etwa Gielen/Uphues EuZW 2021, 627; Grünwald/Nüßing MMR 2021, 283; Standpunkt des Europäischen Parlaments TA 2020/0269.

ihnen übermittelten oder gespeicherten Informationen zu überwachen oder aktiv nach Umständen zu forschen, die auf eine rechtswidrige Tätigkeit hindeuten (Art. 7 DSA).

50 Jedoch sieht Art. 15a DSA auch eine „Meldepflicht" vor. So müssen Online-Plattformen bei Hinweisen auf begangene oder möglicherweise bevorstehende schwere Straftaten, die das Leben oder die Sicherheit einer Person beeinträchtigen, den Behörden des jeweils zuständigen Mitgliedstaats alle relevanten Informationen zukommen lassen, um eine Strafverfolgung zu ermöglichen. Als Beispiel für schwere Straftaten nennt Erwägungsgrund 42b Fälle des sexuellen Missbrauchs von Kindern, des Menschenhandels und der Aufstachelung zum Terrorismus.[71] Diese „DSA-Meldepflicht" lässt allerdings zum einen ungeregelt, welche „einschlägigen Informationen" den Behörden zu melden sind. Zudem betrifft diese DSA-Meldepflicht aufgrund der Beschränkung auf „schwere Straftaten" gerade nicht die bei Hatespeech typischen Äußerungsdelikte.[72]

51 Daneben wird im DSA aber etwa auch geregelt, dass nationale Strafverfolgungsbehörden unmittelbare Auskunftsanordnungen (Art. 9 DSA) oder Anordnungen zum Vorgehen gegen illegale Inhalte (Art. 8 DSA) auch an Anbieter von Vermittlungsdiensten in anderen Mitgliedstaaten stellen können.

52 Überwiegend wird derzeit vertreten, dass der DSA – insbesondere mangels Öffnungsklausel für weitergehende nationale Regelungen – Anwendungsvorrang vor entsprechenden nationalen Regelungen wie dem NetzDG hätte.[73] Dieser Auffassung hat sich auch die *Bundesregierung* angeschlossen und erklärt, dass an die Stelle des NetzDG weitgehend die europäischen Regelungen des Digital Services Act (DSA) treten werden.[74]

53 Die Einführung ausdrücklicher gesetzlicher Regelungen, welche die Strafverfolgungsbehörden zu grenzüberschreitenden Auskunftsverlangen berechtigen und die Anbieter zur entsprechenden Auskunftserteilung verpflichten, werden bereits seit April 2018 auf europäischer Ebene unter dem Schlagwort „**E-Evidence**" diskutiert.[75] Auf Vorschlag der Europäischen Kommission soll es den Strafverfolgungsbehörden mit einer Verordnung ermöglicht werden, direkt bei einem Diensteanbieter in einem Mitgliedstaat, den Zugang zu elektronischen Beweismitteln bzw. deren Sicherung anzufordern. Ebenso sollen mit einer Richtlinie alle Diensteanbieter, die nicht in der Europäischen Union niedergelassen sind, jedoch Dienste in der Union anbieten, dazu verpflichtet werden, einen Vertreter in der EU zu bestellen. Ziel ist es sicherzustellen, dass alle Diensteanbieter in der EU dieselben Verpflichtungen bezüglich des Zugangs zu elektronischen Beweismitteln haben. Seit Anfang 2021 bestehen zu den Vorschlägen der Kommission die sog. „Trilog-Verhandlungen" zwischen Rat, Parlament und Kommission. Dabei wird insbesondere darüber diskutiert, ob und ggf. in welchen Fällen von Herausgabeanordnungen eine vorherige Befassung und Zurückweisungsmöglichkeit durch zu beteiligende Mitgliedstaaten („Notifizierungspflicht") erforderlich ist. Daneben ist auch die Frage der Information der betreffenden Person umstritten.

---

[71] RL 2011/36/EU; RL 2011/93/EU; RL 2017/541.
[72] So auch Leopoldina ua Digitalisierung und Demokratie 2021, 22.
[73] Vgl. etwa Gielen/Uphues EuZW 2021, 627 (633); Grünwald/Nüßing MMR 2021, 283 (287).
[74] BT-Drs. 20/1937, 2; 20/2308, 2; ebenso Kuhle DRiZ 2022, 156.
[75] Vorschlag für eine Verordnung des Europäischen Parlaments und des Rates über Europäische Herausgabeanordnungen und Sicherungsanordnungen für elektronische Beweismittel in Strafsachen, COM/2018/225 sowie Vorschlag für eine Richtlinie zur Festlegung einheitlicher Regeln für die Bestellung von Vertretern zu Zwecken der Beweiserhebung in Strafverfahren, COM/2018/226; vgl. dazu BR-Drs. 215/18 (B); BR-Drs. 65/20; HK-GS/Hartmann StPO § 110 Rn. 5; Ratsvorlage 10881/22.

Zudem hat der Europarat im Mai 2022 ein **2. Zusatzprotokoll zur Cybercrime-Konvention** (CCC) verabschiedet.[76] Auch darin sind Regelungen zur Ermöglichung unmittelbarer Anfragen von Strafverfolgungsbehörden der Vertragsstaaten an Internetdienstanbieter in anderen Vertragsstaaten enthalten (Art. 7). Zudem sieht Art. 8 ein verschlanktes Rechtshilfeverfahren für die grenzüberschreitende Erhebung von Verkehrsdaten vor. Auch im Falle einer Ratifizierung hat dieses Zusatzprotokoll keine unmittelbare Wirkung. Vielmehr müssen die vereinbarten Ziele durch die Schaffung nationalen Rechts umgesetzt werden.

Es ist daher zu erwarten, dass noch im Jahr 2022 auf europäischer Ebene ein Kompromiss im Sinne einer **„Gesamtlösung"** erreicht wird, der dann spätesten ab 2024 in Kraft treten und die Ermittlungen wesentlich vereinfachen wird.

V. Praxis der Strafverfolgungsbehörden

Vor dem Hintergrund der Betroffenheit von „Hate Speech" ist es nicht überraschend, dass nach der Umfrage des Digitalverbands BITKOM zum „Safer Internet Day 2021" fast 90% der Befragten der Meinung sind, dass Opfer von Hassrede besser geschützt werden müssen und die Strafverfolgungsbehörden verstärkt gegen Hassrede im Netz vorgehen sollten.[77] Und auch im Rahmen der FORSA-Umfrage für die Landesmedienanstalt NRW im Jahr 2022 waren knapp 80% der Befragten der Meinung, dass die strafrechtliche Verfolgung der Verfasserinnen und Verfasser die wirksamste Strategie gegen Hasskommentare im Netz ist – weit vor ziviler Gegenrede („Counter-Speech").[78] Insofern darf „Hate Speech" nicht nur eine Aufgabe für die Rechtspolitik oder den Gesetzgeber sein.[79]

Das Thema „Hate Speech" muss auch zu einem **„Kulturwandel" bei den Strafverfolgungsbehörden** führen. Beleidigungen und Bedrohungen im Netz dürfen angesichts der unmittelbaren und übergreifenden Auswirkungen und Gefahren nicht weiterhin als „Kleinkriminalität" angesehen werden. Aufgrund der wesentlich stärkeren Rechtsgutsbeeinträchtigung von Hasskriminalität im Netz sollte diesen Fällen auch eine höhere Priorität eingeräumt werden als den „Offline-Äußerungsdelikten" auf der Straße, in der Bahn oder am Gartenzaun. Zu einem solchen „Kulturwandel" gehört aber auch, dass Grundsatzurteile des *BGH* etwa aus den 1980er Jahren nicht ohne Weiteres auf Äußerungen bei Facebook & Co. übertragen werden können, sondern dass versucht wird, die Straftatbestände „modern[80]" bzw. „mutig[81]" auszulegen – auch wenn dies mit hohem Argumentationsaufwand verbunden ist.

Letztlich beinhaltet ein solcher „Kulturwandel" auch, dass die Tätigkeit der Strafverfolgungsbehörden gegen „Hate Speech" gesellschaftlich sichtbar wird, um das – angesichts der beschriebenen Anzeigequote offensichtlich nicht vorhandene – Vertrauen in die Strafverfolgungsbehörden aufzubauen und gleichzeitig eine abschreckende Wirkung im Sinne einer „negativen Generalprävention" zu erreichen.

---

[76] SEV Nr. 224, abrufbar unter https://rm.coe.int/1680a6f604.
[77] Umfrageergebnisse sind abrufbar unter www.bitkom.org.
[78] Umfrageergebnisse sind abrufbar unter www.medienanstalt-nrw.de.
[79] Ebenso Leopoldina ua Digitalisierung und Demokratie 2021, 7.
[80] Krause NJW-Editorial 19.5.2021.
[81] Lange DRiZ 2020, 252.

59 Dies ist jedoch nicht ohne weiteres damit gleichzusetzen, dass die Staatsanwaltschaften in jedem Einzelfall von „Hate Speech" Anklagen zu erheben und hohe Strafen zu beantragen haben. Selbst wenn die Staatsanwaltschaften ein Konzept entwickeln würden, um in definierten Fallkonstellationen möglichst hohe und dadurch abschreckende Urteile zu erreichen, entscheiden letztlich im jeweiligen Einzelfall die für diesen Einzelfall örtlich und sachlich zuständigen Gerichte – und zwar nach der persönlichen Überzeugung im Einzelfall. Und auch rechtsdogmatisch würden die Strafverfolgungsbehörden bei einem schematischen Abarbeiten das Prinzip aus den Augen verlieren, dass jeder Beschuldigte nach dem jeweiligen Unrecht seiner Tat und seiner jeweiligen Schuld zu bestrafen ist.

60 Zudem darf man die general-präventive Wirkung von strafrechtlichen Urteilen auch nicht überschätzen: ein Urteil des Strafrichters in Kassel hat keine abschreckende Wirkung auf Tatgeneigte in Oberbayern oder anderswo. Eine „Außenwirkung" erlangen diese Fälle nur durch mediale Berichterstattung; und Urteile beispielsweise des *AG Kassel* oder anderswo laufen nicht um 20:00 Uhr in der Tagesschau. Dort werden Grundsatz-Entscheidungen des *BGH* bzw. des *BVerfG* oder jedenfalls besonders prominente Fälle wie die Entscheidungen des *LG Berlin* und des *KG* zu den Beleidigungen gegenüber Renate Künast besprochen.[82] Dass derjenige, der Frau Künast als „Drecks Votze" bezeichnet hatte, von dem *AG Frankfurt am Main* tatsächlich wegen Beleidigung verurteilt worden ist, hat demgegenüber Medien und Öffentlichkeit nicht (mehr) interessiert. Mit anderen Worten vereinfacht gesagt: Generalpräventive, abschreckende Wirkung hat allenfalls die Berichterstattung über ein Urteil, aber nie das Urteil für sich.

61 Zudem ist ein besserer Opferschutz nicht durch möglichst hohe Strafen im Einzelfall zu erreichen. Auch wenn ein Wunsch nach „Vergeltung" bei den Opfern nachvollziehbar ist, erscheint es wichtiger, gesellschaftliches Vertrauen dahingehend zu schaffen, dass das Internet kein rechtsfreier Raum ist und auch in sozialen Netzwerken die strafrechtlichen Regeln gelten und durchgesetzt werden. Dieses Ziel kann jedoch eher durch regelmäßige, überregionale Öffentlichkeitsarbeit der Strafverfolgungsbehörden zu Aktionstagen oder Tätigkeitsbilanzen erreicht werden als durch lokale Berichterstattung über das Urteil eines Strafgerichts.

62 Für mehr gesellschaftliches Vertrauen in die Geltung und Durchsetzung strafrechtlicher Regeln in sozialen Netzwerken wäre ebenfalls notwendig, dass Opfer von digitaler Gewalt eine einfachere Möglichkeit bekommen, auch digital Strafanzeige sowie Strafantrag erstatten zu können. Es erscheint jedenfalls als nicht sehr zeitgemäß, dass bei Beleidigungen im Netz zwar Online-Wachen der Polizeien oder Meldeplattformen der Behörden bestehen, aber weiterhin schriftliche Strafanträge erforderlich sind. Solange es noch überwiegend erforderlich ist, Facebook-Kommentare auszudrucken und damit zur nächsten Polizeistation zur Anzeigenerstattung zu fahren, wird sich dieses gesellschaftliche Vertrauen nicht schaffen lassen.

63 Zudem wird es nie so sein, dass das Strafrecht alle individuell als verletzend empfundenen Äußerungen erfassen kann. Wenn eine Äußerung nicht strafrechtlich relevant ist, dann dürfen die Strafverfolgungsbehörden nicht tätig werden. Gerade für diese Fälle, aber nicht nur für diese Fälle ist es daher wichtig, dass die Gesellschaft Zivilcourage zeigt und sich etwa durch Gegenrede („Counter Speech") oder durch Meldungen gegen „Hate Speech" wendet. Bei einem stärkeren Vertrauen in die strafrechtliche Rechtsdurchsetzung im Internet würde wahrscheinlich auch diese Zivilcourage steigen – vielleicht nicht bei geschlossenen Benutzergruppen wie digitalen Stammtischen, aber bei öffentlichen Plattformen.

---

[82] KG MMR 2020, 867 mwN zu den Entscheidungen des LG Berlin.

§ 2. Praxisrelevante Straftatbestände bei „Hate Speech"

„Soziale Netzwerke wie Facebook, Instagram oder Twitter, Imageboards und Kommentarspalten von Onlinepublikationen schaffen neue Räume für herabwürdigende und bedrohliche Äußerungen. Die individuellen und gesellschaftlichen Folgen von digitalem Hass gehen dabei weit über die Wirkungen von Beleidigungen in der analogen Welt hinaus.[83]"

Angesichts der Vielzahl von möglichen Sachverhalten bei „Hate Speech" kommt **64** grundsätzlich auch eine **Vielzahl von unterschiedlichen Straftatbeständen** in Betracht, angefangen von dem Verwenden von Kennzeichen verfassungswidriger Organisationen gemäß § 86a StGB über die Störung des öffentlichen Friedens durch Androhung von Straftaten nach § 126 StGB bis hin zur Bedrohung gemäß § 241 StGB (vgl. auch die Aufzählung in § 1 Abs. 3 NetzDG). In der Praxis sind jedoch ganz überwiegend Äußerungen zu beurteilen, die entweder einen Angriff auf den öffentlichen Frieden (§§ 86, 86a, 111, 126, 126a, 130, 140 StGB) oder auf die persönliche Ehre (§§ 185, 186, 187, 188, 189, 192a StGB) bzw. den individuellen Rechtsfrieden (§ 241 StGB) darstellen können.[84] Zuvor soll jedoch auf übergreifende Problemstellungen eingegangen werden.

I. Übergreifende Problemstellungen

1. Abgrenzung zur Meinungsfreiheit – Art. 5 GG

Da „Hate Speech" in vielen Fällen sog. „Äußerungsdelikte" betrifft, stellt sich re- **65** gelmäßig auch die Frage, ob die Äußerung von der Meinungsfreiheit gedeckt ist. Denn nach Art. 5 Abs. 1 Satz 1 GG hat jeder das Recht, seine Meinung in Wort, Schrift und Bild frei zu äußern und zu verbreiten. Nach ständiger Rechtsprechung des *BVerfG* ist die Meinungsfreiheit bereits bei der Auslegung und Anwendung der einzelnen Straftatbestände zu berücksichtigen, wie etwa bei den Voraussetzungen der jeweiligen Tathandlungen oder der Eignung zur Störung des öffentlichen Friedens.[85]

a) Schutzbereich der Meinungsfreiheit

Für eine solche Berücksichtigung der Meinungsfreiheit ist zunächst festzuhalten, dass **66** **Meinungen**, also durch das Element der Stellungnahme und des Dafürhaltens geprägte Äußerungen („Werturteil"), stets in den Schutzbereich von Art. 5 Abs. 1 Satz 1 GG fallen, ohne dass es dabei darauf ankäme, ob sie sich als wahr oder unwahr erweisen, ob sie begründet oder grundlos, emotional oder rational sind, als wertvoll oder wertlos, gefährlich oder harmlos eingeschätzt werden.[86] Neben Meinungen sind vom Schutz

---

[83] Hoven/Witting NJW 2021, 2397 (2398).
[84] Vgl. Krause Kriminalistik 2019, 751 ff.
[85] Vgl. BVerfG NJW 2010, 47; NJW 2018, 2858 (2859); NJW 2021, 297(298).
[86] BVerfG NJW 2010, 47; NJW 2018, 2858 (2859).

des Art. 5 Abs. 1 Satz 1 GG aber auch **Tatsachenmitteilungen** umfasst, soweit sie Voraussetzung für die Bildung von Meinungen sind bzw. sein können.[87] Nicht mehr in den Schutzbereich des Art. 5 Abs. 1 Satz 1 GG fallen hingegen bewusst oder erwiesen unwahre Tatsachenbehauptungen, da sie zu der verfassungsrechtlich gewährleisteten Meinungsbildung nichts beitragen können.[88]

67 Ob es sich bei einer Äußerung schwerpunktmäßig um eine Tatsache oder um ein Werturteil handelt, ist durch Auslegung der betreffenden Äußerung in ihrem Gesamtkontext zu ermitteln.[89] Dabei ist sicherzustellen, dass durch eine Trennung tatsächlicher und wertender Bestandteile einer Äußerung deren Sinn nicht verfälscht wird. Wo das nicht möglich ist, muss die Äußerung im Interesse eines wirksamen Grundrechtsschutzes insgesamt als Meinungsäußerung angesehen und in den Schutzbereich der Meinungsfreiheit einbezogen werden.[90]

68 Dabei und bei der Ermittlung des Erklärungsinhalts der infrage stehenden Äußerung ist weder die subjektive Absicht des sich Äußernden noch das subjektive Verständnis des von der Äußerung Betroffenen maßgeblich, sondern das **Verständnis eines unvoreingenommenen und verständigen Durchschnittspublikums**.[91] Verbleiben Zweifel am Inhalt der Äußerung bzw. ist sie mehrdeutig, gebietet eine am Grundrecht der Meinungsfreiheit ausgerichtete Auslegung, auf die günstigere Deutungsmöglichkeit abzustellen.[92] So hat das *BVerfG* ausdrücklich festgehalten: *"Dabei braucht das Gericht freilich nicht auf entfernte, weder durch den Wortlaut noch die Umstände der Äußerung gestützte Alternativen einzugehen oder gar abstrakte Deutungsmöglichkeiten zu entwickeln, die in den konkreten Umständen keinerlei Anhaltspunkte finden.*"[93] Mit anderen Worten: *"Fernliegende Deutungen sind auszuscheiden."*[94] Kriterien dieser Auslegung sind neben dem Wortlaut der Äußerungen und ihrem sprachlichen Kontext auch sämtliche nach außen hervortretenden Begleitumstände, namentlich etwa die erkennbare politische Grundhaltung der Zuhörer und ihr Vorverständnis, aber auch die nach dem objektiven Empfängerhorizont deutlich werdende Einstellung des sich Äußernden.[95]

69 **Beispiel aus der Rechtsprechung:** In einem Verfahren des *OLG Hamm*[96] nahm der Angeklagte an einer Veranstaltung teil, die zum 90. Geburtstag einer bekannten und mehrfach verurteilten Holocaust-Leugnerin stattfand. Auf der Veranstaltung hielt er eine etwa neunminütige Rede, in der er ua wie folgt äußerte: *"Die Juden haben Christus verworfen, haben ihn kreuzigen lassen, sie haben sein Opfer für sich in Anspruch genommen und brauchten einen anderen Mythos. Den haben sie geschaffen und der findet auch seinen Niederschlag in § 130 Strafgesetzbuch."*
Die Vorinstanzen verurteilten den Angeklagten wegen Volksverhetzung gemäß § 130 Abs. 3 StGB. Durch die Äußerung habe der Angeklagte den Holocaust als Erfindung der Juden dargestellt, wobei ihm bewusst gewesen sei, dass dies insbesondere von Teilnehmern der Veranstaltung auch entsprechend verstanden werden würde. Die Revision des Angeklagten, mit der er ua rügte, dass die ihm

---

[87] BVerfG NJW 2010, 47; NJW 2018, 770; NJW 2018, 2858 (2859).
[88] BVerfG NJW 2010, 47 (53); NJW 2018, 2858 (2859).
[89] BVerfG NJW 1995, 3303; NJW-RR 2017, 1003; NJW 2018, 2858 (2859).
[90] BVerfG NJW 1994, 1779; NJW 2018, 2858 (2859); vgl. auch OLG Frankfurt NStZ-RR 2022, 181.
[91] BVerfG NJW 2022, 769 Rn. 17 mwN.; Fischer StGB § 185 Rn. 8 mwN.
[92] BVerfG NJW 1994, 2943; BGH NStZ 2017, 146; vgl. auch BVerwG BeckRS 2022, 5653 („Heil Fucking Hitler").
[93] BVerfG NJW 1995, 3303 (3305).
[94] BVerfG NJW 1995, 3303 (3305); BVerfG NJW 2006, 207 Rn. 31, NJW 2022, 769 Rn. 17.
[95] BGH NStZ 2017, 146; vgl. zur Auslegung des Inhalts eines volksverhetzenden Videos AG Frankfurt aM BeckRS 2022, 1600 Rn. 18.
[96] OLG Hamm BeckRS 2021, 13768.

vorgeworfene Äußerung zumindest mehrdeutig sei und sich die Vorinstanzen nicht ausreichend mit anderweitigen Auslegungsmöglichkeiten auseinandergesetzt hätten, blieb erfolglos.

Das *OLG Hamm* hielt fest, dass es auf die Mehrdeutigkeit einer Äußerung dann nicht ankomme, wenn andere – für den Angeklagten günstigere – Auslegungsmöglichkeiten den Umständen nach ausgeschlossen seien. Die Äußerung des Angeklagten könne nicht im Sinn einer religiösen Meinungsäußerung gedeutet werden. Denn schon der *Wortlaut* der Äußerung sei als Leugnung des Holocaust zu werten, da der Angeklagte das angebliche „Schaffen eines Mythos durch die Juden" in Bezug zu § 130 StGB gesetzt habe, der seinerseits das Leugnen des Holocaust unter Strafe stelle. Bereits deshalb könne und dürfe ein Zuhörer die Äußerung dahingehend verstehen, beim Holocaust handele es sich um eine Erfindung der Juden. Auch aus dem *sprachlichen Kontext* und den *Begleitumständen* könne der Äußerung keine andere Bedeutung als die eines Leugnens des nationalsozialistischen Völkermordes an den europäischen Juden beigemessen werden. Da der Angeklagte selbst dem politisch rechtsextremen Spektrum angehöre, die Äußerung auf einer Solidaritätsveranstaltung für eine bekannte und mehrfach verurteilte Holocaust-Leugnerin gefallen, die Veranstaltung in erster Linie von Sympathiekundgebungen für die vorerwähnte Person geprägt gewesen sei und die Teilnehmer überwiegend dem politisch rechtsextremen Spektrum angehört hätten, könne und dürfe unter dem Maßstab eines objektiven Empfängerhorizonts sicher auszuschließen sein, dass es dem Angeklagten mit seiner Äußerung um etwas anderes als eine Leugnung des Holocaust gegangen sei.

Die Freiheit der **Berichterstattung** (Art. 5 Abs. 1 Satz 2 GG) schließt es aus, die journalistische, neutrale Wiedergabe der Äußerungen anderer als „Verbreiten" etc. einzuordnen.[97]

Eine pauschale Bezugnahme auf „Satire" führt nicht zu einem besonders weiten Schutz für Äußerungen gemäß Art. 5 Abs. 1 sowie Abs. 3 GG. Der Satire ist zwar wesenseigen, mit Übertreibungen, Verzerrungen und Verfremdungen zu arbeiten; jedoch findet auch Satire ihre Grenze in den allgemeinen Grenzen der Meinungsäußerung.[98]

Beispiel aus der Rechtsprechung In einem Verfahren des *OLG Köln*[99] hatte ein deutschlandweit bekannter Comedian mit knapp 2 Millionen „Followern" einen ehemaligen Fußball-Nationalspieler, der rechtskräftig wegen Besitzverschaffung von kinder- und jugendpornografischen Dateien verurteilt worden war, in einem Twitter-Video ua als „krankes Schwein" bezeichnet.
Das *OLG Köln* hielt zunächst fest, dass dem Video-Posting zwar ein gewisser satirischer Charakter nicht abgesprochen werden könne, aber auch die Kunstfreiheit nicht schrankenlos gewährt sei, sondern ihre Grenzen in kollidierenden Grundrechtspositionen Dritter fände. Ob die Äußerung als Formalbeleidigung oder Schmähkritik zu bewerten sei, ließ der Senat ausdrücklich offen, da jedenfalls in der Abwägung die schutzwürdigen Persönlichkeitsrechte des Betroffenen überwägen. Zwar müsse sich der ehemalige Nationalspieler eine polemische und auch überzogene Auseinandersetzung mit seinem strafbaren Verhalten gefallen lassen, da diese in greifbarem Kontrast zu seinem früheren sozialen Engagement für Kinderrechte stehe. Jedoch sei die Äußerung in dem vorliegenden Kontext mit dem plakativ genutzten, einprägsamen und in die Öffentlich getragenen Passus sowie mit deutlich abschätzender Mimik und Gestik bewusst gewählt worden, um „auf dem „virtuellen Marktplatz" vor dem Gerichtsgebäude mit dem Bedienen üblicher „Klischee-Vorstellungen" zu „Triebtätern" den ehemaligen Nationalspieler zu kränken.[100]

---

[97] Vgl. MüKoStGB/Hörnle § 166 Rn. 15; NK-StGB/Stübinger § 166 Rn. 6.
[98] Vgl. etwa OLG Rostock BeckRS 2022, 2565 („Sieg Heil, Dir"); LG Hamburg BeckRS 2017, 110240 (Bezeichnung einer AfD-Politikerin als „Nazi-Schlampe"); Vasel NJW 2022, 740 („Schmähkritik" des TV-Moderators Böhmermann gegen den türkischen Ministerpräsidenten).
[99] OLG Köln GRUR-RS 2022, 6142.
[100] Vgl. zuvor bereits OLG Köln GRUR-RS 2020, 46637.

b) Einschränkungen der Meinungsfreiheit

73 Gemäß Art. 5 Abs. 2 GG ist das Grundrecht der Meinungsfreiheit jedoch nicht vorbehaltlos gewährleistet, sondern unterliegt Schranken, die sich aus den allgemeinen Gesetzen und damit aus den Straftatbeständen ergeben.

74 Da die Meinungsfreiheit als Geistesfreiheit unabhängig von der inhaltlichen Bewertung ihrer Richtigkeit, rechtlichen Durchsetzbarkeit oder Gefährlichkeit geschützt wird, sind Eingriffe nur dann zulässig, wenn Meinungsäußerungen die **rein geistige Sphäre des Für-richtig-Haltens verlassen** und in Gefährdungslagen oder sogar in Rechtsgutverletzungen umschlagen bzw. zumindest mittelbar auf solche Realwirkungen angelegt sind.[101]

75 Äußerungen gefährden etwa dann die Friedlichkeit der öffentlichen Auseinandersetzung, wenn sie in Aggression übergehen, durch Appelle oder Emotionalisierungen bei den Angesprochenen Handlungsbereitschaft auslösen bzw. Hemmschwellen herabsetzen oder Dritte unmittelbar einschüchtern können.[102] Im Zusammenhang mit „Hate Speech" kann dies insbesondere dadurch begründet sein, dass Äußerungen bewusst **gegenüber einem unbegrenzten Personenkreis im Internet** erfolgen.[103]

76 Bei individuellen Rechtsgutsverletzungen ist dagegen regelmäßig eine abwägende Gewichtung der Beeinträchtigungen erforderlich, die den durch die Äußerung angegriffenen Rechtsgütern wie etwa der persönlichen Ehre auf der einen und der Meinungsfreiheit auf der anderen Seite droht. Hierfür bedarf es einer Auseinandersetzung mit den konkreten Umständen, der kontextbezogenen Bedeutung und der emotionalen Einbettung der Äußerung. Eine strafrechtliche Reaktion als Eingriff ist nur dann zulässig, wenn in der konkreten Situation das Gewicht des angegriffenen Rechtsguts die Meinungsfreiheit des Äußernden überwiegt.[104] Jedoch gibt es **keinen generellen Vorrang der Meinungsfreiheit**.[105]

2. Strafanwendungsrecht – § 5 StGB

77 Gemäß § 3 StGB gilt das deutsche Strafrecht grundsätzlich nur für Taten, die im Inland begangen werden. Ob eine Tat im Inland begangen ist, richtet sich nach § 9 StGB und damit entweder nach dem Handlungsort (§ 9 Abs. 1 Var. 1 und 2 StGB) oder nach dem Erfolgsort (§ 9 Abs. 1 Var. 3 StGB).

78 Obwohl „Hate Speech" regelmäßig Äußerungen betrifft, die unter Nutzung des „Tatmittels Internet" über weltweit verteilte Server der Anbieter sozialer Netzwerke veröffentlicht und abgerufen werden, ist nach der Rechtsprechung des *BGH* der **Handlungsort** nicht nach dem Standort des genutzten Servers zu bestimmen, sondern **an dem tatsächlichen Aufenthaltsort** gegeben, wo sich der Täter bei der Bedienung des jeweiligen Endgeräts befunden hat.[106] Da der tatsächliche Aufenthaltsort des Täters im Rahmen der Ermittlungen zunächst nicht ohne weiters festzustellen ist, kann es in der Praxis durchaus vorkommen, dass ein Kommentar eines deutschen Nutzers wäh-

---

[101] BVerfG NJW 2010, 47; NJW 2018, 2858 (2859).
[102] BVerfG NJW 2010, 47; NJW 2018, 2858 (2859).
[103] BVerfG NJW 2021, 297 (298).
[104] BVerfG NJW 2020, 2622 (2623); NJW 2020, 2629 (2630).
[105] BVerfG NJW 2020, 2622 Rn. 27; NJW 2020, 2631 Rn. 19; NJW 2022, 680 Rn. 30; vgl. dazu Hoven/Witting NJW 2021, 2397 ff.; Höch NJW 2022, 685.
[106] BGH NStZ 2015, 81 (82); MüKoStGB/Ambos § 9 Rn. 8.

rend einer Urlaubsreise im Ausland gepostet wird oder dass ein in deutscher Sprache veröffentlichter Kommentar von einem Täter aus dem deutschsprachigen Ausland veröffentlicht wird.

Bei Auslandshandlungen stellt sich dann die Frage, ob jedenfalls ein inländischer **Erfolgsort** (§ 9 Abs. 1 Var. 3 StGB) vorliegt. Dies kann bei „Hate Speech" etwa bei persönlichen Verletzungsdelikten wie bei Beleidigungen gemäß §§ 185 ff. StGB gegeben sein. Die bloße Abrufbarkeit von im Ausland eingespeisten Daten im Inland kann hierfür zwar noch nicht genügen; jedoch reicht es aus, dass der Empfänger im Inland von der ehrenrührigen Äußerung Kenntnis nimmt.[107]

Bei den regelmäßig in Betracht kommenden abstrakten Gefährdungsdelikten wird dies aber ganz überwiegend abgelehnt, da diese gerade keinen „Erfolg" iSd § 9 Abs. 1 Var. 3 StGB erfordern.[108] So hat der *BGH* ua entschieden, dass das Merkmal „Eignung zur Störung des öffentlichen Friedens" im Sinne von § 130 Abs. 3 StGB keinen zum Tatbestand gehörenden Erfolg beschreibt, so dass eine Inlandstat nicht über den Erfolgsort begründet werden kann.[109] Vor diesem Hintergrund konnte bei Auslandshandlungen nur in Einzelfällen eine Inlandstat über § 7 Abs. 1 StGB bei Taten gegen Individualrechtsgüter[110] von Deutschen oder gemäß § 7 Abs. 2 Nr. 1 StGB begründet werden, wenn die Tat auch am Tatort mit Strafe bedroht ist.[111]

Mit Wirkung ab Januar 2021[112] hat der Gesetzgeber diese Problematik durch eine **Änderung des Strafanwendungsrechts in § 5 StGB** entschärft und die Geltung ua der §§ 86a, 111 und 130 StGB auf Handlungen im Ausland erweitert, wenn die Äußerung im Inland wahrnehmbar ist und der Täter Deutscher ist oder seine Lebensgrundlage im Inland hat.

Diese Erweiterung stellt eine ausdrückliche Reaktion auf die Rechtsprechung des *BGH* dar.[113] Der Gesetzgeber will damit ausdrücklich Fälle erfassen, in denen **Deutsche oder in Deutschland ansässige Personen** vom Ausland aus über das Internet auch in Deutschland wahrnehmbare strafbare Inhalte im Sinne der genannten Vorschriften verbreiten.[114] Die §§ 86, 86a, 111 und 130 StGB sind über § 5 StGB nunmehr unabhängig vom Recht des Tatorts auch dann auf Auslandshandlungen anwendbar, wenn neben dem personalen Inlandsbezug auch ein sachlicher Inlandsbezug durch „Auswirkungen im Inland" gegeben ist. Bei den §§ 86, 86a und 130 StGB muss eine „im Inland wahrnehmbare" Verbreitung bzw. ein Zugänglichmachen gegenüber der „inländischen Öffentlichkeit" vorliegen. Bei § 111 StGB muss die Aufforderung „im Inland wahrnehmbar" sein, wobei nach Auffassung des Gesetzgebers dafür ausdrücklich zu einer Tat im Inland aufgefordert werden muss.[115] Auch in Bezug auf § 130 StGB hat der Gesetzgeber besonders festgehalten, dass die Tat geeignet sein muss, den „inländischen öffentlichen Frieden" zu stören.[116] Dies ist für „Inlandstaten" gemäß § 130 Abs. 2 StGB gerade nicht erforderlich.

---

[107] BGH NStZ 2001, 305 (309); Fischer StGB § 9 Rn. 5c; MüKoStGB/Regge/Pegel § 185 Rn. 3.
[108] MüKoStGB/Ambos § 9 Rn. 27 ff.
[109] BGH NStZ 2017, 146; zuvor schon BGH NStZ 2015, 81.
[110] BGH NJW 2018, 2742 (2743); MüKoStGB/Ambos § 7 Rn. 25.
[111] Zur Entwicklung der Rechtsprechung des BGH etwa Kudlich/Berberich NStZ 2019, 633.
[112] Gesetz vom 30.11.2020, BGBl. 2020 I 2600.
[113] BT-Drs. 19/19859, 21.
[114] BT-Drs. 19/19859, 21 f.
[115] BT-Drs. 19/19859, 32.
[116] BT-Drs. 19/19859, 32.

83 Inhalte sind etwa auch dann „**im Inland wahrnehmbar**", wenn diese bei Einstellung in das Internet auf einen ausländischen Server (zB Facebook) abgelegt werden, aber vom Inland aus abgerufen werden können. Auch für das Zugänglichmachen gegenüber der „inländischen Öffentlichkeit" im Internet soll die Eröffnung eines Lesezugriffs zu auf ausländischen Servern gespeicherten Inhalten genügen. Es ist daher in beiden Konstellationen nicht erforderlich, dass der Inhalt auch „körperlich" in das Inland gelangt oder auf einem Rechner im Inland abgespeichert worden ist.[117]

84 Auf den ersten Blick nur schwer nachvollziehbar ist, warum der Gesetzgeber in den Katalog der Straftaten gegen die öffentliche Ordnung nicht ebenfalls den § 140 StGB aufgenommen hat. Offensichtlich war dieser Straftatbestand, der im Gegensatz zu §§ 86, 96a, 111, 130 StGB im Höchstmaß „nur" mit Freiheitsstrafe bis zu 3 Jahren bedroht ist, nicht „schwerwiegend" genug, um die ausnahmsweise Geltung deutschen Strafrechts zu begründen.

3. Inhaltsbegriff – § 11 StGB

85 Ebenfalls mit Wirkung ab Januar 2021[118] hat der Gesetzgeber in § 11 Abs. 3 StGB den „**Schriftenbegriff**" zu einem „**Inhaltsbegriff**" geändert. Ziel des Gesetzgebers war es, Rechtsvereinfachung und Rechtssicherheit zu erreichen, indem die Lebenswirklichkeit der heutigen Tatbegehungsformen besser abgebildet wird. Hintergrund ist, dass die Verbreitung strafbarer Inhalte, wie zB von volksverhetzenden Äußerungen oder Kinderpornographie schon lange nicht mehr vorrangig über gedruckte Medien erfolgt, sondern digital über das Internet.[119]

86 Dieses Ziel wird mit einer neuen **Legaldefinition in § 11 Abs. 3 StGB** umgesetzt. Danach müssen Inhalte entweder in Schriften, auf Ton- oder Bildträgern, in Datenspeichern, Abbildungen oder anderen Verkörperungen enthalten sein oder unabhängig von einer Speicherung mittels Informations- oder Kommunikationstechnik übertragen werden können.

87 Passend dazu hat der Gesetzgeber bei einer Vielzahl von Vorschriften das Wort „Schriften" durch das Wort „Inhalte" ersetzt. Betroffen davon sind ua auch die im Bereich „Hate Speech" praxisrelevanten §§ 86a, 111, 130, 140, 166 StGB. Die bereits vereinzelt auf die Tatbegehung mittels moderner Medien zugeschnittenen Sonderregelungen ua der §§ 86, 130 StBG sind weggefallen.[120]

88 § 11 Abs. 3 StGB erfasst bei der Aufzählung der tauglichen Mittel zur Inhaltsübertragung zunächst wie bislang „Schriften", „Ton- oder Bildträger", „Datenspeicher" und „Abbildungen". Der Begriff „Verkörperungen" ist nach Auffassung des Gesetzgebers dabei als Äquivalent zum bislang enthaltenen Begriff „Darstellungen" zu verstehen. Dieser Begriff umfasst alle „körperlichen" Gebilde, die sinnlich wahrnehmbar einen gedanklichen Inhalt vermitteln, wobei die Vergegenständlichung zumindest grundsätzlich von gewisser Dauer sein muss.[121]

89 Bezugspunkt der strafrechtlichen Handlung ist nunmehr nicht mehr das Trägermedium, sondern der Inhalt. Die Verbreitung oder der Besitz des Inhalts ist nach Auffassung des Gesetzgebers ohnehin der eigentliche Grund für die Strafbarkeit; die bisherige

---

[117] BT-Drs. 19/19859, 44 f.
[118] Gesetz vom 30.11.2020, BGBl. 2020 I 2600.
[119] BT-Drs. 19/19859, 1, 40.
[120] BT-Drs. 19/19859, 31.
[121] BT-Drs. 19/19859, 25.

I. Übergreifende Problemstellungen

Anknüpfung an das Verbreitungsmittel („Schriften" etc.) sei daher nur solange sinnvoll gewesen, wie auch die Verbreitung nur oder doch im Wesentlichen über derart verkörperte Inhalte erfolgte.[122]

Der neue Inhaltsbegriff soll nach dem Willen des Gesetzgebers alle Methoden der Inhaltsübertragung mittels Informations- oder Kommunikationstechnik einschließlich Echtzeitübertragungen erfassen. Durch diesen technikoffenen Ansatz sollen bisherige Abgrenzungsschwierigkeiten, etwa zur Unterscheidung von „Telekommunikation" und „Telemedien" im Hinblick auf Messaging-Dienste wie „WhatsApp" oder E-Mail-Dienste wie „Gmail" beseitigt und ein einheitlicher Regelungsstandard geschaffen werden. Der Gesetzgeber hat ausdrücklich festgehalten, dass es „**auf das Ob und Wie einer Speicherung nicht mehr ankommt**.[123]" 90

Gleichwohl hat der Gesetzgeber an den bisherigen Tathandlungen der „Verbreitung" eines Inhalts bzw. des „der Öffentlichkeit zugänglich machen" eines Inhalts festhalten und die Auslegung dieser Begriffe unter dem neuen Inhaltsbegriff der Rechtsprechung überlassen.[124] Unter diesem neuen Inhaltsbegriff dürfte der grundlegende Unterschied zwischen den beiden Tathandlungen darin liegen, dass sich das Verbreiten auf das **zielgerichtete Übertragen von Inhalten an bestimmte Dritte („Push")** etwa per E-Mail oder Messenger richtet, während das Zugänglichmachen die **Ermöglichung der Kenntniserlangung durch unbestimmte Dritte („Pull")** etwa durch Posten in sozialen Netzwerken oder Uploads in Datenspeicher erfasst.[125] Klar sein dürfte jedenfalls, dass der Begriff der „Verbreitung" nunmehr auch durch eine „unkörperliche" Weitergabe im Internet möglich ist[126] und dass sich die Weitergabe an einen größeren, durch persönliche, nähere Beziehungen nicht zusammenhängenden Personenkreis richten muss, der für den Täter nicht mehr kontrollierbar ist.[127] Die verbliebene Streitfrage, ob ein Verbreiten erst dann gegeben ist, wenn ein (i.Ü. kaum nachzuweisender) Lesezugriff des Adressaten stattgefunden hat,[128] wird jedenfalls für die Praxis dadurch entschärft, dass neben dem „Verbreiten" jeweils auch das „Zugänglichmachen" als weitere Tathandlung unter Strafe gestellt ist.[129] 91

4. Strafzumessungsrecht – § 46 StGB

Durch das Gesetz zur Bekämpfung der Hasskriminalität[130] sind in § 46 StGB mit Wirkung ab April 2021 „**antisemitische Motive**" des Täters als weiteres ausdrückliches Beispiel für menschenverachtende Beweggründe und Ziele genannt, die bei der Strafzumessung besonders zu berücksichtigen sind. 92

---

[122] Vgl. BT-Drs. 19/19859, 24.
[123] BT-Drs. 19/19859, 27.
[124] BT-Drs. 19/19859, 27.
[125] Vgl. BGH NStZ 2001, 596 zu dem sog. „spezifischen Verbreitensbegriff" für Internetkommunikation: „Ein Verbreiten im Internet liegt vor, wenn die Datei auf dem Rechner des Internetnutzers angekommen ist. Dabei ist es unerheblich, ob dieser die Möglichkeit des Zugriffs auf die Daten genutzt oder ob der Anbieter die Daten übermittelt hat. Ein Zugänglichmachen im Internet liegt vor, wenn eine Datei zum Lesezugriff ins Internet gestellt und dem Internetnutzer so die Möglichkeit des Zugriffs auf die Datei eröffnet wird."
[126] BT-Drs. 19/19859, 55.
[127] MüKoStGB/Schäfer/Anstötz § 130 Rn. 74.
[128] Dafür etwa Fischer StGB § 184b Rn. 17; dagegen etwa MüKoStGB/Anstötz § 86 Rn. 30.
[129] BT-Drs. 19/19859, 27.
[130] Gesetz zur Bekämpfung des Rechtsextremismus und der Hasskriminalität vom 30.3.2021, BGBl. 2021 I 441.

93 Diese Ergänzung dient nach Auffassung des Gesetzgebers der Klarstellung und Bekräftigung der bereits jetzt geltenden Rechtslage; sie trage sowohl der besonderen geschichtlichen Verantwortung der Bundesrepublik Deutschland als auch der aktuellen Entwicklung antisemitischer Hasskriminalität Rechnung.[131] Auch wenn es sich rechtsdogmatisch um eine Änderung mit eher symbolischer Wirkung handeln sollte, ergibt sich daraus doch ein klarer Auftrag an die Strafverfolgungspraxis, antisemitische Motive bei der Strafzumessung zu berücksichtigen.[132]

94 Antisemitisch sind alle Formen von pauschalem Judenhass, pauschaler Judenfeindlichkeit oder Judenfeindschaft.[133]

5. Strafantrag – § 77b StGB und § 158 StPO

95 Beleidigungsdelikte der §§ 185 ff. StGB sind gemäß § 194 StGB (grundsätzlich) absolute Antragsdelikte. In der Praxis ist daher regelmäßig zu prüfen, ob ein Strafantrag rechtzeitig gestellt worden ist und ob dieser formwirksam ist.

a) Antragsfrist – § 77b StGB

96 Nach § 77b Abs. 1 StGB beträgt die Frist für die Stellung eines Strafantrags drei Monate. Sie beginnt gemäß § 77b Abs. 2 Satz 1 StGB mit dem Ablauf des Tages, an dem der Berechtigte von der Tat und der Person des Täters Kenntnis erlangt. Bei „Hate Speech" im Internet, also Äußerungen per E-Mail oder Messenger bzw. über soziale Netzwerke, ist regelmäßig die Frage relevant, wann der Antragsberechtigte **Kenntnis von der Person des Täters** hat.

97 Zunächst einmal ist festzuhalten, dass eine **Antragstellung auch vor Fristbeginn wirksam** ist. Es ist daher möglich, auch ohne Kenntnis der Person des Tatverdächtigen Strafantrag gegen Unbekannt zu stellen. In solchen Fällen ist es nicht erforderlich, dass der Antragsberechtigte nach Erlangung der Kenntnis von der Person des Tatverdächtigen erneut einen Strafantrag stellt oder zumindest den vor Fristbeginn gestellten Antrag bekräftigt.[134] Denn soweit die Motivationslage des Antragstellers durch eine nachträgliche Information von der Täterperson verändert wird, besteht die Möglichkeit der Rücknahme des Strafantrags gemäß § 77d StGB.

98 Grundsätzlich ist für die „Kenntnis von der Person des Täters" erforderlich, dass der Antragsberechtigte von dem Täter so zuverlässige Kenntnis hat, dass er in der Lage ist, **vom Standpunkt eines besonnenen Menschen aus zu beurteilen**, ob er Strafantrag stellen soll.[135] Die Kenntnis des Namens des Täters ist dafür zwar nicht erforderlich.[136] Jedoch muss der Berechtigte einerseits Kenntnis von Tatsachen haben, die den Tatverdacht auf eine bestimmte Person lenken und andererseits diese Person im Antrag individuell erkennbar machen können.[137] Kenntnis ist dabei mehr als Mutmaßung und

---

[131] BT-Drs. 19/17741, 18 f., 33.
[132] Vgl. zur Notwendigkeit Steinke DRiZ 2020, 342; kritisch dagegen Simon JR 2020, 599 (601).
[133] BeckOK StGB/Heintschel-Heinegg StPO § 46 Rn. 37.
[134] MüKoStGB/Mitsch § 77b Rn. 11.
[135] BGH NJW 1999, 508 (509); Schönke/Schröder/Bosch StGB § 77b Rn. 10.
[136] Schönke/Schröder/Bosch StGB § 77b Rn. 9.
[137] Fischer StGB § 77b Rn. 5; MüKoStGB/Mitsch § 77b Rn. 21.

weniger als Gewissheit; eine bloße Vermutung genügt jedoch nicht.[138] Auch besteht grundsätzlich keine entsprechende Erkundigungspflicht.[139]

In der Praxis stellt sich daher regelmäßig die Frage, ob der Antragsberechtigte bereits aus der Kenntnisnahme der Verwendung von Personalien im Rahmen einer E-Mail bzw. dem Profilnamen in sozialen Netzwerken **Kenntnis von der hinreichend individualisierten Person des Täters** hat und die Strafantragsfrist beginnt.

Dafür könnte ein Vergleich mit dem Beginn der Strafantragsfrist bei Beleidigungen im Straßenverkehr sprechen. In diesem Kontext ist es als ausreichend für die Kenntnis der Person des Täters angesehen worden, den Fahrer eines Pkw mit einem bestimmten amtlichen Kennzeichen benennen zu können, auch wenn sein Name nicht bekannt ist.[140] Bei sog. „Freemail"-Angeboten oder kostenlosen Profilen in sozialen Netzwerken werden **Personalien oder Profilnamen jedoch nicht verifiziert** und können nicht mit amtlichen Kennzeichen gleichgesetzt werden, da die amtliche Zulassung nur unter Vorlage von amtlichen Ausweisdokumenten erfolgt.[141] Vielmehr können Nutzerprofile für E-Mail-Adressen oder in sozialen Netzwerken regelmäßig ohne („*XYZ123*") oder mit frei wählbaren Personalien („*Max Mustermann*") angelegt und auch regelmäßig bzw. jederzeit geändert werden. Eine Überprüfung dieser Personalien findet weder bei E-Mail-Providern noch Anbietern sozialer Netzwerke statt, sodass aus der reinen Verwendung von Personalien noch nicht auf die Nutzung dieser angeblichen Person geschlossen werden kann. Eine vergleichbare Überprüfung der Personen ist allenfalls bei gegenüber der DENIC eG registrierten Domains für den Betrieb eigener E-Mail-Server oder bei besonders verifizierten Profilen in sozialen Netzwerken gegeben, die zB bei Facebook, Instagram oder Twitter mit einem sog. „blauen Haken" versehen sind.[142] Diese Funktionen stehen jedoch nur „bekannten bzw. bedeutenden Personen" zur Verfügung und haben daher nahezu keine praktische Relevanz.

Letztlich kann der Täter bei beleidigenden E-Mails oder Kommentaren in sozialen Netzwerken daher regelmäßig nicht weiter als durch die Verwendung des Tatmittels selbst konkretisiert werden (*der unbekannte Nutzer der E-Mail-Adresse*" bzw. „*der unbekannte Nutzer des Facebook-Profils*"). Die **Kenntnis von dem Tatmittel allein reicht jedoch nicht aus**, um Kenntnis von „der Person des Täters" iSd § 77b StGB zu haben, da dieses Merkmal ansonsten überflüssig wäre.

Anders ist dies nur dann einzuschätzen, wenn dem Antragsberechtigten **zusätzliche tatsächliche Anhaltspunkte zu dem Nutzer des Tatmittels** vorliegen. Dies kann etwa dann gegeben sein, wenn dem Antragsberechtigten die Nutzung der besonders verifizierten E-Mail-Adresse (zB „vorname@nachname.de") oder des besonders verifizierten Nutzerprofils durch eine tatsächlich existierende Person bekannt ist. Daneben können solche tatsächlichen Anhaltspunkte auch dann in Betracht kommen, wenn sich aus der E-Mail-Adresse oder der Signatur Hinweise auf Klarpersonalien des Nutzers ergeben bzw. wenn in dem Nutzerprofil weitere Hinweise auf den Nutzer wie Por-

---

[138] Vgl. Schönke/Schröder/Bosch StGB § 77b Rn. 10 mwN.
[139] BGH NJW 1999, 508 (509).
[140] BayObLG NStZ 1994, 86; vgl. BeckOK StGB/Dallmeyer StPO § 77b Rn. 4 mwN.
[141] Vgl. zur Diskussion um eine Klarnamenpflicht bei Facebook BGH NJW 2022, 1314; NJW-RR 2022, 621; dazu Manz NJW 2022, 446 (450).
[142] Vgl. zu den Voraussetzungen etwa https://www.facebook.com/help/100168986860974/; https://about.instagram.com/de-de/blog/announcements/understanding-verification-on-instagram/ oder https://help.twitter.com/de/managing-your-account/about-twitter-verified-accounts/.

traitfotos, Wohnort, Arbeitsstelle, Familienangehörige etc. vorhanden sind.[143] Eine entsprechende Erkundigungspflicht besteht für den Antragsberechtigten zwar nicht. Liegen dem Antragsberechtigten solche weiteren Anhaltspunkte durch eine eigene Recherche aber vor, insbesondere wenn die Äußerung in einem konkreten sachlichen, zeitlichen oder räumlichen Kontext zu vorangegangenen Ereignissen steht, ist ihm vom Standpunkt eines besonnenen Menschen aus möglich zu beurteilen, ob er Strafantrag gegen den so konkretisierten Urheber stellen soll. Dass in diesen Fällen die **tatsächliche Urheberschaft nicht sicher feststeht, ist dagegen irrelevant**, da für einen Beginn der Strafantragsfrist die Kenntnis des Namens des Täters nicht erforderlich ist. Ganz ähnlich hatte der *BGH* bereits im Jahr 1984 entschieden, dass die Antragsfrist auch dann zu laufen beginnt, wenn tatsächliche Anhaltspunkte zu dem einzig in Betracht kommenden Absender eines Briefes vorliegen.[144]

103 Einer solchen differenzierenden Lösung steht auch der **Zweck der Strafantragsfrist** nicht entgegen. Dieser besteht im Grundsatz darin, aus Gründen der Rechtssicherheit und öffentlichen Ordnung den Zustand der Unentschiedenheit darüber abzukürzen, ob eine Straftat verfolgt werden soll. Einerseits soll damit also iSd Beschleunigungsgrundsatzes durch einen frühzeitigen Fristbeginn und eine knappe Bemessung der Fristdauer Verfahrensverzögerungen entgegengewirkt werden; andererseits darf die Rechtsstellung des Antragsberechtigten nicht durch einen zu engen Zuschnitt der Frist ausgehöhlt werden.[145] Der Gesetzgeber hat mit § 77b StGB jedenfalls nicht bezweckt, den Antragsberechtigten mittels eines Fristendrucks zu leichtfertigen Strafanträgen zu „nötigen".[146] Ein angemessener Ausgleich dieser beiden gegenläufigen Interessen kann durch eine differenzierende Auslegung der Voraussetzungen des Fristbeginns erreicht werden.

104 Die Strafantragsfrist ist eine **gesetzliche Ausschlussfrist**. Bei Fristversäumung, auch bei möglicherweise unverschuldeter Fristversäumung, ist eine Wiedereinsetzung in den vorigen Stand nicht möglich.[147]

b) Schriftform – § 158 Abs. 2 StPO

105 Da für „Hate Speech" mittlerweile eine Vielzahl von privaten, aber auch öffentlichen bzw. amtlichen **Meldestellen** eingerichtet sind und auch in allen Bundesländern sog. „Online-Wachen" der Polizeibehörden existieren, stellt sich in der Praxis die Frage, ob in entsprechenden Meldungen und Anzeigen auch ein formwirksamer Strafantrag zu sehen ist. Denn nach § 158 Abs. 2 StPO muss bei Straftaten, deren Verfolgung nur auf Antrag eintritt, der Antrag bei einem Gericht oder der Staatsanwaltschaft schriftlich oder zu Protokoll, bei einer anderen Behörde schriftlich angebracht werden.

106 Keine Besonderheiten ergeben sich in diesen Fällen zunächst für den erforderlichen **Inhalt des Strafantrags**: Ein Strafantrag iSd § 158 Abs. 1 und 2 StPO muss die ausdrückliche oder durch Auslegung zu ermittelnde Erklärung der zum Antrag berechtigten Person enthalten, dass sie wegen einer bestimmten Tat die Strafverfolgung eines evtl. auch unbekannten Täters wünsche.[148] Dies dürfte in der Praxis jedenfalls dann der Fall sein, wenn die berechtigte Person den Strafverfolgungsbehörden nicht nur allgemein

---

[143] Solche zusätzlichen Informationen werden aufgrund der Struktur der sozialen Netzwerke eher bei Facebook und Instagram vorliegen als bei Twitter und YouTube.
[144] BGH 16.8.1984 – 1 StR 406/84; vgl. LK-StGB/Schmid § 77b Rn. 7.
[145] MüKoStGB/Mitsch § 77b Rn. 1 ff.
[146] LK-StGB/Schmid § 77b Rn. 7.
[147] BGH NJW 1994, 1165 (1166); BeckOK StGB/Dallmeyer StPO § 77b Rn. 1.
[148] KK-StPO/Griesbaum § 158 Rn. 47.

die Kenntnis eines möglicherweise strafbaren Verhalten verschaffen, sondern damit zugleich ihr besonderes Interesse an der Strafverfolgung zum Ausdruck bringen will.

Wesentlich problematischer ist in diesen Fällen, dass ein Strafantrag gemäß § 158 Abs. 2 StPO schriftlich angebracht werden muss.[149] Zweck dieses **Schriftformerfordernisses** ist es, Klarheit über die Identität des Antragstellers sowie über das Vorhandensein und den Umfang des wirklichen Verfolgungswillens zu schaffen.[150] Vor diesem Hintergrund ist nachvollziehbar, dass ein nur mündlich gestellter Antrag ohne jegliche Perpetuierung insoweit nicht genügen kann. Entscheidend ist vielmehr, ob der Verfolgungswille des Antragstellers zuverlässig dokumentiert ist.[151] Daher setzt die Schriftform – nach überwiegender Auffassung – zwar grundsätzlich, aber nicht zwingend voraus, dass der Berechtigte die Erklärung **eigenhändig geschrieben oder unterschrieben** hat.[152] Es genügt, dass aus dem Schriftstück in einer jeden Zweifel ausschließenden Weise ersichtlich ist, von wem die Erklärung herrührt, und feststeht, dass es sich bei dem Schriftstück nicht um einen Entwurf handelt.[153] Nach § 32d StPO unterliegt die wirksame Einreichung elektronischer Dokumente jedoch hohen technischen Anforderungen.

107

Übertragen auf die beschriebenen Online-Meldungen von „Hate Speech" ist daher umstritten, ob das Erfordernis der Schriftlichkeit auch durch **E-Mail**[154] oder durch Nutzung einer „**Internetwache**" der Polizei gewahrt werden kann.[155] Voraussetzung dafür ist jedenfalls, dass diese Meldungen nicht anonym erstattet werden, sondern dass überprüfbare Angaben zu den Personalien und der Erreichbarkeit der antragstellenden Person gemacht werden. Zudem ist erforderlich, dass sich aus dem Text und den Umständen der Online-Meldung wie dem notwendigen Anklicken von Schaltflächen wie „Absenden" eindeutig ergibt, dass es sich dabei um eine Meldung handelt, die mit Wissen und Wollen des Berechtigten der zuständigen Stelle zugeleitet worden ist. Der BGH hat jedoch unmissverständlich klargestellt, dass für die formwirksame Einreichung eines elektronischen Strafantrags die hohen technischen Anforderungen des § 32a StPO eingehaten werden müssen – eine „einfache" E-Mail reicht dafür nicht aus.[156]

108

Auch wenn eine solche Meldung gemäß § 158 Abs. 2 StPO nur bei Behörden des Polizeidienstes mit allgemeinen und sicherheitspolizeilichen Aufgaben erstattet werden können,[157] wird ein entsprechender Strafantrag durch **Weiterleitung an eine zuständige Stelle** wie etwa die Staatsanwaltschaft wirksam, wenn er dort rechtzeitig eingeht und die übrigen Voraussetzungen für einen wirksamen Strafantrag erfüllt.[158]

109

---

[149] Die weitere Möglichkeit des Anbringens des Strafantrags, dass ein Urkundsbeamter bei einem Gericht oder der Staatsanwaltschaft ein Protokoll aufnimmt, hat in diesem Zusammenhang keine praktische Bedeutung.
[150] KK-StPO/Griesbaum § 158 Rn. 44.
[151] MüKoStPO/Kölbel § 158 Rn. 44.
[152] BGH NStZ-RR 2020, 367; BeckOK StPO/Goers StPO § 158 Rn. 46; KK-StPO/Griesbaum § 158 Rn. 45; MüKoStPO/Kölbel § 158 Rn. 44; ebenso KK-StPO/Paul § 314 Rn. 10 zur Schriftform des § 314 Abs. 1 StPO.
[153] KK-StPO/Griesbaum § 158 Rn. 45; MüKoStPO/Kölbel § 158 Rn. 44.
[154] Fischer StGB § 77 Rn. 23; HK-GS/Ambos StPO § 158 Rn. 20; Hauser JR 2022, 401; LK-StGB/Greger/Weingarten § 77 Rn. 11a; aA BGH BeckRS 2022, 20788.
[155] BeckOK StPO/Goers StPO § 158 Rn. 46; Jesse DRiZ 2018, 28; aA AG Auerbach BeckRS 2021, 5624; dazu Jahn JuS 2021, 564; Dießner FD-StrafR 2021, 438457; Hauser JR 2022, 401.
[156] BGH BeckRS 2022, 20788.
[157] KK-StPO/Griesbaum § 158 Rn. 41.
[158] KK-StPO/Griesbaum § 158 Rn. 42; Meyer-Goßner/Schmitt/Köhler StPO § 158 Rn. 8.

6. Eignung zur Störung des öffentlichen Friedens – §§ 126, 130, 140 StPO

110 Bei Tatbeständigen wie §§ 126, 130, 140 StGB, die nicht nur den Schutz des individuellen Rechtsfriedens bezwecken, ist jeweils erforderlich, dass die Tathandlung zur Störung des öffentlichen Friedens geeignet ist.

111 Grundsätzlich begründet zwar bereits die Verwirklichung der jeweiligen Tatbestandsmerkmale die Strafbarkeit, bei deren Erfüllung auch die Eignung zur Störung des öffentlichen Friedens vermutet werden kann; die Friedensstörungsklausel hat jedoch die Funktion einer „Wertungsklausel" zur Ausscheidung nicht strafwürdig erscheinender Fälle.[159] Gestört ist der öffentliche Frieden jedenfalls dann, wenn das **Vertrauen der Bevölkerung in die öffentliche Rechtssicherheit** erschüttert wird oder wenn potenzielle Täter durch **Schaffung eines „psychischen Klimas", in welchem Straftaten begangen werden können**, aufgehetzt werden.[160] Eine Eignung zu einer solchen Friedensstörung ist daher regelmäßig dann anzunehmen, wenn die entsprechende Äußerung in der Öffentlichkeit erfolgt oder wenn nach den konkreten Umständen damit zu rechnen ist, dass die Äußerung einem nicht näher eingegrenzten Kreis von Personen bzw. einem zahlenmäßig nicht überschaubaren Personenkreis bekannt wird.[161]

112 Vor diesem Hintergrund ist eine Eignung zur Friedensstörung jedenfalls bei einer Äußerung gegenüber Dutzenden oder gar Hunderten von Personen zu bejahen.[162] Sie ist andererseits dann nicht gegeben, wenn nach Art und Inhalt der Äußerung nicht damit zu rechnen ist, dass der angekündigte Angriff einer breiteren Öffentlichkeit bekannt werden würde.[163] Daher ist in Fällen von „Hate Speech" auch die undifferenzierte Feststellung einer „Äußerung im Internet" für die Begründung einer Eignung zur Friedensstörung nicht in jedem Fall als ausreichend angesehen worden.[164] Jedoch wird eine Eignung zur Friedensstörung bei durch Nutzung der „reichweitenstarken" sozialen Netzwerke wie Facebook, Twitter, YouTube etc. veröffentlichten Äußerung in der Regel gegeben sein, sofern es sich nicht um kleine, geschlossene Benutzergruppen handelt, bei denen nicht mit einer weiteren Veröffentlichung und einer entsprechenden Möglichkeit der Kenntnisnahme der Äußerung zu rechnen ist.

113 Es bietet sich daher an, jeweils die **Verbreitung und Wirkung der Äußerung konkret festzustellen**, etwa durch die öffentlich einsehbaren Parameter wie genutzte „Erwähnungen" oder „Hashtags", Anzahl der „Kommentare", „Weiterleitungen" oder „Likes" zu der jeweiligen Äußerung sowie Anzahl der „Klicks", Anzahl der „Freunde" oder „Abonnenten" des Urhebers.[165]

7. Verantwortlichkeit der Plattformbetreiber – §§ 7 ff. TMG

114 Bei strafrechtlich relevanten Äußerungen einzelner Nutzer über Plattformen wie soziale Netzwerke, Meinungs- und Bewertungsforen oder Webseiten mit Kommentar-

---

[159] BVerfG NJW 2010, 47 (54) zu § 130 StGB; Fischer StGB § 126 Rn. 3a.
[160] BGH NStZ 2010, 570.
[161] BGH NStZ 2010, 570; OLG Frankfurt NStZ-RR 2002, 209 f.
[162] MüKoStGB/Schäfer/Anstötz § 130 Rn. 26.
[163] OLG Hamm BeckRS 2018, 21350: Klinikmitarbeiter und Polizeibeamte; OLG Karlsruhe NStZ-RR 2017, 108: Wohngruppen-Bezugsbetreuer; AG München BeckRS 2017, 139312: Arbeitskollegen.
[164] BGH NStZ 2007, 216 (217) zu § 130 Abs. 1 StGB; vgl. auch BVerfG NJW 2020, 2622 (2626) zu § 185 StGB.
[165] BVerfG NJW 2020, 2622 (2626) zur Berücksichtigung im Rahmen der Abwägung bei § 185 StGB.

I. Übergreifende Problemstellungen

funktion stellt sich regelmäßig auch die Frage der Verantwortlichkeit der Betreiber der genutzten Plattform, etwa im Zusammenhang mit dem **Bereitstellen der Plattform** oder mit dem **Unterlassen der Löschung** eines Beitrags mit strafbarem Inhalt.

Ausgangspunkt für die Verantwortlichkeit der Plattformbetreiber sind die **Grundsätze des Allgemeinen Teils des StGB**, etwa zur Abgrenzung von Tun und Unterlassen oder von Täterschaft und Teilnahme.[166] Im Rahmen der Prüfung der jeweiligen Voraussetzungen wie der §§ 13, 27 StGB sind jedoch die besonderen Haftungsbeschränkungen der §§ 7 ff. TMG zu berücksichtigen.[167] Zweck dieser Haftungsbeschränkungen ist es, als sog. „Querschnittsregelungen" den Betrieb und die Benutzung der modernen Kommunikationsmedien von unkalkulierbaren Haftungs- und Strafbarkeitsrisiken freizustellen.[168] Entscheidend ist dabei zunächst, ob es sich bei den jeweiligen Äußerungen der Nutzer um eigene oder fremde Informationen handelt. 115

Nach § 7 Abs. 1 TMG ist derjenige, der **eigene Informationen** im Netz bereithält, dafür nach den allgemeinen Gesetzen voll verantwortlich. Eigen sind Informationen, die der Anbieter entweder selbst erstellt oder sich zu Eigen gemacht hat.[169] Von einem solchen „zu Eigen machen" ist beispielsweise dann auszugehen, wenn der Information nicht zu entnehmen ist, dass sie von einem anderen stammt, oder von dem Betreiber erkennbar freigegeben oder zustimmend kommentiert worden ist.[170] 116

Für Plattformbetreiber, die ihren Nutzern die Erstellung eigener Beiträge ermöglichen, sind diese Beiträge **fremde Informationen**. Daran ändert sich auch nichts dadurch, dass der Betreiber in der Lage ist, diese Informationen zu sperren oder zu löschen, dass er sie kennt oder kennen könnte.[171] Diensteanbieter, die fremde Informationen für einen Nutzer speichern (sog. „Host-Provider"), sind gemäß § 10 S. 1 TMG dafür nicht verantwortlich, sofern sie keine Kenntnis von der rechtswidrigen Handlung oder der Information haben bzw. nach Kenntniserlangung unverzüglich tätig geworden sind, um die Information zu entfernen oder den Zugang zu ihr zu sperren. Insbesondere trifft die Plattformbetreiber aufgrund der ausdrücklichen Regelung des § 7 Abs. 2 TMG auch **keine Überwachungs- oder Nachforschungspflicht**. 117

Damit können die §§ 7 ff. TMG zwar weder Gehilfenvorsatz noch Garantenstellung begründen, aber diese durchaus ausschließen, etwa wenn bei dem „Host-Provider" keine positive Kenntnis der konkreten strafrechtlich relevanten Inhalte iSd § 10 S. 1 TMG gegeben ist. 118

Beispiel aus der Rechtsprechung: So hat das *KG*[172] bei dem Vorwurf des Bereitstellens eines angemieteten Servers zum Betrieb einer Webseite ua für das Hochladen volksverhetzender Inhalte aufgrund mangelnder Kenntnis gemäß § 10 S. 1 TMG den auf die Haupttat bezogenen Gehilfenvorsatz abgelehnt und die Beschwerde gegen die Nichteröffnung des Hauptverfahrens verworfen. 119

Es fehle an ausreichenden Anhaltspunkten dafür, dass der Angeschuldigte positive Kenntnis von den in Rede stehenden Inhalten auf der Internetseite gehabt habe. Insbesondere monierte der *Senat*,

---

[166] Fischer StGB § 184 Rn. 32; BeckOK StGB/Valerius Providerhaftung Rn. 7.
[167] So die vorherrschende „Integrationslösung", vgl. Schönke/Schröder/Eisele StGB § 184 Rn. 72; Hilgendorf/Valerius Computer- und InternetStrafR Rn. 192; aus der Rechtsprechung etwa KG NJW 2014, 3798; OLG Frankfurt BeckRS 2013, 16862.
[168] BT-Drs. 13/7385, 16.
[169] MüKoStGB/Altenhain TMG Vor § 7 Rn. 20 ff.; BeckOK StGB/Valerius Providerhaftung Rn. 18 ff.
[170] Schönke/Schröder/Eisele StGB § 184 Rn. 80; Hilgendorf/Valerius Computer- und InternetStrafR Rn. 200.
[171] MüKoStGB/Altenhain Vor § 7 TMG Rn. 26.
[172] KG NJW 2014, 3798; zuvor LG Berlin BeckRS 2014, 19229; zustimmend ua Hassemer NJW 2014, 3801.

dass die Staatsanwaltschaft von Ermittlungen dazu abgesehen hatte, ob der Angeschuldigte diese Seite an einem seiner Computer jemals aufgerufen oder sogar Einträge kommentiert habe. Auch im Übrigen sei eine Haftung des Angeschuldigten für eigene Informationen nicht ersichtlich, weil ein sonstiges Zueigenmachen, etwa durch zustimmendes Kommentieren oder nachweisliches Identifizieren mit den Inhalten, oder eine aktive Rolle des Angeschuldigten, die eine Kontrolle über die Inhalte ermöglichte, nicht erkennbar gewesen seien.

120 Jedoch kann sich für Plattformbetreiber bei **Untätigkeit trotz Kenntnis** im Sinne von § 10 S. 1 TMG durchaus auch eine Garantenstellung aus der Verantwortlichkeit über die Gefahrenquelle „Internetplattform" ergeben.[173] Dies kommt insbesondere dann in Betracht, wenn der Zweck der Plattform überwiegend auf die Begehung von Straftaten ausgerichtet ist und schon aus diesem Umstand die notwendige Kenntnis im Sinne von § 10 S. 1 TMG gegeben ist.[174] Dass der Betreiber lediglich ganz allgemein das Veröffentlichen rechtswidriger Inhalte durch Nutzer in Kauf nimmt, wird dafür jedoch noch nicht ausreichen.[175] Diese Fragen der Verantwortlichkeit der Plattformbetreiber stellen sich insbesondere bei dem Straftatbestand des Betreibens krimineller Handelsplattformen im Internet gemäß § 127 StGB.[176]

121 Für die „großen" sozialen Netzwerke iSd § 1 Abs. 2 NetzDG besteht darüber hinaus die Möglichkeit einer Sanktionierung eines pflichtwidrigen Unterlassens der Löschung strafbarer Inhalte als Ordnungswidrigkeit nach § 4 Abs. 1 Nr. 2-4 NetzDG in Verbindung mit § 3 Abs. 1 und 4 NetzDG.[177]

II. Angriffe auf den öffentlichen Rechtsfrieden

1. Kennzeichenverwendung – § 86a StGB

122 Mit § 86a StGB soll nach überwiegender Auffassung der **demokratische Rechtsstaat** und der **öffentliche Friede** geschützt werden, indem die von der Verwendung von Kennzeichen ausgehende gruppeninterne Wirkung unterbunden und jeglicher Anschein vermieden werden soll, verfassungswidrige Organisationen könnten ihre Wiederbelebung betreiben und das Verwenden bzw. Verbreiten ihrer Symbole würden geduldet werden oder hätten sich wiedereingebürgert.[178] Inhaltliche „Propaganda" für verfassungswidrige Organisationen, die gegen die freiheitlich demokratische Grundordnung oder den Gedanken der Völkerverständigung gerichtet ist, wird dagegen von § 86 StGB erfasst.

123 Als **Kennzeichen** im Sinne von § 86a Abs. 2 sind in der Praxis ganz überwiegend NSDAP-Kennzeichen relevant, die im Rahmen der Internetkommunikation insbesondere als Bild- und Videodateien (verkörperte Symbole wie Hakenkreuz, SS-Uniform, ikonenhafte Porträt-Darstellungen Adolf Hitlers) oder als Text- und Audiodateien (Parolen wie „Sieg Heil", „Heil Hitler" oder „Deutschland erwache") verwendet wer-

---

[173] Vgl. dazu Ceffinato JuS 2017, 403 (405 f.); Galetzka/Krätschmer MMR 2016, 518 (521 ff.); Hoven ZWH 2018, 97 (99 ff.); zurückhaltend Eckel/Rottmeier NStZ 2021, 1 (5 ff.).
[174] Greco ZIS 2019, 435 (448); auch § 127 StGB setzt für das Betreiben krimineller Handelsplattformen im Internet voraus, dass der Zweck darauf ausgerichtet ist, die Begehung von rechtswidrigen Taten zu ermöglichen oder zu fördern.
[175] MüKoStGB/Freund § 13 Rn. 163.
[176] Vgl. → Rn. 152 sowie → Rn. 154.
[177] Vgl. dazu die Erläuterungen zur „NetzDG-Meldepflicht" gemäß § 3a NetzDG → Rn. 43 ff.
[178] Fischer StGB § 86a Rn. 2.

II. Angriffe auf den öffentlichen Rechtsfrieden

den. Zu diesen Kennzeichen besteht eine umfangreiche Einzelfall-Rechtsprechung, die durch amtliche Leitfäden aufbereitet wird.[179] Mit Wirkung von September 2021 hat der Gesetzgeber durch eine Ergänzung der §§ 86, 86a StGB sichergestellt, dass das Verwenden von Kennzeichen nicht nur in Bezug auf verfassungswidrige Organisationen, sondern auch in Bezug auf terroristische Organisationen erfasst wird.[180] Dafür ist nach dem neuen § 86 Abs. 2 StGB vorausgesetzt, dass diese Organisationen von der Europäischen Union als terroristische Organisationen gelistet sind.[181]

Ein „**Verwenden**" ist bei jeglichem Gebrauch gegeben, welcher das Kennzeichen optisch oder akustisch wahrnehmbar macht.[182] Dabei ist nicht erforderlich, dass sich der Täter zu den Zielen der verfassungswidrigen Organisation bekennt oder sich sonst damit identifiziert (sog. „Tabuisierungsfunktion" des Tatbestands).[183] Daher ist ein Verwenden grundsätzlich in jedem auch „isolierten" Gebrauch zu sehen.[184]

„**Öffentliche**" Verwendung setzt voraus, dass das Kennzeichen von einer größeren, zahlenmäßig unbestimmten Anzahl individuell nicht bestimmter Personen wahrgenommen werden kann.[185] Eine tatsächliche Wahrnehmung ist dagegen nicht erforderlich. Ein öffentliches Verwenden von Kennzeichen über Facebook liegt nach der Rechtsprechung des *BGH* jedenfalls bei 844 „Freunden" vor, welche die inkriminierten Inhalte einsehen können.[186] Andere Rechtsprechung lässt – in analogen Fällen – bereits das Verwenden gegenüber 3 Personen genügen, zu denen der Täter nicht durch persönliche Beziehungen verbunden ist.[187] Entscheidend für die Annahme der Öffentlichkeit in Fällen von „Hate Speech" über soziale Netzwerke, E-Mail oder Messenger dürfte sein, dass der Täter keinen Kreis von Personen bestimmter Individualität vor Augen hat und infolgedessen die **Wirkung der Äußerung nicht übersehen und nicht kontrollieren kann**.[188] Dabei können insbesondere Indizien wie „keine örtliche Nähe der Gruppenmitglieder", „loser Zusammenschluss aus ideologischen Gründen" oder „Heterogenität der Gruppenmitglieder" gegen die persönliche Beziehung individueller Personen und damit für eine Öffentlichkeit sprechen. Im Ergebnis entspricht das Tatbestandsmerkmal der „öffentlichen" Tathandlung in §§ 86a, 111, 126a, 140, 185-188 und 241 StGB dem Tatbestandsmerkmal des „der Öffentlichkeit zugänglich machen" eines Inhalts in § 130 Abs. 2 Nr. 1 StGB.

Gerade in Fällen von kleinen, geschlossenen Benutzergruppen bzw. der sog. „1:1"-Kommunikation von nur zwei Kommunikationspartnern kann mangels öffentlicher Verwendung auch die Tathandlung der **Verwendung „in einem von dem Täter verbreiteten Inhalt"** in Betracht kommen, da eine Verbreitung eines Inhalts auch durch eine „unkörperliche" Weitergabe im Internet möglich ist.[189] Voraussetzung für eine sol-

---

[179] Vgl. etwa BfV Symbole, Zeichen und verbotene Organisationen, abrufbar unter https://www.verfassungsschutz.de.
[180] BT-Drs. 19/31115, 10.
[181] Aktuell werden von der Europäischen Union über 20 Organisationen gelistet, darunter ua die „Hamas" oder die „Kurdische Arbeiterpartei".
[182] MüKoStGB/Anstötz § 86a Rn. 19.
[183] BVerfG NJW 2009, 2805; BeckOK StGB/Ellbogen StGB § 86a Rn. 2; kritisch Fischer StGB § 86a Rn. 2a f.
[184] OLG Jena BeckRS 2019, 11067.
[185] BGH BeckRS 2017, 127495; MüKoStGB/Anstötz § 86a Rn. 23; MüKoStGB/Bosch § 111 Rn. 17.
[186] BGH NStZ 2015, 81.
[187] BayObLG NStZ-RR 2003, 233 (234); OLG Celle NStZ 1994, 440 (441); MüKoStGB/Anstötz § 86a Rn. 23.
[188] MüKoStGB/Bosch § 111 Rn. 17.
[189] BT-Drs. 19/19859, 55.

che Verwendung ist zwar ebenfalls, dass sich die Weitergabe an einen größeren, durch persönliche, nähere Beziehungen nicht zusammenhängenden Personenkreis richten muss, der für den Täter nicht mehr kontrollierbar ist.[190] Jedoch ist nach den Grundsätzen der sog. „Kettenverbreitung" eine Verbreitung bereits mit der Weitergabe an einen einzelnen Empfänger erfüllt, wenn diese seitens des Täters mit dem Willen geschieht, dass der Empfänger den Inhalt einem größeren Personenkreis zugänglich machen werde, oder wenn der Täter mit der Weitergabe an eine größere, nicht mehr zu kontrollierende Zahl von Personen rechnet.[191] In diesem Zusammenhang kann – neben einem ausdrücklichen oder konkludenten Aufruf zum Teilen – bereits die Erstellung von „verbreitungstypischen" Inhalten wie „Memes" für einen entsprechenden Verbreitungswillen sprechen.

127 Gemäß § 86a Abs. 3 StGB ist die sog. „**Sozialadäquanzklausel**" des § 86 Abs. 4 StGB entsprechend anwendbar, sodass der Umgang mit dem Kennzeichen („die Handlung") bereits nicht tatbestandsmäßig ist, wenn dieser den dort genannten Zwecken wie etwa der staatsbürgerlichen Aufklärung dient und den Schutzzweck des § 86a StGB nicht verletzt.[192]

128 Auch ist aufgrund der bei der Kennzeichenverwendung grundsätzlich in Betracht kommenden Meinungsfreiheit zu fordern, dass – aus Sicht eines verständigen Dritten – der jeweilige Äußerungsgehalt der Kennzeichenverwendung festgestellt und bei mehrdeutigen Äußerungen einer zur Verurteilung führende Deutung nur dann zugrunde gelegt worden darf, wenn andere, ebenfalls mögliche Deutungen mit überzeugenden Gründen ausgeschlossen worden sind.[193] Ausgehend von dem (sinngemäßen) Wortlaut sind dafür auch der Kontext und die sonstigen Begleitumstände der Äußerung zu beachten.

2. Aufforderung zu Straftaten – § 111 StGB

129 § 111 StGB hat den Zweck, die mit der öffentlichen Aufforderung zu Straftaten verbundene Gefahr des „aus dem Ruder Laufens" eines durch den Auffordernden in Gang gesetzten Kausalverlaufes zu verhindern und damit – neben den unmittelbar bedrohten Rechtsgütern – den **inneren Gemeinschaftsfrieden** zu schützen.[194]

130 Eine „**Aufforderung**" gemäß § 111 Abs. 2 Satz 1 StGB verlangt eine ausdrückliche oder konkludente Willenskundgabe gegenüber Dritten, dass eine beliebige andere Person den Tatbestand eines Strafgesetzes durch Tun oder Unterlassen verwirklichen soll.[195] Die Äußerung des Betroffenen muss aus objektiver Sicht erkennbar darauf abzielen, ihre Adressaten unmittelbar zur Begehung bestimmter rechtswidriger Straftaten zu motivieren (sog. „**Appellcharakter**"). Dabei muss die von den Erklärungsadressaten erwartete Tat zumindest ihrer Art und ihrem rechtlichen Wesen nach bestimmt sein, nicht jedoch auch konkret nach Ort und Zeit.[196] Im Übrigen gelten für die Voraussetzungen der öffentlichen Tathandlung bzw. des Verbreitens eines Inhalts keine Besonderheiten.[197]

---

[190] MüKoStGB/Schäfer/Anstötz § 130 Rn. 74.
[191] BGH NStZ-RR 2017, 205 (206): Übermittlung an Betreiber eines Internet-Blog; BGH NJW 2005, 689 (690 f.).
[192] MüKoStGB/Anstötz § 86 Rn. 36 ff.; Schönke/Schröder/Sternberg-Lieben StGB § 86a Rn. 10; OLG Rostock BeckRS 2022, 2565: keine „Satire" allein durch Verwendung eines verbotenen Kennzeichens.
[193] BayObLG BeckRS 2020, 2232 Rn. 13; BVerfG NJW 2009, 2805 (2806); NJW 2006, 3052 f.
[194] MüKoStGB/Bosch § 111 Rn. 1.
[195] MüKoStGB/Bosch, § 111 Rn. 6; Fischer StGB § 111 Rn. 4.
[196] Schönke/Schröder/Eser StGB § 111 Rn. 13.
[197] Vgl. dazu → Rn. 91, 125 f.

Beispiele aus Rechtsprechung und Literatur: Öffentliche Auslobung eines Geldbetrags für 131
Tötung von ehemaliger Lebensgefährtin[198]
„"…Dann sorgen wir dafür, dass er nicht rollen kann… Wir sind entschlossen, massenhaft den Schotter aus dem Gleisbett zu entfernen, also die Gleise zu unterhöhlen und sie damit für den Atommüllzug unbefahrbar zu machen…"[199]
„Aufstand! Alle zu den Bullen. Da stürmen wir. Lasst uns das Schwein tothauen"[200]

Bei den im Zusammenhang mit „Hate Speech" häufig anzutreffenden Äußerungen, 132 eine Straftat sei begrüßenswert, erwünscht, notwendig oder unvermeidbar, ist daher sorgfältig zu prüfen, ob darin aus objektiver Sicht eine Aufforderung enthalten ist. **Aufforderungen zu Straftaten schlechthin oder zu gewissen Deliktsarten ohne Beziehung auf ein bestimmtes verbrecherisches Geschehen sind dagegen nicht ausreichend.** Zu berücksichtigen ist zudem, dass der Täter es subjektiv zumindest billigend in Kauf nehmen muss, dass seine Aufforderung zur Begehung von Straftaten von anderen Personen ernst genommen wird.[201] Wenn eine Aufforderung den vorausgesetzten Appellcharakter zur Begehung von Straftaten besitzt, kommt eine Berufung auf die Meinungsfreiheit nicht in Betracht.[202]

Beispiele aus der Strafverfolgungspraxis[203]: 132a
„Hängt den Volksverräter"
„Aufhängen den Drecksack"
„Erschlagen den Verbrecher"
„Abschießen so ein Arschloch"
„Der gehört sofort erschossen"
„Ein Loch in der Stirn würde ihm bestimmt gut stehen"

3. Androhung von Straftaten – § 126 StGB

Mit § 126 StGB bezweckt der Gesetzgeber einen umfassenden **Schutz der Allgemeinheit gegen die Androhung oder Vortäuschung von bestimmten schweren Gewalttaten.** Damit sollen eine allgemeine Verunsicherung der Bevölkerung und die daraus möglicherweise entstehenden Folgen verhindert werden.[204] 133

Mit Wirkung ab April 2021 ist der Straftatenkatalog des § 126 StGB dahingehend 134 erweitert worden, dass auch die Androhung von Straftaten nach § 177 Abs. 4 bis 8 und § 178 StGB sowie § 224 StGB strafbar sein kann. Hintergrund für diese Erweiterung ist die Erwägung des Gesetzgebers, dass solche geeignet sein können, den Zustand allgemeiner Rechtssicherheit und das Sicherheitsgefühl der Bevölkerung nicht nur unerheblich zu beeinträchtigen.[205]

Der Tatbestand erfasst in Abs. 1 die **„Androhung"**, also die ausdrückliche oder 135 konkludente Ankündigung einer künftigen Katalogtat, wobei der Drohende deren

---

[198] BGH NStZ-RR 2018, 308.
[199] OLG Celle NStZ 2013, 720.
[200] Ostendorf/Frahm/Doege NStZ 2012, 529.
[201] BGH NStZ-RR 2018, 308.
[202] MüKoStGB/Bosch § 111 Rn. 29.
[203] „Durchsuchungen wegen Internet-Hetze im Fall Lübcke" becklink 2016498.
[204] MüKoStGB/Feilcke § 126 Rn. 1 f.; der individuelle Rechtsfrieden des Einzelnen wird dagegen über § 241 StGB geschützt.
[205] BT-Drs. 19/17741, 34; BT-Drs. 19/20163, 45.

Begehung als von seinem Willen abhängig darstellen muss und zum Ausdruck bringen, dass die Verwirklichung der angedrohten Tat – durch ihn oder einen Dritten – in seinem Machtbereich liegt.[206] Dafür muss der Täter nicht zwingend die genaue Tatzeit oder den genauen Tatort mitteilen oder die Durchführung der Tat wirklich wollen.[207] Auch eine entsprechende Ankündigung unter einer Bedingung („*Wenn..., dann...*") reicht dafür aus, sofern der Täter vorgibt, Einfluss auf die Entscheidung zur Tatausführung zu haben.[208] Eine reine „Warnung" kann daher allenfalls unter Abs. 2 subsumiert werden.

136   Abs. 2 erfasst mit dem Tatbestandsmerkmal „**Vortäuschen**" solche Fälle, in denen der Täter fälschlich vor einer angeblich bevorstehenden oder bereits in Ausführung begriffenen Verwirklichung einer Katalogtat warnt.[209] Darüber können ua Fälle sog. „Fake News" erfasst werden. Da die Verbreitung erwiesen unwahrer und bewusst falscher Tatsachenbehauptungen nicht zur verfassungsrechtlich gewährleisteten Meinungsbildung beitragen kann, sind solche Vortäuschungen nicht von der Meinungsfreiheit gedeckt.

137   **Beispiel aus der Rechtsprechung:** In einem Strafverfahren vor dem *AG Mannheim*[210] hatte der Angeklagte auf einem journalistischen Internetangebot mit überwiegend regionalem Bezug einen Artikel veröffentlicht und darin wider besseres Wissen berichtet, dass es in M. „*aktuell zum bisher größten Terroranschlag in Westeuropa*" gekommen sei. In dem Artikel hatte der Angeklagte ua folgende Situationen beschrieben: „*Offiziell wurden bislang 136 Tote gezählt, 237 sind verletzt, zum Teil lebensgefährlich. Rund 50 Angreifer haben mit Macheten und anderen Messern verschiedene Feste in der Stadt gestürmt. Sie griffen gleichzeitig in Zweier-Trupps an 25 Stellen an und sorgten für ein Blutbad apokalyptischen Ausmaßes... Überall in den Straßen liegen leblose Körper auf dem Boden. In der Luft liegt der Geruch von Blut. Verletzte schreien oder betteln um Hilfe. Menschen rennen ziellos umher... 30 Angreifer erschossen – 20 weitere im Stadtgebiet unterwegs.*" Dass es sich um eine erfundene Geschichte handelte und von dem Angeklagten als „Gonzo-Journalismus" bzw. „Mix von Fakten und Fiktion" bezeichnet war, war für die über 20.000 Leser des frei zugänglichen Teils des Artikels nicht erkennbar.

Das *AG Mannheim* verurteilte den Angeklagten wegen Störung des öffentlichen Friedens durch Vortäuschung, die Verwirklichung eines Mordes, Totschlags oder einer schweren Körperverletzung stehe bevor. „Bevorstehende Tat" iSd § 126 Abs. 2 StGB umfasse auch eine Situation, in welchem bereits im Gange befindliche Straftaten fortgesetzt werden, eine sog. Dauergefahr.

138   Schließlich ist auch für eine Strafbarkeit gemäß § 126 Abs. 1 und 2 StGB jeweils **eine Eignung zur Störung des öffentlichen Friedens** erforderlich.[211]

4. Veröffentlichen von „Feindeslisten" – § 126a StGB

139   Mit § 126a StGB wird seit September 2021 das gefährdende Verbreiten personenbezogener Daten unter Strafe gestellt. Der Straftatbestand dient „dem verbesserten Schutz der allgemeinen Rechtssicherheit und des **friedlichen Zusammenlebens der Bürgerinnen und Bürger** sowie des Vertrauens auf diesen Zustand, der durch das Phänomen sogenannter Feindeslisten erheblich beeinträchtigt wird.[212]"

140   Unter „**Feindeslisten**" sind Sammlungen personenbezogener Daten wie insbesondere Namen, Adressdaten und weitere persönliche Umstände zu verstehen, die in einem

---

[206] MüKoStGB/Feilcke § 126 Rn. 1 f.
[207] Schönke/Schröder/Sternberg-Lieben/Schittenhelm StGB § 126 Rn. 5.
[208] BGH NStZ 2014, 415 (416).
[209] Schönke/Schröder/Sternberg-Lieben/Schittenhelm StGB § 126 Rn. 6.
[210] BeckRS 2019, 1427.
[211] Vgl. dazu → Rn. 110 ff.
[212] BT-Drs. 19/28678, 2.

II. Angriffe auf den öffentlichen Rechtsfrieden

Zusammenhang mit ausdrücklichen oder subtilen Drohungen verbreitet werden, den die Betroffenen und die Öffentlichkeit als einschüchternd oder bedrohlich empfinden können.[213] Legaldefiniert ist der Begriff der „personenbezogenen Daten" in Art. 4 Nr. 1 DS-GVO und umfasst daher auch – die im Zusammenhang mit „Hate Speech" regelmäßig praxisrelevanten – Fotografien und Videoaufzeichnungen von Personen.[214]

Ein „**öffentliches**" **Verbreiten** der Datensammlungen liegt nach Auffassung des Gesetzgebers auch in einer vermeintlich geschlossenen Benutzergruppe jedenfalls dann vor, wenn die Daten über das Internet „ins Netz gestellt" und für einen anonymen, nicht überschaubaren Benutzerkreis ohne substantielle Zugangshindernisse abrufbar sind.[215] **141**

Das **Verbreiten eines Inhalts** setzt auch bei § 126a StGB voraus, dass der Inhalt einem größeren Personenkreis zugänglich gemacht wird, so dass er für den Täter nicht mehr kontrollierbar ist. Dies ist nach Auffassung des Gesetzgebers etwa der Fall bei Versendungen an einen größeren Teilnehmerkreis per E-Mail, WhatsApp oder Telegram – unabhängig davon, ob die Versendung gleichzeitig oder nacheinander bzw. in einer geschlossenen Chatgruppe erfolgt.[216] Im Übrigen gelten für die Voraussetzungen der öffentlichen Tathandlung bzw. des Verbreitens eines Inhalts keine Besonderheiten.[217] **142**

Weitere Voraussetzung für eine Strafbarkeit ist, dass die Verbreitung solcher Datensammlungen in einer **Art und Weise** geschieht, die objektiv dazu geeignet und subjektiv nach den Umständen bestimmt ist, die Betroffenen oder ihnen nahestehende Personen in die Gefahr zu bringen, Opfer einer Straftat zu werden. Unter die potenziellen Straftaten fallen Verbrechen (§ 126 Abs. 1 Nr. 1 StGB), aber auch sonstige rechtswidrige Taten, die sich gegen die sexuelle Selbstbestimmung, die körperliche Unversehrtheit, die persönliche Freiheit oder gegen eine Sache von besonderem bedeutendem Wert richten (§ 126 Abs. 1 Nr. 2 StGB). Neben der objektiven Geeignetheit der Tathandlung, eine bestimmte Folge herbeizuführen, hat der Gesetzgeber zur Abgrenzung von nicht strafwürdigen Fällen auch das Erfordernis eines subjektiven Elements – der **Zielsetzung des Täters** zum Zeitpunkt der Tathandlung – als notwendig angesehen. Für eine Strafbarkeit muss also ein solcher Zusammenhang zwischen Tathandlung „Veröffentlichung" und Tatfolge „Gefahr" bestehen, dass der Wille des Täters sich auch auf die potenziellen Folgen der Tat erstreckt.[218] In der Regel wird dies durch die mit der Veröffentlichung verbundenen ausdrücklichen oder subtilen Drohungen nachgewiesen werden können. **143**

Beispiele des Gesetzgebers[219]: „die Person könne ja mal Besuch bekommen" **144**
„gegen so jemanden müsse man mal etwas unternehmen"

Handelt es sich bei den veröffentlichten Daten um bislang nicht allgemein zugängliche Daten, sieht eine Qualifikation in § 126a Abs. 2 StGB Freiheitsstrafe bis zu drei Jahren oder Geldstrafe vor. Die dürfte insbesondere bei gemäß § 202a StGB ausgespähten Daten der Betroffenen in Betracht kommen. **145**

Schließlich ist gemäß § 126a Abs. 3 StGB auch die sog. „**Sozialadäquanzklausel**" des § 86 Abs. 4 StGB anwendbar. Der Gesetzgeber nennt als Beispiele dafür insbesondere die Berichterstattung über Vorgänge des Zeitgeschehens und die Veröffentlichung **146**

---
[213] BT-Drs. 19/28678, 1; BT-Drs. 19/30943, 1.
[214] Gola DS-GVO Art. 4 Rn. 6; Rennicke NJW 2022, 8 ff.
[215] BT-Drs. 19/28678, 11 mwN.
[216] BT-Drs. 19/28678, 11 mwN.
[217] Vgl. dazu → Rn. 91, 125 f.
[218] BT-Drs. 19/31115, 10 unter Verweis auf BR-Drs. 255/21, 1.
[219] BT-Drs. 19/28678, 1.

der Recherchearbeit von Vereinen zur Aufdeckung extremistischer Bestrebungen.[220] Jedoch dürfte ein solcher Tatbestandsausschluss beim Vorliegen der subjektiven Bestimmungsklausel in § 126a Abs. 1 StGB („nach den Umständen bestimmt ist") regelmäßig nicht in Betracht kommen.

147 Sofern objektive Eignung und subjektive Bestimmung zur Gefahrschaffung gegeben sind, kommt eine Berufung auf die Meinungsfreiheit nicht in Betracht.

5. Betreiben krimineller Plattformen im Internet – § 127 StGB

148 Seit Oktober 2021 macht sich gemäß § 127 StGB strafbar, wer eine Handelsplattform im Internet betreibt, deren Zweck darauf ausgerichtet ist, die Begehung von rechtswidrigen Taten zu ermöglichen oder zu fördern. Unter die rechtswidrigen Taten, die über die Plattform ermöglicht oder gefördert werden, fallen sämtliche Verbrechen, aber beispielsweise auch die Kennzeichenverwendung gemäß § 86a StGB oder die Volksverhetzung gemäß § 130 StGB. Mit dieser Norm will der Gesetzgeber ausdrücklich **Strafbarkeitslücken** in den Fällen **schließen**, in denen den Betreibern nicht die nötige Kenntnis von einzelnen strafbaren Geschäften nachgewiesen und das Betreiben der Plattform trotz offensichtlicher Förderung daher nicht als Beihilfe zu den strafbaren Geschäften erfasst werden kann.[221]

149 Die Legaldefinition der „**Handelsplattform im Internet**" in § 127 Abs. 2 StGB stellt klar, dass unter den Begriff der Handelsplattform nicht nur Plattformen zu fassen sind, bei denen Waren gegen Entgelt verkauft werden, sondern auch Plattformen, die dem unentgeltlichen Austausch von inkriminierten Inhalten dienen.[222] Die Plattform muss ferner nicht zwingend browserbasiert sein, so dass auch administrierte Chatgruppen etwa über Telegram erfasst werden können.[223] Der Begriff „Handels"-Plattformen ist daher missverständlich.

150 Die Plattform muss nach ihrem **Zweck** darauf ausgerichtet sein, die Begehung von rechtswidrigen Taten zu ermöglichen oder zu fördern. Hierbei handelt es sich um ein objektives Tatbestandsmerkmal, das dazu dient, Plattformen mit rechtmäßigem Geschäftsmodell schon tatbestandlich auszunehmen. Zudem muss sich der Vorsatz des Täters darauf beziehen.[224] Zur Beurteilung der Zweckrichtung sollen in einer Gesamtschau insbesondere Art und Weise der Darstellung von Angeboten herangezogen werden, so dass etwa auf vorgegebene Kategorien für bestimmte illegale Angebote abgestellt werden kann (zB „Kriegswaffen"). Nicht notwendig ist es jedoch, dass ausschließlich inkriminierte Angebote vorgehalten werden.[225] Ein weiteres Indiz für eine kriminelle Zweckausrichtung soll die Verortung der Plattform im „Darknet" oder „Deep Web" sein. Erforderlich bleibt aber stets eine Prüfung anhand der konkreten Umstände des Einzelfalls.[226]

151 Das **Betreiben** erfordert das Bereitstellen einer virtuellen Infrastruktur, auf der Anbieter inkriminierte Inhalte einstellen und andere Personen sich diese verschaffen

---

[220] BT-Drs. 19/28678, 12.
[221] BT-Drs. 19/28175, 1; vgl. dazu etwa Frei/von Notz DRiZ 2021, 138; Piechaczek DRiZ 2021, 218.
[222] So auch HK-GS/Hartmann StGB § 127 Rn. 11.
[223] BT-Drs. 19/28175, 15.
[224] BT-Drs. 19/28175, 15.
[225] BT-Drs. 19/31108, 4
[226] BT-Drs. 19/28175, 15 f.

II. Angriffe auf den öffentlichen Rechtsfrieden

können.[227] Das reine Bereitstellen von Server-Infrastruktur soll dagegen lediglich als Beihilfehandlung zu dem Betreiben erfasst werden.[228] Als Betreiber werden daher insbesondere die Personen erfasst, die – etwa über Provisionsregelungen oder Spenden – die technische Infrastruktur finanzieren, ohne dass diese konkrete Kenntnis von den einzelnen Austausch inkriminierter Inhalte Kenntnis haben müssen.[229] Dies dürfte bei einem mehrköpfigen Betreiberteam jedenfalls auf die Administratoren der Plattform zutreffen. Ebenfalls kann ein (gemeinschaftliches) Betreiben aber auch bei Moderatoren in Betracht kommen, sofern diese Kontrolle über Teilbereiche wie zB einzelne Unterforen oder ihren eigenen „Verkaufsbereich" haben.[230]

Das Betreiben einer solchen „kriminellen" Plattform unterfällt auch nicht den **Haftungsfreistellungen der §§ 7 ff. TMG.** Wenn die Plattform von Anfang an primär zu kriminellen Zwecken errichtet wurde und der Betreiber sich die kriminellen Inhalte damit durch bewusste Übernahme zu eigen macht, ist die Haftungsprivilegierung bereits nach § 7 Abs. 1 TMG zu versagen. Sofern der Betreiber nur fremde Informationen für anderer Nutzer speichert, ist er nach § 10 S. 1 Nr. 1 TMG dann nicht verantwortlich, wenn sie keine Kenntnis von der rechtswidrigen Handlung oder der Information haben. Diese positive Kenntnis wird man jedoch dann voraussetzen können, wenn die Plattform auf solche kriminelle Zwecke ausgerichtet ist.[231] **152**

Im Zusammenhang mit „Hate Speech" kann § 127 StGB damit vor allem dann Bedeutung bekommen, wenn Webseiten, Foren oder Gruppen betrieben werden, die dem Austausch inkriminierter Inhalte gemäß §§ 86a, 130 StGB dienen. Die Norm hat allerdings ausschließlich **Auffangcharakter**, was aus der Subsidiaritätsklausel des § 127 Abs. 1 Satz 1 StGB hervorgeht (*„wenn die Tat nicht in anderen Vorschriften mit schwererer Strafe bedroht ist"*), so dass eine Strafbarkeit nach § 127 StGB dann zurücktritt, wenn in Bezug auf §§ 86a, 130 StGB oder auch in Bezug auf § 129 StGB eine Täterschaft oder Teilnahme in Betracht kommt. **153**

Beispiel aus der Rechtsprechung: In einem Strafverfahren vor dem *OLG Stuttgart*[232] war der Angeklagten zur Last gelegt worden, Teil einer Personenvereinigung gewesen zu sein, deren Zweck darauf gerichtet gewesen sei, die Internetplattform „Altermedia" zu betreiben. Diese Internetseite sei nach dem Willen ihrer Betreiber darauf angelegt gewesen, unter Ausnutzung ihrer Reichweite und Themenvielfalt mittels aggressiver nationalsozialistischer Propaganda eine ideologisch geprägte Berichterstattung zu tagesaktuellen Ereignissen im Sinne einer rechtsextremistischen „Gegenöffentlichkeit" zu schaffen. Wesentlicher Bestandteil der auf diese Weise betriebenen Verbreitung einer verfassungs- und fremdenfeindlich, antisemitisch und nationalsozialistisch geprägten Weltanschauung sei die uneingeschränkte Veröffentlichung nach § 130 StGB strafbewehrter Artikel, Nutzeräußerungen und sonstiger Inhalte gewesen. Durch die Ausübung der ihr von den Mitangeklagten verliehenen Moderatorenrechte habe die Angeklagte wesentlich zur Aufrechterhaltung der Internetplattform beigetragen und so gemeinschaftlich handelnd mit den Mitangeklagten die Veröffentlichung einer Vielzahl strafrechtlich relevanter Beiträge ermöglicht. **154**

Das *OLG Stuttgart* verurteilte die Angeklagte wegen mitgliedschaftlicher Beteiligung an einer kriminellen Vereinigung. Auf die Revision der Angeklagten ließ der *BGH* – in unmissverständlicher Deutlichkeit – offen, ob die durch das *OLG* festgestellte Moderatorentätigkeit rechtlich auch als

---

[227] Vgl. BT-Drs. 19/28175, 10.
[228] BT-Drs. 19/31108, 4; dies war im ursprünglichen Gesetzentwurf noch ausdrücklich zur Täterschaft erhoben, vgl. BT-Drs. 19/28175.
[229] Vgl. BT-Drs. 19/28175, 10.
[230] So etwa Rückert BT-Drs. 19/31108.
[231] Eisele BT-Drs. 19/31108; aA Gerhold ZRP 2021, 44.
[232] BeckRS 2018, 49339.

Beihilfe zur Volksverhetzung zu werten ist.[233] In einem anderen Verfahren verwies der *BGH* dann auf die vorgenannte Entscheidung und sah in der Bereitstellung und Pflege einer Internetseite für das Hochladen antisemitischer Inhalte eine Beihilfe zur Volksverhetzung.[234]

155   Im Zuge der Einführung des § 127 StGB hat der Gesetzgeber zudem die Anwendbarkeit deutschen Strafrechts auf das Betreiben krimineller Handelsplattformen im Ausland durch § 5 Nr. 5a. Buchst. b) StGB erweitert, wenn der Zweck der Handelsplattform darauf ausgerichtet ist, die Begehung von rechtswidrigen Taten im Inland zu ermöglichen oder zu fördern und der Täter Deutscher ist oder seine Lebensgrundlage im Inland hat.

6. Volksverhetzung – § 130 Abs. 1 und 2 StGB

156   § 130 StGB schützt den **öffentlichen Frieden** vor verhetzenden Äußerungen gegen bestimmte Gruppen und Teile der Bevölkerung. Wie bei § 126 StGB sollen damit zunächst der Zustand allgemeiner Rechtssicherheit und des befriedeten Zusammenlebens der Bürger geschützt werden. Allerdings gehört zu dem öffentlichen Frieden iSd § 130 StGB auch ein Mindestmaß an Toleranz und ein öffentliches Klima, das nicht durch Unruhe, Unfrieden oder Unsicherheit gekennzeichnet ist.[235] Eine Volksverhetzung liegt nur vor bei einem in besonderer Weise qualifizierten Angriff auf den öffentlichen Frieden, der mit einem gesteigerten Unrechtsgehalt versehen und von Feindseligkeit oder einem besonderen Maß an Gehässigkeit und Rohheit geprägt ist.[236]

a) „Verhetzung" – § 130 Abs. 1 StGB

157   Bei „Hate Speech" kommt Volksverhetzung zunächst als persönliches „Äußerungsdelikt" gemäß § 130 Abs. 1 StGB in Betracht, da dieser auch durch eine Veröffentlichung im Internet verwirklicht werden kann.[237]

158   Dabei muss der **Angriff gegen eine nach Nationalität, Rasse, Religion oder ihre ethnische Herkunft definierte Gruppe**, gegen Teile der Bevölkerung oder gegen Einzelpersonen, die einer der erfassten Gruppen oder einem Teil der Bevölkerung angehören, gerichtet sein. Unter einer Gruppe ist dabei eine durch gemeinsame Merkmale und deren subjektive Entsprechung verbundene Mehrzahl von Menschen zu verstehen, die sich hierdurch von den anderen abhebt. Teile der Bevölkerung sind Personenmehrheiten, die zahlenmäßig von einiger Erheblichkeit und damit individuell nicht mehr überschaubar sind und sich von der Gesamtheit der Bevölkerung aufgrund gemeinsamer innerer oder äußerer Merkmale, unterscheiden, wobei diese Merkmale auch politischer, weltanschaulicher, sozialer, wirtschaftlicher, beruflicher oder sonstiger Art sein können.[238]

---

[233] BGH BeckRS 2019, 16209.
[234] BGH NStZ-RR 2021, 136 (138).
[235] MüKoStGB/Schäfer/Anstötz § 130 Rn. 22.
[236] BGH BeckRS 2017, 127495.
[237] OLG Jena BeckRS 2016, 128466.
[238] Vgl. etwa MüKoStGB/Schäfer/Anstötz § 130 Rn. 30; Fischer StGB § 130 Rn. 4 ff.; OLG Celle BeckRS 2022, 571 Rn. 24: „Europäer mangels Abgrenzbarkeit keine Gruppe".

II. Angriffe auf den öffentlichen Rechtsfrieden

Beispiele aus der Rechtsprechung: Asylanten[239], Juden[240], Flüchtlinge[241], Frauen[242], muslimische Frauen[243], Dunkelhäutige[244], Mitglieder von Parteien oder politischen Gruppierungen[245] **159**

Unter **„Aufstacheln zum Hass** (Nr. 1)" ist ein Verhalten zu verstehen, das auf die Gefühle oder den Intellekt eines anderen einwirkt und objektiv geeignet sowie subjektiv bestimmt ist, eine emotional gesteigerte, über die bloße Ablehnung oder Verachtung hinausgehende feindselige Haltung gegen den betroffenen Bevölkerungsteil zu erzeugen oder zu verstärken.[246] **160**

Beispiele aus der Rechtsprechung: „Diesen Juden ins KZ und ruhe ist … Ich kann nicht mehr, überall dieses gesocks !!!"[247] **161**
„minderwertige Menschen, unglaubwürdige Fälscher und profitgierige Parasiten"[248]
„der freche Juden-Funktionär"[249]
erfundene Behauptung von Vergewaltigungen durch Flüchtlinge[250]

Das **„Auffordern zu Gewalt- oder Willkürmaßnahmen** (Nr. 1)" setzt – wie bei § 111 StGB – ein über bloßes Befürworten hinausgehendes, ausdrückliches oder konkludentes Einwirken auf andere voraus mit dem Ziel, in ihnen den Entschluss zu diskriminierenden Handlungen hervorzurufen, die den elementaren Geboten der Menschlichkeit widersprechen.[251] **162**

Beispiele aus der Rechtsprechung: „ich hoffe, dass … dem … Politpack der Schädel eingeschlagen wird"[252] **163**
„Hurra, Hurra ein Nigger brennt" (Nr. 1 nicht erfüllt)[253]
„Wir haben die Schnauze voll und können auch anders! Abschiebung kann auch beglückend sein." (Nr. 1 nicht erfüllt)[254]
„Refugees not welcome" mit Enthauptungsbild (Nr. 1 nicht erfüllt)[255]
Ausländer raus, Türken raus" (Nr. 1 nicht erfüllt)[256]

Ein **„Angriff gegen die Menschenwürde anderer** (Nr. 2)" durch ein „Beschimpfen", „böswilliges Verächtlichmachen" oder „Verleumden" setzt voraus, dass sich die feindselige Handlung nicht nur gegen einzelne Persönlichkeitsrechte wie etwa die Ehre richtet, sondern den Menschen im Kern seiner Persönlichkeit trifft, indem er unter Mis- **164**

---

[239] OLG Dresden MMR 2018, 839.
[240] OLG Jena BeckRS 2016, 128466.
[241] OLG Hamm BeckRS 2017, 125980.
[242] OLG Köln BeckRS 2020, 13032.
[243] BVerfG 20.4.2018 – 1 BvR 31/17 bei Stegbauer NStZ 2019, 72 (75).
[244] BGH NStZ-RR 2017, 386.
[245] BGH BeckRS 2008, 6865; OLG Koblenz BeckRS 2021, 13791; AG Kassel BeckRS 2016, 113049.
[246] Vgl. dazu Fischer StGB § 130 Rn. 8.
[247] OLG Jena BeckRS 2016, 128466.
[248] MüKoStGB/Schäfer/Anstötz § 130 Rn. 42.
[249] OLG Hamm BeckRS 2020, 1399; bestätigt durch BVerfG NJW 2021, 297.
[250] AG Duisburg BeckRS 2016, 13270.
[251] Vgl. dazu Fischer StGB § 130 Rn. 10.
[252] AG Kassel BeckRS 2016, 113049.
[253] BGH NStZ-RR 2017, 386.
[254] BGH NStZ-RR 2016, 369.
[255] OLG Celle BeckRS 2017, 133130.
[256] BGH NStZ-RR 2016, 369.

sachtung des Gleichheitssatzes als minderwertig dargestellt und ihm das Lebensrecht in der Gemeinschaft bestritten wird.[257]

165 **Beispiele aus der Rechtsprechung:** „was für ein degeneriertes Geschmeiss" zu Muslimen[258]
„verpacktes Vieh" zu vollverschleierten muslimischen Frauen[259]
„Drecksvolk" zu Asylanten[260]
„Sozialparasiten" zu Ausländern, die Sozialleistungen in Anspruch nehmen[261]
„Nigger, Bastard, Sau" zu dunkelhäutigen Menschen[262]
„Gesochse", „Affen", „Ungeziefer" zu „kriminellen" Flüchtlingen[263]
„Affen, die nur ihren Instinkten folgen" zu Ausländern[264]
„Hängt die Grünen" (Wahlplakat)[265]
„Untermenschen" zu Personen bosnischer Herkunft[266]

166 Das im Zusammenhang mit „Hate Speech" regelmäßig **anzutreffende Phänomen des „Teilens" und „Likens"** fremder volksverhetzender Kommentare in sozialen Netzwerken stellt nur dann eine eigene Äußerung des Verbreitenden im Sinne von § 130 Abs. 1 StGB dar, wenn dieser sich den Inhalt erkennbar zu eigen macht und das Handeln als Ausdruck eigener Missachtung und Feindseligkeit erscheint.[267]

167 Schließlich ist für eine Strafbarkeit gemäß § 130 Abs. 1 StGB eine **Eignung zur Störung des öffentlichen Friedens** erforderlich.[268] Dabei ist im Hinblick auf Art. 5 Abs. 1 und 2 GG insbesondere zu prüfen, ob die Meinungsäußerungen die rein geistige Sphäre des Für-richtig-Haltens verlassen hat und in Rechtsgutverletzungen oder erkennbar in Gefährdungslagen umgeschlagen ist.[269] Noch nicht ausreichend sind dafür Feststellungen wie eine Vergiftung des geistigen Klimas, eine Kränkung bzw. Erschütterung des Vertrauens der Bevölkerung in die öffentliche Rechtssicherheit oder eine Beeinträchtigung des Miteinanders verschiedener Bevölkerungsgruppen.[270] Die Schwelle einer Eignung zur Störung des öffentlichen Friedens im Sinne der Infragestellung der Friedlichkeit der Auseinandersetzung wird vielmehr erst überschritten bei einer Verherrlichung von Gewalt bzw. einer Hetze auf bestimmte Bevölkerungsgruppen oder auch bei einer emotionalisierenden bzw. drohenden Präsentation der Meinung, die geeignet ist, die politische Auseinandersetzung ins Feindselige und Unfriedliche umkippen zu lassen, indem sie aggressive Emotionalisierungen hervorrufen und Hemmschwellen herabzusetzen kann.[271] Dies kann insbesondere dann gegeben sein, wenn die emotionalisierende Äußerung gegenüber einem unbegrenzten Personenkreis im Internet erfolgt.[272]

---

[257] Vgl. dazu BGH BeckRS 2017, 127495; Fischer StGB § 130 Rn. 11.
[258] KG BeckRS 2020, 41495.
[259] BVerfG 20.4.2018 – 1 BvR 31/17 bei Stegbauer NStZ 2019, 72 (75).
[260] OLG Dresden MMR 2018, 839.
[261] OLG Frankfurt NStZ-RR 2000, 368.
[262] BGH NStZ-RR 2017, 386.
[263] LG Detmold 27.4.2017 – 25 Ns-21 Js 242/16-110/16.
[264] BGH NStZ-RR 2016, 369.
[265] OVG Bautzen NVwZ 2021, 1717 (1719 f.).
[266] OLG Rostock BeckRS 2021, 13154.
[267] BGH NStZ 2015, 512 (513).
[268] Vgl. dazu → Rn. 91, 125 f.
[269] BVerfG NJW 2021, 297 (298).
[270] BVerfG NJW 2018, 2861 (2862); NJW 2010, 47.
[271] BVerfG NJW 2018, 2861 (2863); OLG Celle BeckRS 2019, 21220.
[272] BVerfG NJW 2021, 297 (298).

Ergänzt wird der Schutz des öffentlichen Friedens auch durch den Tatbestand der **Beschimpfung von Bekenntnissen, Religionsgesellschaften und Weltanschauungsvereinigungen** gemäß § 166 StGB. Denn obwohl dort ausdrücklich auf religiöse Bekenntnisse wie etwa den Islam (Absatz 1) oder im Inland bestehende Religionsgemeinschaften wie die evangelische oder katholische Kirche (Absatz 2) abgestellt wird, ist Schutzgut des § 166 StGB ausschließlich der öffentliche Friede.[273] Gegenüber § 130 Abs. 1 Nr. 2 StGB hat § 166 StGB dann eine selbstständige Bedeutung, wenn „Beschimpfungen" nicht zugleich gegen die durch das gemeinsame Bekenntnis oder die Institution verbundenen Personen gerichtet sind oder wenn sie nicht die besondere Qualität eines Angriffs auf deren Menschenwürde haben. **168**

b) „Verbreitung" – § 130 Abs. 2 StGB

Daneben kommt, ua bei dem „Teilen" und „Liken" von Äußerungen, auch Volksverhetzung in der Form der **Verbreitung oder des der Öffentlichkeit Zugänglichmachens von Inhalten** gemäß § 130 Abs. 2 Nr. 1 StGB mit reduziertem Strafrahmen in Betracht.[274] **169**

Da sich § 130 Abs. 2 StGB auf die Weitergabe eines Inhalts bezieht, können damit in Abgrenzung zu Abs. 1 zunächst solche Fälle erfasst werden, bei denen **fremde Äußerungen** weitergegeben werden – auch wenn der Täter diese nicht ausdrücklich inhaltlich teilt.[275] Bei einer Weiterleitung einer strafrechtlich relevanten Äußerung mit einer ausdrücklichen Distanzierung kann aber nach § 130 Abs. 7 StGB der Tatbestand ausgeschlossen sein, wenn die Voraussetzungen des § 86 Abs. 4 StGB gegeben sind.[276] **170**

Voraussetzung ist, dass der volksverhetzende **Inhalt verbreitet oder der Öffentlichkeit zugänglich gemacht** wird, also einem größeren, durch persönliche, nähere Beziehungen nicht zusammenhängenden Personenkreis zur Verfügung gestellt wird, der für den Täter nicht mehr kontrollierbar ist.[277] Im Übrigen gelten bei § 130 Abs. 2 StGB für die Voraussetzungen des Verbreitens eines Inhalts bzw. des der Öffentlichkeit Zugänglichmachens eines Inhalts keine Besonderheiten.[278] **171**

Beispiel aus der Rechtsprechung: In einem Strafverfahren vor dem *AG Frankfurt am Main*[279] wurde dem Angeklagten vorgeworfen, ein volksverhetzendes Video in seinem WhatsApp-„Status" hochgeladen zu haben. **172**

Das *AG Frankfurt am Main* verurteilte den Angeklagten wegen Volksverhetzung gemäß § 130 Abs. 2 Nr. 1 StGB. Durch das Einstellen eines Inhaltes in den WhatsApp-„Status" werde dieser für eine Dauer von 24 Stunden sämtlichen Personen in den „Status"-Mitteilungen der App mit der Möglichkeit der Wiedergabe angezeigt, die die Mobilfunknummer der inhaltsteilenden Person in einem Endgerät gespeichert und auf jenem Gerät WhatsApp installiert haben. Da WhatsApp zur Tatzeit die in Deutschland meistgenutzte Kommunikations-App gewesen sei, sei angesichts der auf dem Mobiltelefon des Angeklagten gespeicherten 229 Kontakte mit hinreichender Sicherheit davon auszugehen, dass das Video damit einem für den Angeklagten nicht kontrollierbaren Personenkreis von mindestens 75 Personen zugänglich gemacht wurde. In der Folge liege ein tatbestandliches Verbreiten vor, ohne dass es zusätzlich auf die tatsächliche Kenntnisnahme durch diese Personen ankäme.

---

[273] Schönke/Schröder/Bosch/Schittenhelm StGB Vor § 166 Rn. 2.
[274] Eckel/Rottmeier NStZ 2021, 1 (5).
[275] MüKoStGB/Schäfer/Anstötz § 130 Rn. 74 aE.
[276] MüKoStGB/Schäfer/Anstötz § 130 Rn. 105 ff.
[277] MüKoStGB/Schäfer/Anstötz § 130 Rn. 74.
[278] Vgl. dazu → Rn. 91, 125 f.
[279] BeckRS 2022, 1600.

40 § 2. Praxisrelevante Straftatbestände bei „Hate Speech"

173   Da § 130 Abs. 2 StGB **keine Eignung zur Störung des Friedens voraussetzt** und insofern keine ausdrückliche Beschränkung auf das Inland enthält, sind – jedenfalls nach überwiegender Auffassung – im Gegensatz zu § 130 Abs. 1 StGB auch Gruppen geschützt, deren Angehörige sich teilweise oder sogar ausschließlich im Ausland aufhalten.[280]

174   In der Praxis werden mit § 130 Abs. 2 StGB vereinzelt auch Fälle eigener bzw. zu eigen gemachter Äußerungen erfasst, bei denen die Eignung zur Störung des öffentlichen Friedens im Sinne von § 130 Abs. 1 StGB nicht gegeben ist. Solche Fälle kommen angesichts der auf die Öffentlichkeit gerichteten Tathandlungen des Abs. 2 aber an sich nur in Fällen sog. „Kettenverbreitung" in Betracht, bei denen bereits die Weitergabe an einen einzelnen bestimmten Dritten für eine Verbreitung ausreicht.

7. „Holocaust-Leugnung" und „NS-Verherrlichung" – § 130 Abs. 3 und 4 StGB

175   Eine nicht zu unterschätzende Bedeutung haben bei „Hate Speech" auch die sog. „Holocaust-Leugnung" gemäß § 130 Abs. 3 StGB oder die sog. „NS-Verherrlichung" gemäß § 130 Abs. 4 StGB.

176   Der unter der Herrschaft des Nationalsozialismus begangene Völkermord an den europäischen Juden in Konzentrations- und Vernichtungslagern („*Holocaust*") ist eine historische Tatsache, die offenkundig ist und deshalb auch keiner Beweiscrhebung bedarf.[281] § 130 Abs. 3 StGB bezieht sich jedoch nicht nur auf die Billigung, Leugnung oder Verharmlosung des Völkermords an den europäischen Juden, sondern auf alle unter der Herrschaft des Nationalsozialismus begangene Handlungen des Völkermords gemäß § 6 Abs. 1 VStGB. Von § 130 Abs. 3 StGB umfasst sind daher ua Massenvernichtung, Einweisung in Konzentrationslager oder Gettoisierung sowie Menschenversuche oder Zwangssterilisierungen gegenüber Juden, aber auch gegenüber anderen Volksgruppen wie Sinti und Roma oder Ethnien der früheren Sowjetunion.[282] Mit dem Begriff der **„nationalsozialistischen Gewalt- und Willkürherrschaft"** iSd § 130 Abs. 4 StGB sind systematisch begangene und schwere Menschenrechtsverletzungen gemeint, die geprägt waren durch den totalen Machtanspruch des Staates und die Leugnung von Menschenwürde, Freiheit und Gleichheit wie etwa Enteignungen oder medizinische Experimente an „Nichtariern".[283]

177   **„Billigen"** bedeutet das ausdrückliche oder konkludente Gutheißen der betreffenden Handlung des Völkermords bzw. der Gewalt- oder Willkürherrschaft. Dies ist der Fall, wenn der Täter diese als richtig, akzeptabel oder notwendig hinstellt, sich hinter die Willkürmaßnahmen stellt oder seine zustimmende Befriedigung äußert.[284] Unter **„Leugnen"** ist das Bestreiten, Inabredestellen oder Verneinen der historischen Tatsache einer Handlung des Völkermords zu verstehen.[285] **„Verherrlichen"** meint das Berühmen der nationalsozialistischen Gewalt- und Willkürherrschaft als etwas Großartiges, Imponierendes oder Heldenhaftes; Rechtfertigen verlangt das Verteidigen der die

---

[280] Schönke/Schröder/Sternberg-Lieben/Schittenhelm StGB § 130 Rn. 12/13; MüKoStGB/Schäfer/Anstötz § 130 Rn. 63; aA Fischer StGB § 130 Rn. 16.
[281] BGH NStZ-RR 219, 375 (376).
[282] Schönke/Schröder/Sternberg-Lieben/Schittenhelm StGB § 130 Rn. 16; MüKoStGB/Schäfer/Anstötz § 130 Rn. 85.
[283] BVerfG NJW 2010, 47 (56); BeckOK StGB/Rackow StGB § 130 Rn. 38.
[284] OLG Hamm BeckRS 2015, 119749; MüKoStGB/Schäfer/Anstötz § 130 Rn. 79.
[285] BGH NStZ 2017, 146; MüKoStGB/Schäfer/Anstötz § 130 Rn. 80.

II. Angriffe auf den öffentlichen Rechtsfrieden

NS-Gewalt- und Willkürherrschaft kennzeichnenden Verletzungen der Menschenrechte als notwendige Maßnahmen.[286]

Neben den Leugnungen des Holocaust sind in der Praxis regelmäßig **Äußerungen mit sog. „Nazi-Vergleichen"** dahingehend zu würdigen, ob diese eine Verharmlosung iSd § 130 Abs. 3 StGB darstellen. Ein „**Verharmlosen**" liegt vor, wenn der Äußernde die Anknüpfungstatsachen für die Tatsächlichkeit der NS-Gewalttaten herunterspielt, beschönigt oder in ihrem wahren Gewicht verschleiert, wobei das Bestreiten des Völkermordes als historisches Gesamtgeschehen nicht erforderlich ist, sondern jede Form des Relativierens oder Bagatellisierens seines Unrechtsgehalts ausreicht.[287] Vor diesem Hintergrund sind einerseits Vergleiche aus Täterperspektive mit Bezeichnungen wie „Gestapo-Methoden[288]" oder „SS-Methoden[289]" zu überprüfen. Insbesondere betrifft dies jedoch Vergleiche aus Opferperspektive mittels Symbole der Judenvernichtung wie dem „Judenstern[290]" bzw. der Losung „Arbeit macht frei[291]" der Eingangstore von Konzentrations- und Vernichtungslagern. 178

Der erforderliche bedingte Vorsatz kommt angesichts der Offenkundigkeit des nationalsozialistischen Massenmordes regelmäßig in Betracht – auch bei Tätern, die die Realität bewusst ignorieren und nicht wahrhaben wollen, dass es sich bei dem Holocaust um eine historische Tatsache handelt.[292] 179

Äußerungen gemäß § 130 Abs. 3 StGB müssen **zur Störung des öffentlichen Friedens geeignet** sein, wobei das Vorliegen der Tatbestandsmerkmale „Billigung" und „Leugnung" eine entsprechende Eignung indiziert.[293] 180

Beispiel aus der Rechtsprechung: In einem Verfahren wegen Leugnung der Massenvergasungen in dem Vernichtungslager Auschwitz-Birkenau stellte das *BVerfG* ausdrücklich fest:[294] 181
„Die Leugnung der nationalsozialistischen Verbrechen des Völkermords ist vor dem Hintergrund der deutschen Geschichte geeignet, die dem Äußernden geneigte Zuhörerschaft zur Aggression und zu einem Tätigwerden gegen diejenigen zu veranlassen, die als Urheber oder Verantwortliche der durch die Leugnung implizit behaupteten Verzerrung der angeblichen historischen Wahrheit angesehen werden. Sie trägt damit unmittelbar die Gefahr in sich, die politische Auseinandersetzung ins Feindselige und Unfriedliche umkippen zu lassen. Die Leugnung der nationalsozialistischen Verbrechen des Völkermords gefährdet die Friedlichkeit der politischen Auseinandersetzung dabei insbesondere auch deshalb, weil diese Verbrechen insbesondere gezielt gegenüber bestimmten Personen- oder Bevölkerungsgruppen verübt wurden und die Leugnung dieser Ereignisse offen oder unterschwellig als Chiffre zur gezielten Agitation gegen diese Personenkreise eingesetzt werden können und werden."

In Fällen der „Verharmlosung" ist die Eignung zur Störung des öffentlichen Friedens dagegen im Einzelfall festzustellen.[295] Noch nicht ausreichend dafür sind Feststellungen wie eine Verharmlosung des Nationalsozialismus als Ideologie oder eine anstößige 182

---
[286] MüKoStGB/Schäfer/Anstötz § 130 Rn. 93 f.
[287] BGH NStZ 2005, 378 (379).
[288] Vgl. BVerfG NJW 1992, 2815 zu § 185 StGB.
[289] Vgl. OLG Frankfurt NStZ-RR 2012, 244 zu § 185 StGB.
[290] BVerfG BeckRS 2021, 38103; BayObLG BeckRS 2020, 52510; OLG Saarbrücken BeckRS 2021, 4322; LG Würzburg NStZ-RR 2022, 242; Roth GSZ 2022, 123 (126 ff.); eine Strafbarkeit ablehnend Hoven/Obert NStZ 2022, 331.
[291] OLG Celle BeckRS 2019, 21220; Roth GSZ 2022, 123 (126).
[292] BGH NStZ-RR 2019, 375 (376).
[293] BGH NStZ-RR 2019, 108 (109); BVerfG NJW 2018, 2858 (2860); NJW 2018, 2861 (2862).
[294] BVerfG NJW 2018, 2858 (2859).
[295] Vgl. dazu → Rn. 110 ff.

Geschichtsinterpretation.²⁹⁶ Die Schwelle der Eignung zur Friedensstörung ist auch in den Fällen der Verharmlosung im Sine des § 130 Abs. 3 StGB erst dann überschritten, wenn die Äußerung geeignet ist, die politische Auseinandersetzung ins Feindselige und Unfriedliche umkippen zu lassen, indem sie aggressive Emotionalisierungen hervorrufen und Hemmschwellen herabzusetzen kann.²⁹⁷ Dies kann insbesondere dann gegeben sein, wenn die emotionalisierende Äußerung gegenüber einem unbegrenzten Personenkreis im Internet erfolgt.²⁹⁸

183 **Beispiel aus der Rechtsprechung:**. In einem Verfahren wegen Verharmlosung des Holocausts durch die Gegenüberstellung eines „Judensterns" mit den Jahreszahlen „1933-1945" und dem Logo der Partei „Alternative für Deutschland (AfD)" mit den Jahreszahlen „2013-?" über die Plattform Twitter entschied das *BayObLG*:²⁹⁹ „Ein derartiges auf Breitenwirkung angelegtes Verharmlosen von nach § 130 Abs. 3 näher bezeichneten Völkermordhandlungen ist zur Vergiftung des politischen Klimas geeignet, weil sie Würde und Ansehen der Überlebenden sowie insbesondere der Ermordeten und ihrer Angehörigen in einem für das ganze Gemeinwesen unerträglichen Maße tangieren. Eine entsprechende Gefährdung des öffentlichen Friedens haftet derartigen in die Öffentlichkeit gebrachten Äußerungen regelmäßig an."

Das *LG Augsburg* hatte zuvor entschieden, dass der „Judenstern" nach allgemeinem Verständnis eines der Symbole für die Judenverfolgung schlechthin darstelle und die öffentliche Verwendung sich daher unmittelbar auf den Holocaust und nicht nur auf die gegen Juden gerichtete Ausgrenzung und Stigmatisierung beziehe.

Das *BVerfG* nahm eine dagegen gerichtete Verfassungsbeschwerde nicht an.³⁰⁰

184 § 130 Abs. 4 StGB setzt eine tatsächliche **Störung des öffentlichen Friedens** voraus. Zwar kann bei tatbestandlicher Gutheißung des NS-Regimes eine Störung des öffentlichen Friedens grundsätzlich vermutet werden kann, da das Merkmal der Friedensstörung nur zur Erfassung untypischer Situationen dient, in denen besondere Umstände vorliegen.³⁰¹ Jedoch bietet es sich auch hier an, jeweils die Verbreitung und Wirkung der Äußerung konkret festzustellen, etwa durch die öffentlich einsehbaren Parameter wie genutzte „Erwähnungen" oder „Hashtags", Anzahl der „Kommentare", „Weiterleitungen" oder „Likes" zu der jeweiligen Äußerung sowie Anzahl der „Klicks", Anzahl der „Freunde" oder „Abonnenten" des Urhebers.³⁰²

185 Allgemein gilt auch im Zusammenhang mit § 130 Abs. 3 und 4 StGB, dass die Verbreitung erwiesen unwahrer und bewusst falscher Tatsachenbehauptungen nichts zur verfassungsrechtlich gewährleisteten Meinungsbildung beitragen kann und als solche nicht von der **Meinungsfreiheit** gedeckt ist.³⁰³ Wer die Leugnung etc. des nationalsozialistischen Völkermords bzw. der NS-Gewalt- oder Willkürherrschaft dagegen auf vermeintlich eigene Schlussfolgerungen und Bewertungen stützt, kann sich grundsätzlich auf die Meinungsfreiheit berufen. Denn das Grundgesetz kennt kein allgemeines antinationalsozialistisches Grundprinzip, das ein Verbot der Verbreitung rechtsradikalen oder auch nationalsozialistischen Gedankenguts schon in Bezug auf die geistige

---

[296] BVerfG NJW 2018, 2861 (2862); NJW 2010, 47 (53).
[297] BVerfG NJW 2018, 2861 (2863); OLG Celle BeckRS 2019, 21220.
[298] BVerfG NJW 2021, 297 (298).
[299] BayObLG BeckRS 2020, 52510; eine Eignung zur Störung des öffentlichen Friedens ablehnend dagegen OLG Saarbrücken BeckRS 2021, 4322: Verwendung des „Judensterns" unter Ersetzung des Worts „Jude" ua durch die Wörter „nicht geimpft".
[300] BVerfG BeckRS 2021, 38103.
[301] BVerfG NJW 2010, 47 (55).
[302] Vgl. dazu → Rn. 113.
[303] BVerfG NJW 2018, 2858 (2859).

Wirkung seines Inhalts erlaubt.³⁰⁴ Auch sind die Grenzen der Meinungsfreiheit nicht schon dann überschritten, wenn die anerkannte Geschichtsschreibung oder die Opfer nicht angemessen gewürdigt werden. Von der Meinungsfreiheit sind vielmehr auch offensichtlich anstößige, abstoßende und bewusst provozierende Äußerungen gedeckt, die wissenschaftlich haltlos sind und das Wertfundament unserer gesellschaftlichen Ordnung zu diffamieren suchen.³⁰⁵ Die Einschränkung der Meinungsfreiheit von den Holocaust billigenden, leugnenden bzw. verharmlosenden Personen kann daher ebenfalls nur dann eingeschränkt werden, wenn Meinungsäußerungen die rein geistige Sphäre des Für-richtig-Haltens verlassen und in Rechtsgutverletzungen oder erkennbar in Gefährdungslagen umschlagen.³⁰⁶

Über § 130 Abs. 5 StGB kann auch das Teilen und „Liken" leugnender Äußerungen iSd § 130 Abs. 3 StGB strafrechtlich relevant sein. Eine Eignung zur Friedensstörung ist hier von dem Wortlaut zwar nicht eindeutig vorgesehen, wird aber unter Bezugnahme auf die Gesamtsystematik des § 130 StGB und die ursprüngliche gesetzgeberische Motivation allgemein als erforderlich angesehen.³⁰⁷ **186**

8. Billigung von Straftaten – § 140 StGB

Mit § 140 StGB soll ein **„Klima der Verbrechensanreizung" verhindert** werden, um damit die öffentliche Sicherheit und insbesondere das Gefühl der Rechtssicherheit zu schützen.³⁰⁸ **187**

„Billigung" einer Katalogtat des § 140 StGB wie etwa §§ 212, 226 StGB etc. bedeutet Gutheißen in dem Sinne, dass sich der Äußernde moralisch hinter den Täter stellt. Erforderlich war dafür ursprünglich eine zustimmende Kundgebung zu einer tatsächlich begangenen rechtswidrigen Tat, wobei die Tat individualisierbar, aber nach Zeit und Ort nicht genau angegeben zu werden braucht.³⁰⁹ **188**

Der Anwendungsbereich des § 140 StGB ist mit Wirkung ab April 2021 um die **Billigung noch nicht erfolgter Straftaten** erweitert worden. Damit soll das in sozialen Medien im Internet zu beobachtende Phänomen erfassen werden können, dass von Nutzern die Begehung einer zukünftigen rechtswidrigen Tat gutgeheißen wird, ohne dass die Tat hinreichend konkret im Sinne von § 111 StGB angedroht wird. Nach Auffassung des Gesetzgebers sind auch solche billigenden Äußerungen geeignet, den Zustand allgemeiner Rechtssicherheit erheblich zu erschüttern, wenn sie öffentlich erfolgen.³¹⁰ Diese Änderung ist von zentraler Bedeutung für eine intensivere Strafverfolgung von „Hatespeech", da in sozialen Netzwerken solche Befürwortungen zukünftiger Taten massenhaft vorkommen, aber zuvor nicht eindeutig etwa über § 111 StGB strafrechtlich erfasst werden konnten, obwohl auch damit Dritte zur Durchführung entsprechender Taten motiviert werden können.³¹¹ **189**

Relevant kann auch in diesem Zusammenhang nur der **aus sich heraus verständliche, objektive Sinngehalt der Äußerung** sein. Ob eine Äußerung einen billigenden **190**

---

³⁰⁴ BVerfG NJW 2018, 2858 (2859).
³⁰⁵ BVerfG NJW 2018, 2861 (2863).
³⁰⁶ BVerfG NJW 2010, 47 (51).
³⁰⁷ BGH NStZ-RR 2019, 108 (109); Fischer StGB § 130 Rn. 42; BT-Drs. 12/8588, 8.
³⁰⁸ BGH NJW 1969, 517 (518); NK-StGB/Ostendorf § 140 Rn. 9.
³⁰⁹ OLG Karlsruhe BeckRS 2017, 113382; OLG Hamburg BeckRS 2015, 114841; LG Hamburg NStZ 2020, 737.
³¹⁰ BT-Drs. 19/17741, 34; kritisch dazu Geneuss JZ 2021, 286.
³¹¹ Ebenso Simon JR 2020, 599 (601).

Inhalt hat, hängt nicht von der tatsächlichen inneren Einstellung des Urhebers, sondern allein davon ab, wie die objektiven Empfänger der Äußerung diese verstehen.[312] Daher kann auch mit einem „Like" oder einem „Lach-Smiley" in sozialen Netzwerken der Äußerungsinhalt verbunden sein, dass die in Bezug genommene Äußerung im Sinne eines Sich-Zueigenmachens bestätigt wird. Auch ist es möglich, dass dadurch unmittelbar eine Straftat befürwortet wird, etwa wenn diese Straftat in der in Bezug genommenen Äußerung konkret beschrieben wird und dem „Like" in dem jeweiligen Diskussionskontext ein objektiver Äußerungsinhalt wie „Gefällt mir", „Finde ich gut" oder „Ich freue mich darüber" eindeutig zukommt.[313] Dagegen ist ein „Billigen" dann nicht gegeben, wenn sich die in Bezug genommene Äußerung lediglich mit den möglichen Ursachen der Bezugstat inhaltlich auseinandersetzt.[314]

191 Für die Voraussetzungen der öffentlichen Tathandlung bzw. des Verbreitens eines Inhalts gemäß § 140 StGB sind keine Besonderheiten zu berücksichtigen.[315] Gleiches gilt für das Erfordernis der Eignung zur Störung des öffentlichen Friedens.[316]

192 In der Praxis beziehen sich entsprechende Kommentare in der Regel auf öffentlichkeitswirksame Straftaten im Inland. Taugliches Objekt der Billigung iSd § 140 Nr. 2 StGB ist aber beispielsweise auch eine nicht dem Anwendungsbereich des StGB unterfallende **Auslandskatalogtat**, wenn sie zur Störung des inländischen öffentlichen Friedens geeignet ist.[317]

193 **Beispiele aus der Strafverfolgungspraxis**[318]: „Täter hat einen Orden verdient"
„…ein guter Anfang"
„Gut, dass dieses Schwein (…) erschossen wurde"
„Das ist nicht krass, das nenne ich Gerechtigkeit an einem Volksverräter"
„Gut gemacht, der nächste bitte!"
„Ein linker Klugscheißer weniger"
„Mal den richtigen erwischt"

III. Angriffe auf den individuellen Rechtsfrieden

1. Beleidigung – §§ 185, 193 StGB

194 § 185 schützt nach allgemeiner Meinung das **Rechtsgut der Ehre**.[319] Seit April 2021 wird die öffentlich oder durch Verbreiten eines Inhalts begangene Beleidigung schärfer bestraft.[320]

195 Bei der Prüfung einer Meinungsäußerung als Beleidigung gemäß § 185 StGB ist zunächst zu berücksichtigen, dass die Äußerung nicht isoliert und ohne **Einbeziehung ihres objektiven Kontextes** ausgelegt wird. Erforderlich ist also, dass sowohl der

---

[312] OLG Karlsruhe BeckRS 2017, 113382.
[313] Eingehend dazu Eckel/Rottmeier NStZ 2021, 1 ff.; Krischker JA 2013, 488 ff.; vgl. auch Engländer NStZ 2021, 385 (387); ablehnend BeckOK StGB/Heuchemer StGB § 140 Rn. 1.
[314] OLG Karlsruhe NJW 2003, 1200.
[315] Vgl. dazu → Rn. 91, 125 f.
[316] Vgl. dazu → Rn. 110 ff.
[317] BGH NStZ-RR 2017, 109 f.
[318] „Durchsuchungen wegen Internet-Hetze im Fall Lübcke" becklink 2016498.
[319] MüKoStGB/Regge/Pegel § 185 Rn. 1; BeckOK StGB/Valerius StGB § 185 Rn. 1.
[320] Vgl. zur öffentlichen Tatbegehung → Rn. 229.

Ursprung als auch der vorherige Verlauf der Diskussion hinsichtlich des betreffenden Kommentars einbezogen wird (sog. „Kontextrecherche"). Denn die Anwendung des § 185 StGB erfordert eine der Meinungsfreiheit gerecht werdende Ermittlung des Sinns der infrage stehenden Äußerung.[321] Eine Verurteilung wegen Beleidigung setzt gerade bei Nutzung von Social-Media-Plattform voraus, dass die Äußerungen im Urteil entweder vollständig zitiert oder aber wenigstens nach ihrem jeweiligen Gesamtkontext in Form einer aussagekräftigen zusammenfassenden Darstellung im Urteil wiedergegeben werden, weil nur so auszuschließen ist, dass die inkriminierten Zitate nicht aus einem größeren Zusammenhang herausgerissen sind.[322]

Darauf aufbauend ist in ständiger Rechtsprechung des *BVerfG* regelmäßig eine **abwägende Gewichtung der Beeinträchtigungen** erforderlich, die der persönlichen Ehre auf der einen und der Meinungsfreiheit auf der anderen Seite droht. Hierfür bedarf es einer Auseinandersetzung mit den konkreten Umständen des Falles und der Situation, in der die Äußerung gefallen ist. Insgesamt ist eine ehrbeeinträchtigende Äußerung nur dann eine gemäß § 185 StGB tatbestandsmäßige und nach § 193 StGB rechtswidrige Beleidigung, wenn das Gewicht der persönlichen Ehre in der konkreten Situation die Meinungsfreiheit des Äußernden überwiegt. Maßgeblich für diese Abwägung ist, dass die konkrete Situation der Äußerung erfasst und unter Berücksichtigung ihrer kontextbezogenen Bedeutung wie ihrer emotionalen Einbettung in Blick auf die betroffenen Grundrechte gewürdigt wird.[323]

196

a) „Formalbeleidigung"

Nicht von der Meinungsfreiheit geschützt sind jedoch solche ehrverletzenden Äußerungen, die besonders krasse, aus sich heraus herabwürdigende und kontextunabhängig gesellschaftlich absolut missbilligte Schimpfwörter aus der Fäkalsprache beinhalten (sog. „Formalbeleidigungen"). Denn die Bezeichnung anderer Personen mit solchen Begriffen **zielt unabhängig von einem etwaigen sachlichen Anliegen allein auf die Herabsetzung und Verächtlichmachung**.[324] Das maßgebliche Kriterium ist damit nicht der fehlende Sachbezug einer Herabsetzung, sondern die spezifische Form dieser Äußerung durch eine kontextunabhängig gesellschaftlich absolut missbilligte und tabuisierte Begrifflichkeit, die die Betroffenen insgesamt verächtlich macht. Nur in diesem Zusammenhang kann bereits eine isolierte Betrachtung eines einzelnen Begriffs eine Abwägung entbehrlich machen.

197

Beispiele aus Rechtsprechung und Literatur: „Schwuchtel"[325]
„Schlampe, Drecks Fotze"[326]
„Dreckspack"[327]
„Dreckschwein, Drecksau"[328]
„Vollidiot"[329]

198

---

[321] BVerfG NJW 2020, 2622 (2623); BeckRS 2021, 7035.
[322] BayObLG BeckRS 2020, 35559; ähnlich BVerfG BeckRS 2021, 7035: „... sind die ...maßgebenden Gründe unter Auseinandersetzung mit objektiv feststellbaren Umständen des Falles nachvollziehbar darzulegen...".
[323] BVerfG NJW 2020, 2622 (2623); NJW 2020, 2629 (2630).
[324] BVerfG NJW 2020, 2622 (2623); NJW 2020, 2629 (2630).
[325] AG Frankfurt aM BeckRS 2021, 1953.
[326] LG Berlin BeckRS 2020, 23.
[327] BayObLG BeckRS 2020, 35544.
[328] KG BeckRS 2020, 4264.
[329] Ladeur JZ 2020, 943.

199 Nicht ausreichend für eine Formalbeleidigung ist es, wenn es sich um Begriffe handelt, mit denen in dem konkreten oder in einem anderen Kontext durchaus sachliche Kritik an Personen und deren Verhalten zum Ausdruck gebracht werden könnte. Denn dann scheidet eine Einordnung der Äußerung als unabhängig von einer Abwägung strafbare Formalbeleidigung offensichtlich aus. Diese Begriffe können vielmehr, je nach Kontext, durchaus geläufige Ausdrucksmittel von Kritik sein.

200 **Beispiele aus der Rechtsprechung:** „Verbrecher, Rechtsbeuger, Rechtsradikaler"[330]
„Dilettant, Null"[331]
„Trulla"[332]
„dämliches Grinsen"[333]
„dämlicher Staatsanwalt[334]"
„durchgeknallte, geisteskranke Staatsanwältin[335]"
„vorlaute Göre[336]"
„Zigeuner, Neger[337]"

b) „Schmähkritik"

201 Die Meinungsfreiheit tritt ebenfalls – jedenfalls regelmäßig – zurück, wenn und soweit es sich um herabsetzende Äußerungen handelt, die eine **bloße Schmähung der angegriffenen Person** darstellen (sog. „Schmähkritik").

202 Der Charakter einer Äußerung als Schmähkritik folgt jedoch nicht schon aus einem besonderen Gewicht der Ehrbeeinträchtigung. Auch eine überzogene, polemische, ausfällige oder kränkende Kritik nimmt erst dann den Charakter einer Schmähung an, wenn eine Äußerung **keinen irgendwie nachvollziehbaren Bezug mehr zu einer sachlichen Auseinandersetzung** hat und es bei ihr allein um das grundlose Verächtlichmachen der betroffenen Person als solcher geht.[338] Dies kann etwa dann in Betracht kommen, wenn eine vorherige Auseinandersetzung erkennbar nur äußerlich zum Anlass genommen wird, um über andere Personen herzuziehen oder sie niederzumachen.

203 **Beispiele aus der Rechtsprechung:** „durchgeknallte, geisteskranke Staatsanwältin"[339]
Bezeichnung eines Widerstandskämpfers in der NS-Zeit als „Landesverräter"[340]
Erstellung eines „Fake-Profils" bei Instagram mit Nacktbildern, das den Eindruck erwecken soll, die betroffene Person sei an sexuellen Kontakten interessiert[341]

---

[330] BVerfG BeckRS 2020, 12819.
[331] BVerfG NJW 2020, 2631.
[332] BVerfG NJW 2021, 148.
[333] BVerfG BeckRS 2020, 32662.
[334] BVerfG BeckRS 2022, 6210.
[335] BVerfG NJW 2016, 2870.
[336] OLG Brandenburg BeckRS 2020, 4257.
[337] OLG Hamm NStZ-RR 2016, 244; vgl. zu dem Begriff „Neger" aber auch OLG Brandenburg MMR 2021, 365.
[338] BVerfG NJW 2019, 2600; BeckRS 2021, 7035.
[339] BVerfG NJW 2016, 2870.
[340] BGH NJW 1958, 1004.
[341] OLG Schleswig NJW-RR 2022, 770.

III. Angriffe auf den individuellen Rechtsfrieden

Wenn dagegen im konkreten Einzelfall nicht die Diffamierung der Person, sondern **204** die **Auseinandersetzung in der Sache** im Vordergrund steht, ist eine Schmähkritik nicht gegeben.[342]

Beispiele aus der Rechtsprechung: Bezeichnung eines Bundestagsabgeordneten als „Obergau- **205** leiter der SA-Horden"[343]
Vergleich von Richtern mit „nationalsozialistischen Sondergerichten"[344]
Vergleich von Richtern mit dem NS-Richter „Roland Freisler"[345]
Bezeichnung von Polizeibeamten als „dumm, unfähig"[346]
Vergleich von Polizeiverhalten mit „SS-Methoden"[347]
Bezeichnung als „selten dämlicher Staatsanwalt[348]"

c) Abwägung

Liegt weder eine Formalbeleidigung noch eine Schmähkritik vor, ist zwischen dem **206** Persönlichkeitsschutz und der Meinungsfreiheit eine Abwägung zu treffen.

Beispiel aus der Rechtsprechung: In einem Verfahren vor dem *BVerfG*[349] hatte der Beschwerdeführer im Jahr 2016 in seinem Internetblog aus Anlass einer für ihn nachteiligen Gerichtsentscheidung zu dem Umfangsrecht mit seiner Tochter die an der Entscheidung beteiligten Richter namentlich genannt sowie Fotos von ihnen veröffentlicht und sie ua als „asoziale Justizverbrecher", „Provinzverbrecher" und „Kindesentfremder" bezeichnet, die „Drahtzieher einer Vertuschung von Verbrechen im Amt" seien.
Die *Strafgerichte* hatten wegen des „sachlichen Bezugs" und der „verständlichen schweren emotionalen Situation" des Beschwerdeführers die Voraussetzungen einer Schmähkritik abgelehnt, aber gleichwohl im Rahmen einer Abwägung dem Ehrschutz den Vorrang eingeräumt und wegen Beleidigung verurteilt. Diese wurde von dem *BVerfG* bestätigt.

Diese Entscheidung ist eine vier Entscheidungen des *BVerfG* vom 19.5.2020 zu Ver- **207** fassungsbeschwerden gegen strafrechtliche Verurteilungen wegen Beleidigungen (sog. „Mai-Beschlüsse" des *BVerfG*).[350] Diese hatte das *BVerfG* zum Anlass genommen, auf das grundsätzliche Erfordernis einer **Abwägung von Meinungsfreiheit und Persönlichkeitsrecht** im jeweiligen Einzelfall hinzuweisen, aber auch zu präzisieren, dass es „keinen generellen Vorrang der Meinungsfreiheit gegenüber dem Persönlichkeitsschutz" gebe. Gleichzeitig hat das *BVerfG* aber auch wesentliche Kriterien für die Abwägung aufgestellt und Hinweise für die Praxis gegeben – insbesondere für Äußerungen in „sozialen Netzwerken".

Für diese Abwägung sind nach dem *BVerfG* grundsätzlich die folgenden 4 Kriterien **208** zu berücksichtigen:

---

[342] BVerfG NJW 2022, 1523 Rn. 22.
[343] BVerfG NJW 2017, 1460.
[344] BVerfG NJW 2019, 2600.
[345] OLG München BeckRS 2017, 112292.
[346] OLG Zweibrücken BeckRS 2018, 26536.
[347] OLG Frankfurt NStZ-RR 2012, 244.
[348] BVerfG NJW 2022, 1523.
[349] NJW 2020, 2622.
[350] BVerfG NJW 2020, 2622: Justizperson; NJW 2020, 2629: Amtsperson; NJW 2020, 2631: Politiker; NJW 2020, 2636: Amtsperson; dazu Hoven/Wittin NJW 2021, 2397 ff.

209   1. Handelt es sich um einen Angriff auf grundlegende, allen Menschen gleichermaßen zukommende Achtungsansprüche? Oder handelt es sich um einen Angriff auf das jeweils unterschiedliche soziale Ansehen des Betroffenen?
2. Zielt die Äußerung darauf ab, einen Beitrag zur öffentlichen Meinungsbildung zu leisten? Oder handelt es sich hiervon unabhängig lediglich um die emotionalisierende Verbreitung von Stimmungen gegen einzelne Personen?
3. Ist Gegenstand der Äußerung die Privatsphäre des Betroffenen oder sein öffentliches Wirken? Dabei ist auch zu unterscheiden, ob der Betroffener bewusst in die Öffentlichkeit getreten ist (zB Politiker) oder ob dem Betroffenen ohne sein besonderes Zutun eine Aufgabe mit Öffentlichkeitswirkung übertragen wurde (zB Beamter).
4. Ist die Äußerung unvermittelt in einer hitzigen Situation oder im Gegenteil mit längerem Vorbedacht gefallen? Bestand für die betreffende Äußerung ein konkreter und nachvollziehbarer Anlass?

210   Im Rahmen der Abwägung anhand dieser Kriterien ist nach dem *BVerfG* zudem jeweils zu beachten, welche Verbreitung und Wirkung die Äußerung entfaltet hat („**Reichweite**"). So ist etwa zu unterscheiden, ob nur ein kleiner Kreis von Personen Kenntnis von einer ehrbeeinträchtigenden Äußerung genommen hat und die damit verbundene Beeinträchtigung der persönlichen Ehre geringfügiger und flüchtiger ist als im gegenteiligen Fall einer schriftlich oder anderweitig perpetuierten Äußerung. Dies gelte „grundsätzlich auch für textliche Äußerungen in den sozialen Netzwerken im Internet".[351] Für die Feststellung der „Reichweite" hat das *BVerfG* klargestellt, dass nicht allgemein auf das Medium „Internet" als solches, sondern auf die **konkrete Breitenwirkung** abzustellen ist. So könne etwa nicht alleine darauf abgestellt werden, dass die Äußerung „im Internet" oder „in sozialen Netzwerken" erfolgt sei. Es bietet sich daher an, die von dem *BVerfG* geforderte „konkrete Breitenwirkung" bei Äußerungen in „sozialen Netzwerken" im Internet anhand von öffentlich einsehbaren Parametern zu begründen, etwa mit genutzten „Erwähnungen" oder „Hashtags", der Anzahl der „Freunde" oder „Abonnenten" des Urhebers sowie der Anzahl der „Weiterleitungen" oder „Likes". Denn in diesen Fällen ist jeweils davon auszugehen, dass die Äußerung in dem „Feed" bzw. „Newsfeed" der Personen angezeigt wird und diese die Äußerung wahrnehmen können. Bei Äußerungen in öffentlichen oder geschlossenen Gruppen kann daneben die Anzahl der „Mitglieder" der Gruppe sowie die Anzahl der unmittelbaren Reaktionen („Kommentare") auf die Äußerung berücksichtigt werden. Ganz ausdrücklich hält das *BVerfG* zudem fest, dass die ehrbeeinträchtigende Wirkung der Äußerung verstärkt werde, wenn sie „besonders sichtbar in einem der allgemeinen Öffentlichkeit zugänglichen Medium" wie etwa in sozialen Netzwerken im Internet getätigt werde.[352]

211   Bei der Abwägung von **Angriffen gegen Amtsträger und Politiker** betont das *BVerfG* regelmäßig die besondere Bedeutung der sog. „**Machtkritik**" als wesentlichen Bestandteil der Meinungsfreiheit. Danach können Bürger von ihnen als verantwortlich angesehene Amtsträger in anklagender und personalisierter Weise für deren Art und Weise der Machtausübung angreifen, ohne befürchten zu müssen, dass die personenbezogenen Elemente solcher Äußerungen aus diesem Kontext herausgelöst werden und die Grundlage für staatliche Sanktionen bilden.[353] Auch diese „Machtkritik" bleibt jedoch in

---

[351] BVerfG NJW 2020, 2622 (2626 f.); NJW 2020, 2631 (2634).
[352] BVerfG NJW 2020, 2622 (2627); NJW 2020, 2631 (2634).
[353] BVerfG NJW 1999, 2358; NJW 2020, 2631 Rn. 23; NJW 2021, 301 Rn. 18; NJW 2022, 680 Rn. 32; NJW 2022, 1523 Rn. 25.

eine Abwägung eingebunden.³⁵⁴ Zudem hat das *BVerfG* im Hinblick auf Amtsträger und Politiker anerkannt, dass „unter den Bedingungen der Verbreitung von Informationen durch ‚soziale Netzwerke' im Internet ein wirksamer **Schutz der Persönlichkeitsrechte** (…) über die Bedeutung für die jeweils Betroffenen hinaus **auch im öffentlichen Interesse** (liegt), was das Gewicht dieser Rechte in der Abwägung verstärken kann. Denn eine Bereitschaft zur Mitwirkung in Staat und Gesellschaft kann nur erwartet werden, wenn für diejenigen, die sich engagieren und öffentlich einbringen, ein hinreichender Schutz ihrer Persönlichkeitsrechte gewährleistet ist."³⁵⁵

d) Kollektivbeleidigung

Diese Grundsätze gelten auch für Beleidigungen von Institutionen und Personengemeinschaften (sog. „**Kollektivbeleidigungen**"), sofern diese wie etwa gemeinnützige Vereine eine rechtlich anerkannte gesellschaftliche Funktion erfüllen und einen einheitlichen Willen bilden können.³⁵⁶ Behörden, politische Körperschaften und Religionsgesellschaften werden darüber hinaus ausdrücklich von § 194 Abs. 3 und 4 StGB erfasst. Eine Bezeichnung mit „ACAB", also mit dem sinngemäßen Erklärungsinhalt „all cops are bastards" bzw. „Alle Polizisten sind Bastarde", stellt jedoch nur dann eine Beleidigung dar, wenn in dem konkreten Kontext die betroffenen Personen hinreichend individualisiert werden können.³⁵⁷

212

e) Beleidigungsfreie Sphäre

In der Rechtsprechung des *BVerfG* ist anerkannt, dass aus dem allgemeinen Persönlichkeitsrecht ein Bereich **vertraulicher Kommunikation innerhalb besonderer Vertrauensbeziehungen** resultiert, in der ohne Sorge vor staatlicher Sanktionierung kommuniziert werden darf (sog. „beleidigungsfreie Sphäre").³⁵⁸

213

Hintergrund dafür ist, dass nur unter den Bedingungen besonderer Vertraulichkeit dem Einzelnen ein rückhaltloser Ausdruck seiner Emotionen, die Offenbarung geheimer Wünsche oder Ängste, die freimütige Kundgabe des eigenen Urteils über Verhältnisse und Personen oder eine entlastende Selbstdarstellung möglich ist.³⁵⁹ Daraus folgt, dass ehrverletzende Äußerungen über nicht anwesende Dritte in besonders engen Lebenskreisen dann nicht strafrechtlich verfolgt werden können, wenn die Äußerung Ausdruck des besonderen Vertrauens ist und wenn keine begründete Möglichkeit ihrer Weitergabe besteht. Der Kreis möglicher Vertrauenspersonen ist dabei nicht auf Eheleu-

---

³⁵⁴ BVerfG NJW 2020, 2622 Rn. 32; NJW 2020, 2631 Rn. 25; NJW 2021, 301 Rn. 18; NJW 2022, 680 Rn. 34; NJW 2022, 1523 Rn. 25.
³⁵⁵ BVerfG NJW 2020, 2622 Rn. 32; NJW 2020, 2631 Rn. 25; NJW 2021, 301 Rn. 19; NJW 2022, 680 Rn. 35; vgl. zu diesem neuen „Schutzgutverständnis" Hoven/Witting NJW 2021, 2397 ff.; das „Gleichheitsrecht" betonend Völzmann MMR 2021, 619 ff.
³⁵⁶ Schönke/Schröder/Eisele/Schittenhelm StGB vor § 185 Rn. 3 f.; MüKoStGB/Regge/Pegel Vor § 185 Rn. 50 ff.; vgl. auch OLG Frankfurt NStZ-RR 2022, 181: Homosexuelle.
³⁵⁷ BVerfG NJW 2015, 2022; NJW 2017, 2607, BeckRS 2020, 38103; OLG Frankfurt NStZ 2020, 39; Fischer StGB § 185 Rn. 9; MüKoStGB/Regge/Pegel Vor § 185 Rn. 59.
³⁵⁸ BVerfG NJW 2007, 1194 (1195); NJW 2010, 2937 Rn. 20; NStZ 2021, 439 Rn. 32 ff., vgl. auch BVerwG NVwZ-RR 2022, 385 Rn. 51 f.; die dogmatische Einordnung ist im Einzelnen umstritten, vgl. nur Schönke/Schröder/Eisele/Schittenhelm StGB Vor § 185 Rn. 9a.
³⁵⁹ BVerfG NStZ 2021, 439 Rn. 32.

te oder Eltern beschränkt, sondern erstreckt sich auf ähnlich enge, rein freundschaftliche Vertrauensverhältnisse – auch bei Nutzung von Internetkommunikation.[360]

214 **Beispiele aus der Rechtsprechung:** WhatsApp-Gruppe von 4 engen Freunden[361]
WhatsApp-Nachricht zwischen Geschwistern zur Weiterleitung an die gemeinsame Mutter sowie an Cousine[362]

215 Abgelehnt wird eine „beleidigungsfreie Sphäre" jedoch bei anonymen Netzwerken im Internet, weil deren Charakter gerade durch die Anonymität der Nutzer bestimmt wird und nicht durch ein besonderes Vertrauensverhältnis.[363]

216 **Beispiele aus der Rechtsprechung:** WhatsApp-Gruppe mit 10 bis 20 Studierenden, die nicht alle miteinander befreundet sind[364]
Äußerung gegenüber Söhnen der Betroffenen, wenn mit einer Weitergabe an die Betroffene zu rechnen ist[365]

2. Üble Nachrede und Verleumdung – §§ 186, 187 StGB

217 Während die Beleidigung in § 185 StGB vor allem die Äußerung von Werturteilen gegenüber dem Betroffenen selbst sowie gegenüber Dritten erfasst, sanktionieren die üble Nachrede in § 186 StGB und die Verleumdung in § 187 StGB ausschließlich **ehrverletzende Tatsachenäußerung gegenüber Dritten**.

218 Einen typischen Anwendungsfall im Kontext von Hate Speech bilden sog. „**Fake News**". Unter „Fake News" versteht man bewusste Falschmeldungen, die über soziale Netzwerke verbreitet werden, ohne dass diese zuvor auf Qualität und Wahrheitsgehalt geprüft werden. Typische Beispielsfälle von „Fake News" sind etwa das Veröffentlichen von angeblichen Äußerungen anderer Personen („In-den-Mund-legen") als sog. „Memes" oftmals kombiniert mit Fotos der angeblichen Urheber.[366] Auch Fotografien können bei für den Betrachter nicht erkennbaren Bildmanipulationen zu einer unrichtigen Aussage führen.[367]

219 **Beispiele aus Rechtsprechung und Zivilgesellschaft:** „..., wenn keine Gewalt im Spiel ist, ist der Sex mit Kindern doch ganz ok. Ist mal gut jetzt." (Falschzitat bezüglich Renate Künast – Bündnis 90/Die Grünen[368])
„Wir appellieren an alle Menschen, welche sich ein Haustier zulegen wollen, im Sinne der Humanität, vielleicht zu erwägen, stattdessen einen Flüchtling bei sich aufzunehmen." (Falschzitat bezüglich Claudia Roth, Bündnis 90/Die Grünen[369])

---

[360] BVerfG NStZ 2021, 439 Rn. 32 ff.; BVerwG NVwZ-RR 2022, 385.
[361] BVerwG NVwZ-RR 2022, 385.
[362] OLG Frankfurt MMR 2019, 381.
[363] MüKoStGB/Regge/Pegel Vor § 185 Rn. 64.
[364] BVerwG NVwZ-RR 2022, 385.
[365] BGH BeckRS 2018, 8009.
[366] Hoven/Krause JuS 2017, 1167.
[367] MüKoStGB/Regge/Pegel § 186 Rn. 5.
[368] OLG Frankfurt aM NJW-RR 2020, 811.
[369] Online-Dossier „Erfundenes Claudia-Roth-Zitat über Haustiere und Flüchtlinge" vom 16.9.2021, abrufbar unter https://correctiv.org/faktencheck/.

III. Angriffe auf den individuellen Rechtsfrieden

„Der traumatisierte ... Flüchtling hat zwar getötet, man muss ihm jetzt aber trotzdem helfen."
(Falschzitat bezüglich Renate Künast, Bündnis 90/Die Grünen[370])

220 Solche, auf ein massenhaftes Verteilen angelegte „Fake News" sind durch die hohe Reichweite und den erweckten Anschein der Wahrheit dazu geeignet, die öffentliche Meinung zu verzerren und damit die Gesellschaft zu destabilisieren, indem sie eine Gefahr für den Prozess der öffentlichen Meinungsbildung und den Ehrschutz betroffener Personen bilden.[371] Gerade im Bundestagswahlkampf 2021 konnte eine Vielzahl regelrechter „Desinformations-Kampagnen" festgestellt werden, die offensichtlich Menschen gegen politische Gegner aufstacheln und damit Vertrauen in die Demokratie zerstören sollten:[372]

221 **Beispiele aus der Zivilgesellschaft:** *„Ich war jung und brauchte das Geld."* (Falschzitat zu angeblichen Aktfotos von Annalena Baerbock, Bündnis 90/Die Grünen[373])
„Witwenrente abschaffen (...) Mit den 1,5 Mrd. eingesparter Mittel könnten wir viel für die Integration von Flüchtlingen tun." (Falschzitat bezüglich Annalena Baerbock, Bündnis 90/Die Grünen[374])
„Wir müssen besser darin werden den jungen Menschen zu erklären warum das mit dem Klimaschutz nicht so schnell geht." (Falschzitat bezüglich Armin Laschet, CDU[375])
„Wir können alleine durch den Wegfall der Hunde in Deutschland ca. 19 Millionen Tonnen Kohlenstoffdioxid einsparen. (...) Die private Tierhaltung muss daher ein Ende haben und wenn es durch eine CO2 Steuer auf Haustiere erfolgt." (Falschzitat bezüglich Annalena Baerbock, Bündnis 90/Die Grünen[376])

222 Bei „Fake News" handelt es sich in der Regel um Tatsachenbehauptungen, so dass das kommentarlose **Teilen von „Memes" in sozialen Netzwerken** die Voraussetzungen der öffentlichen Tathandlung bzw. des Verbreitens eines Inhalts gemäß §§ 186, 187 StGB erfüllen kann.[377] Ist ein solches Teilen jedoch mit einer wertenden Äußerung des Täters verbunden, ist zu prüfen, ob der wertende Element überwiegt und es sich insofern um eine Meinungsäußerung handelt, auf die allenfalls § 185 StGB anwendbar ist.[378] Wenn eine Trennung zwischen tatsächlichen und wertenden Bestandteilen einer Äußerung nicht möglich ist, ohne deren Sinn zu verfälschen, ist sie insgesamt als Meinungsäußerung anzusehen.[379] Wenn jedoch sowohl Tatsachenbehauptung, als auch Werturteil eine eigenständige Bedeutung erhalten, sind beide jeweils für sich zu werten mit der Folge, dass auch Tateinheit zwischen § 185 StGB und §§ 186, 187 StGB vorliegen kann.[380]

---

[370] Online-Dossier „Zitat von Renate Künast gefälscht: Rechtsextremist in Berlin verurteilt" vom 9.4.2019, abrufbar unter https://politik.watson.de/; vgl. dazu Hoven/Krause JuS 2017, 1167 (1168).
[371] Hoven/Krause JuS 2017, 1167.
[372] Online-Dossier „Bundestagswahl: So verlief der Guerilla-Wahlkampf" vom 22.9.2021, abrufbar unter https://correctiv.org/; Online-Dossier „Deutschlands Desinformations-Dilemma 2021" vom 6.9.2021, abrufbar unter https://avaazimages.avaaz.org/bundestagswahl_2021.pdf.
[373] Online-Dossier „Die nackte Baerbock": Behauptung ist ein Fake!" vom 23.4.2021, abrufbar unter https://www.mimikama.at/aktuelles/baerbock-nackt-fake/.
[374] Online-Dossier „Weiteres gefälschtes Zitat von Annalena Baerbock: Grünen-Kandidatin will Witwenrente nicht abschaffen" vom 7.5.2021, abrufbar unter https://correctiv.org/faktencheck/.
[375] Online-Dossier „#Faktenfuchs: Falsches Laschet-Zitat kursiert auf Twitter" vom 6.7.2021, abrufbar unter https://www.br.de/.
[376] Online-Dossier „Forderte Grünen-Kanzlerkandidatin Baerbock die Abschaffung von Haustieren?" vom 22.4.2021, abrufbar unter https://correctiv.org/faktencheck/.
[377] Vgl. dazu die Erläuterungen zu § 86a StGB → Rn. 122.
[378] Vgl. dazu Fischer StGB § 186 Rn. 3 f.; MüKoStGB/Regge/Pegel § 186 Rn. 10 ff.
[379] BVerfG BeckRS 2016, 49397: Bezeichnung eines Polizeibeamten als „Spanner".
[380] MüKoStGB/Regge/Pegel § 186 Rn. 10 ff.

223 Das Verbreiten ehrverletzender Tatsachen kann zwar gemäß § 186 StGB auch ohne Rücksicht auf den **Wahrheitsgehalt der Äußerung** erfasst werden.[381] In der Praxis wird es sich jedoch jeweils um Äußerungen handeln, die entweder von der betroffenen Person aufgrund der Unwahrheit angezeigt worden sind oder – gerade bei öffentlich diskutierten „Fake News" – durch journalistische Recherchen und Veröffentlichungen hinsichtlich der Unwahrheit aufbereitet sind.[382] Nicht nur vor diesem Hintergrund bietet sich die **Feststellung der Unwahrheit** an, da eine Tatsachenbehauptung, deren Unwahrheit bereits im Zeitpunkt der Äußerung unzweifelhaft feststeht, nicht von dem Schutz der Meinungsfreiheit umfasst wird. Nach der Rechtsprechung des *BVerfG* tritt wie bei der Formalbeleidigung die Meinungsfreiheit zurück, wenn Tatsachenbehauptungen aufgestellt werden, deren Unwahrheit der Täter kennt oder wenn diese evident ist.[383] Auch im Rahmen der Strafzumessung ist die Wahrheit der Tatsache von Bedeutung.[384] Letztlich kommt bei direktem Vorsatz des Täters bezüglich der Falschheit („**wider besseres Wissen**") eine **Verleumdung** gemäß § 187 StGB, bei fehlendem Vorsatz bezüglich der Falschheit eine üble Nachrede gemäß § 186 StGB in Betracht.[385]

224 Weitere Voraussetzung für eine Strafbarkeit gemäß §§ 186, 187 StGB ist, dass die Äußerung geeignet ist, den Betroffenen verächtlich zu machen oder in der öffentlichen Meinung herabzuwürdigen. Als Maßstab für diese **Eignung zur Ehrverletzung** ist die Meinung eines größeren, nicht geschlossenen Bevölkerungsteils heranzuziehen. Bezugspunkt ist dabei grundsätzlich die Wertung des geltenden Rechts („**normative Bewertung**"), insbesondere wenn Bewertungen in der Bevölkerung umstritten oder von Ressentiments bestimmt sind.[386] Danach kann die wahrheitswidrige Behauptung eines nicht rechtswidrigen Verhaltens wie etwa die Durchführung gesetzlich zulässiger Schwangerschaftsabbrüche nicht ehrenrührig sein.[387] Daneben kommt aber auch die öffentliche sittliche Anschauung in Betracht, die außerhalb der Grenzen gesetzlicher Regelung liegt und die gleichwohl für die öffentliche Bewertung einer Person bedeutsam sein kann („**reale Bewertung**").[388] Deswegen ist auch darauf abzustellen, ob eine unterstellte Tatsache wie etwa eine angeblich geäußerte politische Forderung oder eine angebliche Begebenheit aus dem Privatleben den öffentlichen Ruf der Betroffenen schmälern kann – unabhängig davon, ob die unterstellte Tatsache dem geltenden Recht widerspricht.

3. Personen des politischen Lebens – §§ 188, 194 StGB

225 Der Straftatbestand des § 188 StGB enthält als „**Qualifikation**" einen höheren Strafrahmen für Beleidigung (§ 185 StGB), üble Nachrede (§ 186 StGB) und Verleumdung (§ 187 StGB) unter den Voraussetzungen, dass sich die öffentlich begangene Tat gegen eine im politischen Leben des Volkes stehende Person richtet und geeignet ist, ihr öffentliches Wirken erheblich zu erschweren.

---

[381] Schönke/Schröder/Eisele/Schittenhelm StGB § 186 Rn. 10.
[382] Solche „Faktenchecker" sind etwa abrufbar unter https://faktencheck.afp.com/ oder https://correctiv.org/faktencheck/.
[383] So etwa BVerfG NJW 1999, 1322 (1324).
[384] BeckOK StGB/Valerius StGB § 186 Rn. 20.
[385] Hoven/Krause JuS 2017, 1167.
[386] OLG Karlsruhe NJW 2005, 612 (614); Fischer StGB § 186 Rn. 6.
[387] OLG Karlsruhe NJW 2005, 612 (614); vgl. auch OLG Hamm BeckRS 2017, 104721: „Alkoholiker".
[388] Hoven/Krause JuS 2017, 1167 (1168); MüKoStGB/Regge/Pegel § 186 Rn. 14.

III. Angriffe auf den individuellen Rechtsfrieden

a) Voraussetzungen des § 188 StGB

Zweck der Vorschrift ist es, den für das Gemeinwesen politisch tätigen Personen durch einen höheren Strafrahmen und erhöhte Mindeststrafen einen **verstärkten Ehrschutz** einzuräumen. Hintergrund ist die Feststellung des Gesetzgebers, dass politisch tätige Personen von diffamierenden Äußerungen, die in der vermeintlichen Anonymität des Internets mit großer Aggressivität getätigt werden, auf Grund der hohen Verbreitungswirkung und der eingeschränkten Löschungsmöglichkeiten besonders betroffen sind und in ihrem öffentlichen Wirken behindert werden.[389] Geschützt wird von § 188 StGB zwar **nicht das politische Amt**, sondern nur der Amts-, Mandats- oder Funktionsträger als **Person**.[390] Jedoch ist bei der Auslegung jeweils auch zu berücksichtigen, dass öffentlich getätigte ehrverletzende Äußerungen über politisch aktive Personen nicht auf den persönlichen Lebensbereich der Betroffenen beschränkt bleiben, sondern auf die Belange des Gemeinwesens ausgreifen.[391]

226

Nach ständiger Rechtsprechung des *BVerfG* muss es den Bürgern aufgrund der Meinungsfreiheit des Art. 5 Abs. 1 GG zwar möglich sein, straflos und ohne Furcht vor Strafe zum Ausdruck zu bringen, dass sie eine bestimmte Person für ungeeignet zur Führung der von ihnen bekleideten öffentlichen und politischen Ämter halten.[392] Bürger dürfen insbesondere gegenüber Amtsträgern in Regierungsfunktion auch harsche Fundamentalkritik üben und zwar unabhängig davon, ob sie dieses negative Urteil näher begründen und ob es weniger drastische Ausdrucksformen für die Kritik gegeben hätte. Auch solche Kritik gibt aber nicht das Recht, zu verhetzenden Formen zu greifen, Amtsträger unmäßig zu beschimpfen und in der Öffentlichkeit verächtlich zu machen.

227

Geschützt werden „**im politischen Leben des Volkes stehende Personen**". Damit sind zunächst bundespolitisch und landespolitisch tätige Amts- und Mandatsträger erfasst wie Bundespräsident und Bundestagspräsident, Bundeskanzler und Ministerpräsidenten der Länder, Mitglieder der Bundes- und Landesregierungen, Mitglieder des Bundestages und der Landtage sowie die Abgeordneten Deutschlands im Europäischen Parlament. Daneben werden auch politische Spitzenfunktionäre wie Parteivorsitzende und Kanzlerkandidaten erfasst. Zudem ist mit Wirkung von April 2021 in § 188 Abs. 1 Satz 2 StGB klargestellt worden, dass dieser Tatbestand für Taten gegen Personen des politischen Lebens bis hin zur kommunalen Ebene gilt, also beispielsweise auch auf Ebene der Landkreise, der Städte, Gemeinden und Ortsteile. Maßgebliche Erwägung des Gesetzgebers in diesem Zusammenhang war, dass **auch auf kommunaler Ebene** wichtige Arbeit für das demokratische Gemeinwesen geleistet werde und die dort politisch wirkenden Personen in gleicher Weise wie auf Landes- oder Bundesebene wirkende Personen von diffamierenden Äußerungen, die mit ihrer Stellung im öffentlichen Leben zusammenhängen, betroffen und in ihrem öffentlichen Wirken beeinträchtigt sein können.[393]

228

Öffentlich ist eine Tat gemäß §§ 185-187 StGB bereits dann begangen, wenn sie von einem größeren, nach Zahl und Zusammensetzung unbestimmten und nicht durch persönliche Beziehungen verbundenen Personenkreis zur Kenntnis genommen werden

229

---

[389] BT-Drs. 19/17741, 36; BT-Drs. 19/20163, 43; kritisch dazu Simon JR 2020, 599 (602).
[390] Fischer StGB § 188 Rn. 2; MüKoStGB/Regge/Pegel § 188 Rn. 1.
[391] MüKoStGB/Regge/Pegel § 188 Rn. 1.
[392] BVerfG NJW 2020, 2631.
[393] BT-Drs. 19/17741, 36; zustimmend Jung DRiZ 2020, 95; von Hodenberg/Ballon DRiZ 2021, 132.

kann. Äußerungen im Internet werden bereits dann öffentlich getätigt, wenn sie für die Nutzer ohne Weiteres abrufbar sind (zB Webseiten, soziale Netzwerke).[394]

230 Weitere Voraussetzungen der Qualifikation des § 188 StGB ist, dass die Tat gemäß §§ 185-187 StGB geeignet ist, das öffentliche Wirken der im politischen Leben des Volkes stehenden Person erheblich zu erschweren. Für diese „**Eignung zur Erschwerung des öffentlichen Wirkens**" ist einerseits erforderlich, dass der Inhalt der Diffamierung allgemein geeignet ist, das Vertrauen in die **persönliche Integrität** des jeweiligen Betroffenen zu erschüttern. Der Eintritt eines tatsächlichen Vertrauensverlusts, zB Umfrageverluste, Abwahl etc. ist dagegen nicht notwendig. Auch ist nicht erforderlich, dass sich die diffamierende Äußerung auf das öffentliche Wirken der Personen bezieht, denn Äußerungen zu privaten und persönlichen Umständen sind ebenfalls geeignet, die persönliche Integrität der Personen zu beeinträchtigen. Jedoch muss die Äußerung nach den Umständen der jeweiligen Tat geeignet sein, der **politischen Kultur** insgesamt Schaden zuzufügen, was etwa im Hinblick auf einen sehr geringen Adressatenkreises oder eine mangelnde Glaubwürdigkeit des Täters im Einzelfall zu verneinen sein kann.[395] Sofern es sich jedoch um Äußerungen handelt, die auf massenhaftes Verteilen in sozialen Netzwerken angelegt sind, ist diese Voraussetzung gegeben. Denn durch die hohe Reichweite und die schnelle Verteilung sind diese dazu geeignet, die öffentliche Meinung zu beeinflussen.[396]

b) Kein Strafantrag erforderlich – § 194 Abs. 1 Satz 3 StGB

231 Gemäß § 194 Abs. 1 Satz 3 StGB stellt § 188 StGB seit April 2021 ein **relatives Antragsdelikt** dar, da die Tat auch dann verfolgt werden kann, wenn die Strafverfolgungsbehörde wegen des besonderen öffentlichen Interesses an der Strafverfolgung ein Einschreiten von Amts wegen für geboten hält.

232 Der Gesetzgeber war der Auffassung, dass von § 188 StGB erfasste Äußerungen diffamierenden Inhalts gerade im Internet eine Außenwirkung entfalteten, die geeignet sei, das **Rechtsempfinden der Bevölkerung** dauerhaft zu stören. Zudem könnten solche Ehrverletzungen dazu führen, dass sich auch andere politisch aktive Personen **aus der öffentlichen Diskussion zurückziehen** oder nicht mehr für das Gemeinwesen engagieren.[397] Bei Ehrverletzungen, die sich gegen Personen des politischen Lebens iSd § 188 StGB richten, können die Strafverfolgungsbehörden somit auch von Amts wegen einschreiten, wenn sie eine Strafverfolgung wegen des besonderen öffentlichen Interesses für geboten halten. Diese Entscheidung ist im jeweiligen Einzelfall unter Berücksichtigung der öffentlichen Wirkungen auf das Rechtsempfinden der Bevölkerung sowie der eventuellen Vorbelastungen oder verwerflichen Beweggründen des Beschuldigten zu treffen (vgl. Ziffer 229, 234 RiStBV).

233 In der Praxis stellt sich in diesen Fällen dann die Frage, ob in jedem Einzelfall eine **Pflicht zur Befragung der Verletzten** besteht, ob sie von ihrem **Widerspruchsrecht** gemäß § 194 Abs. 1 Satz 4 StGB Gebrauch machen wollen. Ein solches Vorgehen dürfte zwar möglich, aber nicht notwendig sein.[398] Denn nach Auffassung des Gesetzgebers sollte mit dieser Regelung ausdrücklich eine Strafverfolgung in Fällen ermöglicht werden, in denen unabhängig von einer Entscheidung der berechtigten Person eine

---

[394] BT-Drs. 19/17741, 35.
[395] Vgl. Schönke/Schröder/Eisele/Schittenhelm StGB § 188 Rn. 6; Fischer StGB § 188 Rn. 6.
[396] Hoven/Krause JuS 2017, 1167.
[397] BT-Drs. 19/17741, 36.
[398] AA zu § 194 StGB aF Schönke/Schröder/Eisele/Schittenhelm StGB § 194 Rn. 6a.

Verfolgung wegen der – über die Verletzung des Persönlichkeitsrecht hinausgehenden – öffentlichen Wirkungen der Ehrverletzungen auf das Rechtsempfinden der Bevölkerung im besonderen öffentlichen Interesse liegt.[399] Es kann daher in diesem Zusammenhang auch nicht überzeugen, dass „der Widerspruch prozessual das 'Gegenstück' zum Strafantrag" sei.[400] Denn der Strafantrag ist in diesen Fällen der öffentlichen Wirkungen auf das Rechtsempfinden der Bevölkerung prozessual gerade nicht erforderlich und insofern kein gleichwertiges „Gegenstück". Dazu kommt, dass mit einer entsprechenden Information in vielen Fällen eine Kenntnis der Äußerung und damit die persönliche Rechtsgutsverletzung bei dem Betroffenen durch die Strafverfolgungsbehörden erst herbeigeführt werden würde. Gerade diese persönliche Rechtsgutsverletzung soll jedoch für die Verfolgbarkeit der Fälle des § 188 StGB keine Rolle spielen.

4. Verunglimpfung des Andenkens Verstorbener – § 189 StGB

§ 189 StGB bezweckt – nach überwiegender Auffassung – einen **postmortalen Persönlichkeitsschutz**, auch wenn im Einzelnen umstritten ist, ob die fortbestehende Ehre oder ein Persönlichkeitsrecht eigener Art von Verstorbenen geschützt wird.[401]   234

Auch die im Hinblick auf § 189 StGB zu prüfenden Äußerungen sind nach ihrem jeweiligen Kontext auszulegen und zwischen der Meinungsfreiheit des Äußernden sowie dem geschützten Rechtsgut abzuwägen. Dabei ist bei Verstorbenen nach der Rechtsprechung des *BVerfG*[402] zum einen der allgemeine Achtungsanspruch geschützt, der dem Menschen kraft seines Personseins zusteht. Dieser Schutz bewahrt den Verstorbenen insbesondere davor, herabgewürdigt oder erniedrigt zu werden. Schutz genießt aber auch der sittliche, personale und soziale Geltungswert, den die Person durch ihre eigene Lebensleistung erworben hat. Dabei ist zu berücksichtigen, dass das Schutzbedürfnis des Verstorbenen in dem Maße schwindet, in dem die Erinnerung an ihn verblasst.[403] In der Regel kommen bei „Hate Speech" aber Äußerungen in Betracht, die anlässlich des (aktuellen) Todes einer Person abgegeben werden.   235

Ein „**Verunglimpfen**" iSd § 189 StGB setzt eine besonders schwere Kränkung voraus, also eine nach Form, Inhalt, Begleitumständen oder Beweggrund „grobe und schwerwiegende Herabsetzung".[404] Bei einer der Öffentlichkeit zugänglich gemachten Beleidigung als Reaktion auf einen aktuellen Todesfall dürfte diese Voraussetzung jedoch regelmäßig gegeben sein.   236

Beispiele aus der Strafverfolgungspraxis[405]: „Ich vermisse ihn nicht. Gibt noch genug Arschlöcher."   237
„… die [Mafia] herrscht schon lange, auch der Verstorbene gehört dazu. Illegal zu legal zu machen, auf Gesetze pfeifen usw"
„Mooshammer lässt grüßen… jetzt wird eine richtig schmutzige Nummer draus!"
„Lübcke war senil und hat nur dummes Zeug gelabert"

---

[399] BT-Drs. 19/17741, 36.
[400] LTZ/Rahmlow § 194 Rn. 10 zu § 194 StGB aF.
[401] Überblick etwa bei Schönke/Schröder/Eisele/Schittenhelm StGB § 189 Rn. 1; MüKoStGB/Regge/Pegel § 189 Rn. 1 ff.
[402] NJW 2018, 770 (771).
[403] BVerfG NJW 2018, 770 (771).
[404] Vgl. Fischer StGB § 189 Rn. 3.
[405] „Durchsuchungen wegen Internet-Hetze im Fall Lübcke" becklink 2016498.

5. Verhetzende Beleidigung – § 192a StGB

238 Mit Wirkung von September 2021 ist mit § 192a StGB die sog. „verhetzende Beleidigung" eingeführt worden, die das Versenden von **volksverhetzenden Inhalten auch an einzelne Personen** erfasst.

239 Mit diesem Tatbestand will der Gesetzgeber Strafbarkeitslücken in solchen Fällen schließen, in denen volksverhetzende Inhalte an eine andere Person oder an einen geschlossenen Personenkreis versendet werden und es daher regelmäßig sowohl an der Eignung zur Störung des öffentlichen Friedens iSd § 130 Abs. 1 StGB als auch an einem konkreten Bezug zu der betroffenen Person im Sinne einer Kollektivbeleidigung iSd 185 StGB fehlt. § 192a StGB beinhaltet daher einen erweiterten Schutz der Ehre betroffener Personen in der Form eines konkreten Gefährdungsdelikts.[406]

240 Der Prüfungsmaßstab für die Beurteilung des verhetzenden Inhalts ergibt sich aus § 130 Abs. 1 Nr. 2 StGB. Erfasst sind Inhalte, die durch ihre nationale, rassische, religiöse oder ethnische Herkunft, ihre Weltanschauung, ihre Behinderung oder ihre sexuelle Orientierung bestimmte Gruppe oder einen Einzelnen wegen seiner Zugehörigkeit zu einer dieser Gruppen beschimpfen, böswillig verächtlich machen oder verleumden und hierdurch die Menschenwürde der betroffenen Personen verletzen.[407]

241 Tathandlung ist das „**Gelangenlassen an eine andere Person**", die einer bestimmten Personenmehrheit zugehörig ist. Der Begriff des Gelangenlassen entspricht demjenigen in § 184 Abs. 1 Nr. 6 StGB und umfasst ua das Zusenden, Anbieten, Überlassen oder Zugänglichmachen. Voraussetzung ist, dass der in einem Schreiben, einer E-Mail, Textnachricht usw. enthaltene Inhalt so in den Verfügungsbereich eines anderen – ohne dessen Willen – überführt wird, dass dieser Gewahrsam an dem Inhalt erlangt und vom Inhalt Kenntnis nehmen kann; dass er tatsächlich Kenntnis genommen hat, ist nicht erforderlich.[408] Dagegen genügt es grundsätzlich nicht, etwa in einer E-Mail einen Link zu verhetzenden Inhalten mitzuteilen, weil die Kenntnisnahme dann noch einen aktiven Zugriff des Empfängers erfordert.[409] Anders wird dies jedoch einzuschätzen sein, wenn der aktive Zugriff des Empfängers auf einer Täuschung über den Inhalt beruht und der verhetzende Inhalt vorab nicht erkennbar war.

6. Bedrohung – § 241 StGB

242 Schließlich kommt bei „Hate Speech" auch eine Bedrohung iSd § 241 StGB in Betracht. Schutzgut des § 241 StGB ist – anders als bei Androhungen gemäß § 126 StGB – der **individuelle Rechtsfrieden**, dh das Vertrauen des Einzelnen auf seine durch das Recht gewährleistete Sicherheit vor besonders gravierenden Bedrohungen.[410]

243 Eine **Bedrohung** setzt voraus, dass der Täter die von seinem Willen abhängige Begehung einer Tat durch ihn oder einen Dritten in Aussicht stellt. Dieses „Inaussichtstellen" muss nicht ausdrücklich erklärt worden sein, sondern kann auch konkludent zum Ausdruck gebracht werden. Auch ist es nicht erforderlich, dass das Opfer die Bedrohung tatsächlich ernst nimmt oder dass der Täter die Drohung verwirklichen kann oder will. Es genügt, dass der Täter objektiv den Eindruck der Ernstlichkeit erweckt und will, dass

---

[406] BT-Drs. 19/31115, 14 f.; zum rechtspolitischen Hintergrund Geuther DRiZ 2021, 212.
[407] BT-Drs. 19/31115, 15.
[408] BT-Drs. 19/31115, 15.
[409] Vgl. Schönke/Schröder/Eisele StGB § 184 Rn. 51; MüKoStGB/Hörnle § 184 Rn. 65.
[410] Schönke/Schröder/Eisele StGB § 241 Rn. 2.

III. Angriffe auf den individuellen Rechtsfrieden 57

die Drohung vom Bedrohten ernst genommen wird.[411] Ob einer Äußerung die objektive Eignung zur Störung des individuellen Rechtsfriedens zukommt, beurteilt sich nach den Umständen des Einzelfalls aus Sicht eines durchschnittlich empfindenden Beobachters, wobei auch Begleitumstände und Kontext der Tatsituation zu berücksichtigen sind.[412]

Eine Bedrohung kann – wie bei „Hate Speech" nicht unüblich – auch in der Weise erfolgen, dass die Begehung des Verbrechens vom künftigen Eintritt oder Nichteintritt eines weiteren Umstands abhängen soll („**bedingte Bedrohung**").[413] Der Versuch ist dagegen nicht strafbar. 244

Aufgrund des individualschützenden Charakters ist die Bedrohung jedoch erst dann vollendet, wenn die Drohung bzw. falsche Warnung mit Willen des Täters – ggf. auch über Dritte – zur **Kenntnis des Drohungs- bzw. Täuschungsadressaten** gekommen ist; unerheblich ist dagegen, ob der subjektive Rechtsfrieden des Opfers tatsächlich gestört ist.[414] 245

Seit April 2021 erfasst § 241 Abs. 1 StGB nicht mehr nur die Bedrohung mit einem Verbrechen, sondern auch die Bedrohung mit einer rechtswidrigen Tat gegen die sexuelle Selbstbestimmung, die körperliche Unversehrtheit, die persönliche Freiheit oder gegen eine Sache von bedeutendem Wert. Nach Auffassung des Gesetzgebers habe sich gezeigt, dass auch eine Bedrohung mit der Begehung einer Straftat, die kein Verbrechen darstellt, in empfindlicher Weise auf den Adressaten einwirken und den individuellen Rechtsfrieden erheblich stören kann.[415] Gleichzeitig ist die Höchststrafe für die Bedrohung mit einem Verbrechen, die nunmehr in § 241 Abs. 2 StGB erfasst ist, von einem auf zwei Jahre Freiheitsstrafe angehoben worden, um auf die zunehmende Verrohung im zwischenmenschlichen Umgang zu reagieren.[416] Zudem ist für die öffentlich oder durch Verbreiten von Inhalten begangene Bedrohung in § 241 Abs. 4 StGB ein Qualifikationstatbestand mit einer Höchststrafe von Freiheitsstrafe bis zu drei Jahren geschaffen worden. Damit soll dem Umstand Rechnung getragen werden, dass solche Bedrohungen, die beispielsweise über das Internet öffentlich begangen werden, eine erheblich größere Reichweite entfalten.[417] 246

---

[411] Schönke/Schröder/Eisele StGB § 241 Rn. 4; vgl. aus der Rechtsprechung etwa AG Rudolstadt NStZ-RR 2012, 341; AG Saalfeld NStZ-RR 2004, 264.
[412] BGH NStZ 2015, 394 (395).
[413] BGH NStZ 2015, 394 (395); Schönke/Schröder/Eisele StGB § 241 Rn. 5.
[414] Schönke/Schröder/Eisele StGB § 241 Rn. 15; MüKoStGB/Sinn § 241 Rn. 21 f.
[415] BT-Drs. 19/17741, 37; ablehnend noch Bundesrat BT-Drs. 19/18470, 20.
[416] BT-Drs. 19/17741, 37.
[417] BT-Drs. 19/17741, 37.

§3. Praxisrelevante Ermittlungen bei „Hate Speech"

„Die mitunter größte Schwierigkeit bei der Verfolgung ... von Cybercrime ... stellt die technisch aufwändige Ermittlung der Täter dar.[418]*"*

Die strafprozessualen Ermittlungen bei „Hate Speech" haben zunächst immer das Ziel, den unbekannten Nutzer einer E-Mail-Adresse oder eines Profils bei einem sozialen Netzwerk zu identifizieren. Erst danach stellen sich weitere Fragen der Vorgehensweise bei etwaigen Durchsuchungen und Sicherstellungen digitaler Endgeräte zum Zwecke des Tatnachweises. Bereits für die strafrechtliche Würdigung einer Äußerung sind jedoch im Regelfall ergänzende Datensicherung notwendig.

I. Kontext- und Profilrecherche

Bei der strafrechtlichen Würdigung einer Äußerung in sozialen Netzwerken ist regelmäßig nicht nur auf den Text der jeweiligen Äußerung, sondern auf den objektiven Sinngehalt abzustellen.[419] Neben dem Inhalt der Äußerung sind daher auch der **Kontext der Äußerung** wie etwa der Bezugspunkt (zB vorherige Äußerung) bzw. der Ausgangspunkt der Diskussion (zB verlinkter Presseartikel) sowie vorherige und nachfolgende Äußerungen in der jeweiligen Diskussion zu berücksichtigen. Zudem ist erheblich, welcher **Art von Öffentlichkeit** die Äußerung zugänglich war, also ob die Äußerung auf einer privaten Seite nur wenigen „Freunden" oder in einer privaten bzw. öffentlichen Gruppe mit mehreren tausend „Mitgliedern" erfolgte. Letztlich ist ua für die Prüfung der Verfolgungsverjährung auch erforderlich, das **Datum der Veröffentlichung** der Äußerung festzustellen.

Daneben ist auch das **Profil des Urhebers** abzuklären und zu dokumentieren. Denn die von dem jeweiligen Nutzer angegebenen persönlichen Daten in der „Biografie" bzw. „Timeline" wie Namen, Geburtsdatum, Wohnort, Fotos, Schulausbildung, Arbeitsstelle, Familienangehörige, Freizeitaktivitäten, Vorlieben, Fahrzeuge etc. können nicht nur als Anhaltspunkte für eine Identifizierung dienen, sondern im Fall des Bestreitens der Nutzung des Profils auch als Indizien für eine tatsächliche Nutzung bzw. den Ausschluss der Nutzung durch andere Personen in einer Hauptverhandlung genutzt werden.

Die entsprechenden Beweissicherungen erfolgen in der Praxis regelmäßig durch die Erstellung von Bildschirmfotos („**Screenshots**") im Rahmen freier Online-Recherchen. Dabei wird die Äußerung – sofern noch möglich – aufgerufen und mitsamt dem Kontext und dem Profilumfeld dokumentiert. Sofern diese Screenshots nicht bereits von den Anzeigenden oder Meldenden erstellt worden sind, sind sie im Rahmen der Prüfung des Anfangsverdachts einzuholen oder im Zusammenhang mit den Identifizierungsermittlungen zu erstellen und als Anlage zu einem Recherche- oder Identifizierungsvermerk zu den Akten zu nehmen. In einer Hauptverhandlung können dann die **Recherchepersonen als Zeugen** vernommen und die **Screenshots als Augenscheinsobjekte** verwertet werden.

---

[418] Ceffinato JuS 2021, 311 (314).
[419] BVerfG NJW 2022, 769 Rn. 17 mwN; Fischer StGB § 185 Rn. 8 mwN.

251 **Äußerung**

- Äußerung inklusive URL
- Äußerungsdatum (sofern anzeigbar)

Kontext der Äußerung

- Ort der Äußerung (private Seite bzw. öffentliche/private Gruppe inklusive URL
- Reichweite der Äußerung („Erwähnungen"/„Hashtags" sowie „Freunde"/„Mitglieder" etc.)
- Bezugspunkt der Äußerung („vorherige Äußerung" bzw. „verlinkter Beitrag")
- Diskussionsverlauf zu der Äußerung („Kommentarspalte", „Thread" etc.)

Profil des Urhebers

- „Startseite" des Urhebers in dem sozialen Netzwerk
- veröffentlichte persönliche Angaben (Daten, Bilder, Likes etc.)
- veröffentlichte Beiträge des Urhebers („Timeline"/„Story" etc.)

II. Standardmaßnahmen zur Identifizierung

252 Sofern eine strafrechtliche Relevanz bejaht worden ist, ergeben sich die ersten Ansatzpunkte für die Identifizierung verdächtiger Internetnutzer unmittelbar aus der **zur Tatbegehung verwendeten Kennung**, also etwa aus der E-Mail-Adresse oder aus dem Profil in dem sozialen Netzwerk.[420] Anknüpfend an diese Kennungen können zunächst verschiedene Standardmaßnahmen zur Identifizierung durchgeführt werden, die **ohne Richtervorbehalt** möglich sind. Ziel dieser Standardmaßnahmen ist es, entweder öffentlich zugängliche Informationen zu den Nutzern aufzufinden oder die bei den Dienstanbietern vorhandenen Registrierungsdaten bzw. IP-Adressen[421] der Nutzer zu erlangen.

1. Online-Recherche – §§ 161, 163 StPO

253 Anknüpfend an die zur Tatbegehung genutzte Kennung ist es zunächst möglich, durch eine Online-Recherche weitere **frei im Internet verfügbare Informationen zu dem Nutzer** dieser Kennung zu suchen und diese Informationen zu verknüpfen. Dabei kann beispielsweise danach recherchiert werden, ob die E-Mail-Adresse auch bei anderen Anbietern und in anderen Zusammenhängen verwendet wird oder welche Informationen der Nutzer in sozialen Netzwerken von sich preisgegeben hat, wie etwa Personalien, Geburtsdatum und Portraitfotos, Ausbildung, Arbeitsplatz und Hobbys oder Ehepartner und Familienangehörige. Auch kann mit den üblichen Internetsuchmaschinen recherchiert werden, ob der „Nickname" oder die Profilbilder auch in einem anderen Netzwerk oder auf einer anderen Plattform genutzt werden.[422]

254 Eine solche Recherche auf frei zugänglichen Online-Informationskanälen zum Zwecke der Identifizierung eines unbekannten Tatverdächtigen bewirkt zwar **grundsätzlich**

---

[420] So auch Eckel/Rottmeier NStZ 2021, 1 (7); vgl. auch Müller NZWiSt 2020, 96 ff.
[421] Vgl. BVerfG NJW 2020, 2699 (2700): „Telefonnummer des Computers".
[422] Eingehend dazu etwa Ludewig/Epple Kriminalistik 2020, 457 ff.; Rückert ZStW 129, 302 ff.

keinen Grundrechtseingriff, da die Kommunikationsdienste des Internets in weitem Umfang den Aufbau von Kommunikationsbeziehungen ermöglichen, in deren Rahmen das Vertrauen eines Kommunikationsteilnehmers in die Identität und Wahrhaftigkeit seiner Kommunikationspartner nicht schutzwürdig ist, da hierfür keinerlei Überprüfungsmechanismen bereitstehen.[423] Die **gezielte Suche und Speicherung von Informationen über eine Person** bedarf hingegen einer Rechtsgrundlage, wobei §§ 161 Abs. 1 Satz 1, 163 Abs. 1 Satz 2 StPO ausreichend sind und auch verdeckte Ermittlungen in sozialen Netzwerken umfassen.[424] Von diesen Befugnisnormen ist auch das Anmelden in „privaten" Gruppen sowie die ggf. dafür erforderliche aktive Kommunikation verdeckt agierender Beamter umfasst, ohne dass dafür die Voraussetzungen eines Verdeckten Ermittlers (VE) iSd § 110a StPO erforderlich wären.[425]

Das gemäß § 161 StPO „eigenhändige" Vorgehen der Staatsanwaltschaft umfasst auch die **innerbehördliche Unterstützung**, ua durch andere Beamte und auch durch Angestellte wie etwa IT-Referenten.[426]

Dabei stellt es auch kein Problem dar, dass diese **Informationen gegebenenfalls im Ausland gespeichert** sind, da Art. 32a der – von Deutschland und über 60 weiteren Staaten ratifizierte[427] – Cybercrime-Convention des Europarats (CCC[428]) den Strafverfolgungsbehörden einen unmittelbaren Zugriff auf öffentlich zugängliche Daten erlaubt, ohne dass dafür Rechtshilfeersuchen notwendig wären.

2. „Einfache" Bestandsdatenauskunft – § 100j Abs. 1 StPO

Daneben besteht die Möglichkeit, die bei dem jeweiligen Provider vorhandenen Informationen abzufragen, die der Nutzer bei der Registrierung des Profils angegeben hat. Diese „**Registrierungsdaten**" können als Bestandsdaten gemäß § 100j Abs. 1 StPO bei dem jeweiligen Dienstanbieter angefragt werden. Dabei ist im Rahmen des § 100j Abs. 1 StPO zwischen Bestandsdaten im Sinne von Nr. 1 und Nr. 2 zu unterscheiden.

a) Bestandsdatenauskunft bei TK-Diensten

Nr. 1 betrifft die Beauskunftung von Bestandsdaten bei Telekommunikationsdiensten (TK-Diensten).

Bestandsdaten sind gemäß § 3 Nr. 6 TKG alle „Daten eines Endnutzers, die erforderlich sind für die Begründung, inhaltliche Ausgestaltung, Änderung oder Beendigung eines Vertragsverhältnisses über Telekommunikationsdienste." TK-Dienste sind gemäß § 3 Nr. 61 TKG insbesondere Internetzugangs-, Festnetz- und Mobilfunkanbieter. Seit Dezember 2021 sind ausdrücklich auch E-Mail-Dienste, Internettelefonie-Anbieter oder Messenger-Dienste als „interpersonelle TK-Dienste" gemäß § 3 Nr. 24 TKG erfasst.[429]

---

[423] BVerfG NJOZ 2017, 599 Rn. 31; NJW 2008, 822 (835 f.).
[424] KK-StPO/Griesbaum § 161 Rn. 12a; Meyer-Goßner/Schmitt/Köhler StPO § 100a Rn. 7, § 163 Rn. 28a; KK-StPO/Moldenhauer § 163 f Rn. 13; Soiné NStZ 2014, 248.
[425] Meyer-Goßner/Schmitt/Köhler StPO § 110a Rn. 4; Krause NJW 2018, 678 (680).
[426] MüKoStPO/Kölbel § 161 Rn. 3.
[427] Übereinkommen des Europarates über Computerkriminalität vom 23.11.2001 („Cybercrime Convention"), SEV Nr. 185.
[428] Die Cybercrime Convention ist in Deutschland gemäß Art. 59 Abs. 2 GG als Bundesrecht ratifiziert worden; BGBl. 2008 II 1242.
[429] BT-Drs. 19/26108, 231 f.

260 Eine ausdrückliche **Verpflichtung zur Erhebung und Speicherung von Bestandsdaten** für Auskunftsverlangen der Sicherheitsbehörden enthält § 172 Abs. 1 TKG. Danach müssen „nummerngebundene[430]" interpersonelle TK-Dienste wie Festnetz- und Mobilfunkanbieter verschiedene Bestandsdaten speichern, auch soweit diese Daten für betriebliche Zwecke nicht erforderlich sind. Davon umfasst sind insbesondere die Rufnummer und andere Anschlusskennungen, Namen, Anschrift und Geburtsdatum des Anschlussinhabers samt Anschrift des Anschlusses sowie Datum der Vergabe der Rufnummer bzw. des Vertragsbeginns und Gerätenummer eines ggf. überlassenen Mobilfunkendgeräts.[431] Aber auch die „nummernunabhängigen[432]" interpersonellen TK-Dienste wie E-Mail-Dienste oder Messenger sind gemäß § 172 Abs. 3 TKG verpflichtet, Bestandsdaten zu speichern – allerdings nur, sofern sie diese überhaupt erheben (sog. „Löschverbot). Nicht von der Pflicht des § 172 Abs. 1 und 3 TKG erfasst sind daher Bestandsdaten wie Zahlungsdaten und Kontoverbindungen der Nutzer oder der Zeitpunkt der letzten Nutzung des Dienstes. Diese Bestandsdaten werden durch die TK-Dienste jedoch regelmäßig freiwillig erhoben und gespeichert, so dass auch insoweit eine Verpflichtung zur Beauskunftung besteht. Denn unter die Bestandsdaten des § 100j Abs. 1 Satz 1 Nr. 1 StPO fallen alle Bestandsdaten gemäß § 3 Nr. 6 TKG, die der TK-Dienst für unternehmensinterne Zwecke erhebt und speichert.

261 Daneben besteht **keine Verifizierungspflicht** für Bestandsdaten – mit Ausnahme von Namen, Anschrift und Geburtsdatum der Nutzer von im Voraus bezahlten Mobilfunkdiensten (sog. „Prepaid"-Produkte). Nur bei solchen Diensten sind gemäß § 172 Abs. 2 TKG die genannten Bestandsdaten etwa durch Vorlage eines amtlichen Ausweises vor der Freischaltung auf Richtigkeit zu überprüfen. Jedoch haben die TK-Dienste bei kostenpflichtigen Diensten ein eigenes unternehmerisches Interesse an korrekten Daten ihrer Nutzer, so dass Internetzugangs-, Festnetz- und Mobilfunkanbieter regelmäßig über valide Bestandsdaten verfügen.[433] Bei kostenlosen Diensten wie etwa E-Mail-Diensten sind die Bestandsdaten dagegen – mangels unternehmerischen Interesses – oftmals nicht verifiziert und damit nicht werthaltig. Es ist den Nutzern in diesem Zusammenhang beispielsweise problemlos möglich, frei erfundene Namen, Anschriften und Geburtsdaten bei der Registrierung anzugeben.

262 Dies führt jedoch nicht dazu, dass Auskunftsersuchen bei kostenlosen TK-Diensten regelmäßig erfolglos bleiben. Denn auch bei der Verwendung frei erfundener Personalien können sich aus den zur Registrierung verwendeten Kontaktdaten der Nutzer wie Mobilrufnummern oder E-Mail-Adressen werthaltige Ansatzpunkte zur Identifizierung ergeben.

b) Bestandsdatenauskunft bei TM-Diensten

263 Nr. 2 betrifft die Beauskunftung von Bestandsdaten bei Telemediendiensten (TM-Diensten).[434]

---

[430] Legaldefinition in § 3 Nr. 37 TKG; vgl. dazu BT-Drs. 19/26108, 233: „Messengerdienste, die eine Nummer nur als Kennung verwenden, fallen nicht unter den Begriff des nummerngebundenen interpersonellen TK-Dienstes.".
[431] Bis Dezember 2021 war diese Verpflichtung in § 111 TKG enthalten.
[432] Legaldefinition in § 3 Nr. 40 TKG, vgl. dazu BT-Drs. 19/26108, 233.
[433] Diese dürfen gemäß § 7 TTDSG zur Begründung oder Änderung eines Vertragsverhältnisses die Vorlage eines amtlichen Ausweises verlangen.
[434] Diese ausdrückliche Regelung zur Bestandsdatenauskunft bei TM-Diensten besteht erst seit April 2021. Zuvor war in § 100j StPO nur die Bestandsdatenauskunft bei TK-Diensten geregelt, so dass

II. Standardmaßnahmen zur Identifizierung

Bestandsdaten sind gemäß § 2 Abs. 2 Nr. 2 TTDSG die „personenbezogenen Daten, deren Verarbeitung zum Zweck der Begründung, inhaltlichen Ausgestaltung oder Änderung eines Vertragsverhältnisses zwischen dem Anbieter von Telemedien und dem Nutzer über die Nutzung von Telemedien erforderlich ist." TM-Dienste sind gemäß § 1 Abs. 1 TMG alle elektronischen Informations- und Kommunikationsdienste, die nicht TK-Dienste sind. TM-Dienste sind daher insbesondere solche Dienste, die Inhalte über Telekommunikationsnetze und -dienste anbieten,[435] also im Zusammenhang mit „Hate Speech" vor allem Webseiten, Foren und soziale Netzwerke.[436]   **264**

Auch unter die gemäß § 100j Abs. 1 Satz 1 Nr. 2 StPO zu beauskunftenden Bestandsdaten fallen alle Bestandsdaten, die der TM-Dienst für unternehmensinterne Zwecke erhebt und speichert. Eine **Verpflichtung zur Erhebung und Speicherung bestimmter Bestandsdaten** für Auskunftsverlangen von Sicherheitsbehörden besteht bei TM-Diensten jedoch **ebenso wenig wie eine Verifizierungspflicht**. Dies führt dazu, dass auch insoweit bei kostenlosen TM-Diensten die ggf. erhobenen Namen, Anschriften und Geburtsdaten oftmals nicht werthaltig sind und sich Ansatzpunkte zur Identifizierung allenfalls aus den zur Registrierung verwendeten Kontaktdaten der Nutzer wie Mobilrufnummern oder E-Mail-Adressen ergeben.[437]   **265**

c) Pflicht zur Beauskunftung und Verschwiegenheit

Die Auskunftsverlangen nach § 100j StPO haben die TK- und TM-Dienste gemäß § 100j Abs. 5 StPO **unverzüglich zu beantworten**.   **266**

Diese Pflicht korrespondiert mit den fachgesetzlichen Regelungen in § 174 Abs. 6 Satz 1 TKG bzw. § 22 Abs. 5 Satz 1 TTDSG. Im Falle einer Weigerung besteht für die Staatsanwaltschaft über §§ 100j Abs. 5 Satz 2, 95 Abs. 2 StPO die Möglichkeit der Androhung und der Beantragung einer gerichtlichen Anordnung der Ordnungsmittel des § 70 StPO.   **267**

Über das Auskunftsersuchen und die Auskunftserteilung haben die Dienstanbieter gemäß § 174 Abs. 6 Satz 2 TKG bzw. § 22 Abs. 5 Satz 3 TTDSG gegenüber den betroffenen Kunden und Dritten **Stillschweigen** zu wahren.   **268**

3. Nutzungsdatenauskunft – § 100k Abs. 3 StPO

Bei Auskunftsersuchen an TM-Dienste kann die Bestandsdatenauskunft gemäß § 100j Abs. 1 Satz 1 Nr. 2 StPO mit einer Nutzungsdatenauskunft gemäß § 100k Abs. 3 StPO verknüpft werden, die ebenfalls ohne Richtervorbehalt möglich ist.   **269**

a) Voraussetzungen

Ziel dieser im April 2021 eingeführten Befugnis ist in der Praxis insbesondere die **ergänzende Erhebung aktueller IP-Adressen** der jeweiligen Nutzer.[438]   **270**

---

entsprechende Anfragen an TM-Dienste regelmäßig auf der Grundlage der Ermittlungsgeneralklauseln der §§ 161, 163 StPO erfolgten. Das ist durch den Gesetzgeber als nicht ausreichend erachtet worden, BT-Drs. 19/17741, 38 unter Verweis auf BVerfG NJW 2016, 1781.
[435] Diese Dienste sind von § 3 Nr. 61 TKG ausdrücklich ausgenommen.
[436] Vgl. etwa MüKoStGB/Altenhain TMG § 1 Rn. 26.
[437] OLG Schleswig NJW-RR 2022, 770: letzte Login-IP nicht umfasst.
[438] BeckOK StPO/Bär StPO § 100k Rn. 39.

271　Während für die „Echtzeit"-Nutzungsdatenerhebung nach § 100k Abs. 1 und Abs. 2 StPO grundsätzlich eine gerichtliche Entscheidung auf Antrag der Staatsanwaltschaft gemäß §§ 101a Abs. 1a, 100e Abs. 1 StPO erforderlich ist,[439] sieht § 100k Abs. 3 StPO eine **„vereinfachte" Nutzungsdatenerhebung bei TM-Diensten** vor. Danach ist die Staatsanwaltschaft befugt, einzelne bzw. beschränkte Nutzungsdaten zu erheben, sofern diese gemäß § 2 Abs. 2 Nr. 3a TTDSG als „Merkmale zur Identifikation des Nutzers" gespeichert worden sind. Darunter fallen etwa Benutzername, Passwort und E-Mail-Adresse, aber auch die von den Nutzern verwendeten IP-Adressen.[440]

272　Voraussetzung für eine solche vereinfachte Nutzungsdatenauskunft ist jedoch, dass dies **„ausschließlich zum Zweck der Identifikation"** eines bislang unbekannten Nutzers erfolgt und der Staatsanwaltschaft der „Inhalt der Nutzung des Telemediendienstes bereits bekannt" ist.[441] Systematisch schafft der Gesetzgeber mit dieser Anordnungsvoraussetzung einen „Gleichlauf" mit § 10a BKAG. Auch dort ist für eine Nutzungsdatenabfrage durch das BKA ua erforderlich, dass das BKA bereits „Kenntnis des Inhalts" hat.[442] Voraussetzung für § 100k Abs. 3 StPO ist daher, dass die Äußerung in sozialen Netzwerken oder auf Webseiten entweder durch eine Strafanzeige oder durch erfolgte Ermittlungen zum Gegenstand der Akten geworden ist. Nicht unter § 100k Abs. 3 StPO dürften dagegen Nutzungsdatenanfragen an „andere" TM-Dienste fallen, bei denen die konkrete Nutzung nicht bekannt ist, etwa wenn durch Online-Recherchen oder Bestandsdatenauskünfte gemäß § 100j Abs. 1 StPO weitere Profile bei TM-Diensten als Kontaktdaten ermittelt wurden, aber der Inhalt der Nutzung nicht bekannt ist. In solchen Fällen dürften Nutzungsdatenanfragen an „andere" TM-Dienste nur mit gerichtlicher Anordnung nach § 100k Abs. 1 oder 2 StPO möglich sein.[443]

273　Für TK-Dienste besteht keine vergleichbare Möglichkeit zur vereinfachten Nutzungsdatenabfrage. Bei TK-Diensten fallen – nach dem Sprachgebrauch der StPO und des TKG – keine Nutzungsdaten, sondern Verkehrsdaten an, die gemäß § 100g StPO nur mit richterlicher Anordnung abgefragt werden dürfen.

b) Befugnis der Polizeibehörden

274　Unklar ist auf den ersten Blick, ob nur die Staatsanwaltschaften oder auch Polizeibehörden im ausdrücklichen Auftrag der Staatsanwaltschaft entsprechende Nutzungsdatenabfragen nach § 100k Abs. 3 StPO durchführen können.

275　Gegen eine **Durchführung durch Polizeibehörden** spricht zwar sowohl der Wortlaut des § 100k Abs. 3 StPO, der nur die Staatsanwaltschaft benennt, als auch die Dokumentationspflicht der Benachrichtigungszurückstellung in § 101a Abs. 7 StPO. Jedoch dürfte das offensichtliche Ziel des Gesetzgebers, alleine der Staatsanwaltschaft die Entscheidungsbefugnis zur „vereinfachten" Erhebung von Nutzungsdaten zu übertragen, auch

---

[439] Vgl. dazu → Rn. 312.
[440] Vgl. BVerfG BeckRS 2011, 2618; BeckOK StPO/Bär StPO § 100k Rn. 35; Plath DSGVO/BDSG/Hullen/Roggenkamp TMG § 15 Rn. 7 mwN.
[441] Eine Gesetzesbegründung zu § 100k StPO liegt nicht vor, da dies alleine auf der kurzfristig erarbeiteten Beschlussempfehlung des Vermittlungsausschusses beruht und entgegen ursprünglicher Überlegungen nicht in die Regelung zu Verkehrsdaten in § 100g StPO integriert worden ist; vgl. BT-Drs. 19/27900.
[442] BT-Drs. 19/20163, 44 f. – ebenfalls ohne nähere Begründung.
[443] Krause DRiZ 2021, 236 (239); ebenso BeckOK StPO/Bär StPO § 100k Rn. 36 f.

II. Standardmaßnahmen zur Identifizierung

in Fällen gewahrt sein, in denen die Polizeibehörden eine (schriftliche) Anordnung der Staatsanwaltschaft umsetzen.[444]

Die Durchführung einer Nutzungsdatenabfrage nach § 100k Abs. 3 StPO durch Polizeibehörden **im ausdrücklichen Auftrag der Staatsanwaltschaft** bietet sich insbesondere vor folgender praktischer Überlegung an: Ziel der Nutzungsdatenanfragen nach § 100k Abs. 3 StPO ist die Erhebung einer aktuellen IP-Adresse, die bei Beauskunftung durch die TM-Dienste aufgrund der nur kurzen Speicherung von IP-Adressen bei TK-Diensten eine sofortige Bestandsdatenanfrage an Telekommunikationsdienste nach § 100j Abs. 2 StPO erfordert. Diese sofortige Bestandsdatenanfrage nach § 100j Abs. 2 StPO kann von der Staatsanwaltschaft, aber auch eigenverantwortlich von den Polizeibehörden durchgeführt werden.[445]

c) Pflicht zur Beauskunftung und Verschwiegenheit

Gemäß §§ 101a Abs. 1a, 100a Abs. 4 Satz 1 StPO in Verbindung mit § 24 Abs. 4 Satz 1 TTDSG besteht für diejenigen, die geschäftsmäßig TM-Dienste erbringen, daran mitwirken oder den Zugang zur Nutzung vermitteln, eine Pflicht zur unverzüglichen und vollständigen **Beauskunftung** der Nutzungsdaten.

Auch insoweit kann die Staatsanwaltschaft im Falle einer Weigerung über § 95 Abs. 2 StPO die Ordnungsmittel des § 70 StPO androhen oder deren Festsetzung beantragen. Zudem besteht gemäß § 24 Abs. 4 Satz 1 TTDSG für diese TM-Dienste die Verpflichtung, über das Auskunftsersuchen und die Auskunftserteilung gegenüber dem Betroffenen sowie Dritten **Stillschweigen** zu wahren.

Eine **Pflicht zur nachträglichen Benachrichtigung** des Betroffenen besteht gemäß § 101a Abs. 7 Satz 1 StPO. Dies gilt nach Satz 2 allerdings erst, wenn dadurch der Zweck der Auskunft, also die Identifizierung eines Tatverdächtigen und das Führen eines Ermittlungsverfahrens, nicht vereitelt wird. Auch wenn insofern zunächst regelmäßig eine Zurückstellung der Benachrichtigung in Betracht kommen dürfte, um den Erfolg des Ermittlungsverfahrens nicht zu gefährden, sind die Gründe für die Zurückstellung nach Satz 4 aktenkundig zu machen. Wie bei anderen vergleichbaren Regelungen in der StPO ist die Benachrichtigung durch die sachleitende Staatsanwaltschaft vorzunehmen.[446]

Zudem darf sich die „vereinfachte" Nutzungsdatenerhebung nach §§ 101a Abs. 1a Satz 1, 100a Abs. 3 StPO nur gegen den (unbekannten) Beschuldigten richten.

4. „Qualifizierte" Bestandsdatenauskunft – § 100j Abs. 2 StPO

Sofern über eine Bestandsdatenauskunft gemäß § 100j Abs. 1 StPO oder eine Nutzungsdatenauskunft gemäß § 100k Abs. 3 StPO eine aktuelle (dynamische[447]) IP-Adresse samt Zeitstempel des unbekannten Nutzers bekannt geworden ist, besteht die Möglichkeit, zu dieser IP-Adresse die Bestandsdaten des jeweiligen TK- oder TM-Diensts anzufragen. Ziel einer solchen Anfrage ist es in der Praxis regelmäßig, bei dem Internetzugangsanbieter den **Inhaber des Internetanschlusses** zu ermitteln, dem die IP-Adresse zu dem jeweiligen Zeitpunkt zugewiesen war.

---

[444] Ebenso BeckOK StPO/Bär StPO § 100k Rn. 39.
[445] Ebenso BeckOK StPO/Bär StPO § 100k Rn. 39.
[446] Meyer-Goßner/Schmitt/Köhler StPO § 101a Rn. 33.
[447] Vgl. dazu BeckOK StPO/Bär StPO § 100g Rn. 12.

a) Voraussetzungen und Erfolgsaussicht

282 Auch eine solche „qualifizierte" Bestandsdatenauskunft ist gemäß § 100j Abs. 2 StPO ohne Richtervorbehalt möglich und zwar sowohl gegenüber TK-Diensten als auch gegenüber TM-Diensten, die die bei ihnen gespeicherten Bestandsdaten gemäß § 174 Abs. 1 Satz 3 TKG bzw. § 22 Abs. 1 Satz 3 und 4 TTDSG auch anhand einer zu einem bestimmten Zeitpunkt zugewiesenen IP-Adresse bestimmen müssen.

283 Solche „qualifizierten" Bestandsdatenanfragen nach § 100j Abs. 2 StPO haben die Dienstanbieter gemäß § 100j Abs. 5 StPO in Verbindung mit § 174 Abs. 6 Satz 1 TKG bzw. § 22 Abs. 5 Satz 1 TTDSG **unverzüglich zu beantworten**. Diese Pflicht gilt auch dann, wenn keine entsprechenden Daten gespeichert oder verfügbar sind.

284 Eine Verpflichtung zur Speicherung ua der IP-Adressen und der Verknüpfung zu einer bestimmten Benutzerkennung besteht zwar aktuell gemäß §§ 175 Abs. 1 Satz 1, 176 Abs. 3 TKG für Anbieter öffentlich zugänglicher Internetzugangsdienste für Endnutzer – und zwar für zehn Wochen (§ 176 Abs. 1 Nr. 1 TKG). Die so gespeicherten IP-Adressen müssen gemäß §§ 177 Abs. 1 Nr. 3, 174 Abs. 1 Satz 3 TKG auch bei qualifizierten Bestandsdatenauskünften durch die Verpflichteten berücksichtigt werden. Diese sog. „**Vorratsdatenspeicherung**" von Verkehrsdaten wird aktuell jedoch nicht umgesetzt. Nachdem das *OVG Münster* im Juni 2017 im Rahmen des einstweiligen Rechtsschutzes für den antragstellenden Internetzugangsanbieter die Verpflichtung zur Speicherung von Verkehrsdaten bis zum rechtskräftigen Abschluss des Hauptsacheverfahrens vorläufig ausgesetzt hatte,[448] erklärte die *Bundesnetzagentur*, keine Anordnungen und sonstige Maßnahmen zur Durchsetzung der Speicherverpflichtung zu ergreifen und damit nicht aufsichtsrechtlich gegen die TK-Anbieter vorzugehen, welche die „Vorratsdatenspeicherung" nicht umsetzen.[449] Dies hat dazu geführt, dass die TK-Anbieter auf eine kostenintensive Speicherung von Verkehrsdaten verzichten und die Regelungen aktuell bis zu einer Entscheidung in der Hauptsache faktisch leerlaufen.[450]

285 Jedoch besteht für die Internetzugangsanbieter die **Möglichkeit, IP-Adressen und Verknüpfungen zu Benutzerkennungen für einen kurzen Zeitraum von wenigen Tagen zu speichern** – gemäß § 12 TTDSG zu unternehmensinternen Zwecken wie Fehler- und Störungsbeseitigung.[451] Eine solche Speicherung wird von einigen Internetzugangsanbietern wie etwa der Deutschen Telekom für Festnetzanschlüsse für maximal sieben Tage durchgeführt; andere sehen gänzlich davon ab. Im Bereich des mobilen Internetzugangs, bei dem weiterhin durch das sog. „Network-Adress-Port-Translation"-Verfahren (NAPT[452]) einzelne IP-Adressen von vielen Kunden gleichzeitig genutzt und nur über den sog. „Port" unterschieden werden, erfolgt derzeit bei keinem Anbieter eine entsprechende Speicherung. IP-Adressen einer mobilen Internetverbindung können damit ohne „Vorratsdatenspeicherung" nicht erfolgreich gemäß § 100j Abs. 2 StPO abgefragt werden.

---

[448] OVG Münster BeckRS 2017, 114873.
[449] Mitteilung zur Speicherverpflichtung nach § 176 TKG, abrufbar unter https://www.bundesnetzagentur.de/.
[450] Nach Entscheidung des VG Köln in der Hauptsache hat das im Wege der Sprungrevision angerufene BVerwG im Rahmen eines Vorabentscheidungsersuchens dem EuGH die Rechtsfrage vorgelegt, ob die „Vorratsdatenspeicherung" europarechtskonform ist; vgl. dazu VG Köln BeckRS 2018, 10123; BVerwG BeckRS 2019, 26173; BeckOK StPO/Bär TKG § 175 Rn. 10 ff.
[451] Zu § 100 TKG aF BGH NJW 2014, 2500: 7 Tage; OLG Köln BeckRS 2016, 898: 4 Tage.
[452] Vgl. dazu BeckOK StPO/Bär StPO § 100g Rn. 11; § 101a Rn. 18; KK-StPO/Bruns § 100j Rn. 4.

Im Januar 2022 hat Bundesjustizminister Buschmann (FDP) in unmissverständlicher **286** Deutlichkeit angekündigt:

„Die Vorratsdatenspeicherung wird gestrichen. Stattdessen geben wir den Ermittlungsbehörden das Quick-Freeze-Instrument in die Hand."[453]

Mit dem Begriff **„Quick Freeze"** oder „Anlass-Datenspeicherung" werden allgemein gesetzliche Regelungen beschrieben, mit denen Strafverfolgungsbehörden die Telekommunikationsdienste ohne richterlichen Beschluss verpflichten können, dort bereits „freiwillig" und aus unternehmensinternen Gründen gespeicherte Daten für einen bestimmten Zeitraum „einzufrieren", um eine Löschung zu verhindern. Der Zugriff auf die „eingefrorenen" Daten (das „Auftauen") und deren Nutzung steht unter Richtervorbehalt. Problem des „Quick Freeze" ist, dass nur die Daten eingefroren werden können, die durch die Unternehmen erhoben und gespeichert sind – und nicht bereits wieder gelöscht. In § 12 TTDSG ist jedoch keine Verpflichtung, sondern nur eine Möglichkeit zur Speicherung von Verkehrs- und Nutzungsdaten geregelt, etwa zur Entgeltabrechnung und Störungsbeseitigung. Eingefroren werden könnten daher allenfalls die zu Abrechnungszwecken im Bereich der Telefonie gespeicherten aktiven und passiven Teilnehmernummer und die jeweilige Verbindungsdauer, sofern ein Einzelverbindungsnachweis notwendig ist. Im Bereich der Internetnutzung werden IP-Adressen und Verknüpfungen zu Benutzerkennungen zu unternehmensinternen Zwecken jedoch nur für einen kurzen Zeitraum von wenigen Tagen oder gar nicht gespeichert.[454] Vor diesem Hintergrund hatte bereits im Juni 2011 das FDP-geführte Bundesjustizministerium in einem Diskussionspapier zu „Quick Freeze" eine zusätzliche Speicherpflicht von 7 Tagen für IP-Adressen vorgeschlagen, um qualifizierte Bestandsdatenauskünfte betreffend IP-Adressen zum Zwecke der Identifizierung unbekannter Internetnutzer zu ermöglichen.[455] **287**

b) Dokumentations- und Benachrichtigungspflicht

§ 100j StPO enthält darüber hinaus auch Dokumentations- und Benachrichtigungspflichten. **288**

Für die „qualifizierte Bestandsdatenanfrage" ist mit Wirkung ab April 2021 eine **Dokumentationspflicht** in § 100j Abs. 2 Satz 2 StPO eingeführt worden, wonach das Vorliegen der Anordnungsvoraussetzungen „Erforderlichkeit zur Erforschung des Sachverhalts" bzw. „Erforderlichkeit zur Ermittlung des Aufenthaltsorts eines Beschuldigten" aktenkundig zu machen ist.[456] Da in der Praxis Anfragen nach § 100j Abs. 2 StPO zur Identifizierung eines unbekannten Tatverdächtigen anhand einer ermittelten IP-Adresse durchgeführt werden, dürfte jedenfalls die Voraussetzung „Erforderlichkeit zur Erforschung des Sachverhalts" regelmäßig vorliegen. **289**

Zudem besteht nach § 100j Abs. 4 Satz 1 StPO bei einer Beauskunftung gemäß § 100j Abs. 2 StPO eine Pflicht zur **nachträglichen Benachrichtigung des Betroffenen**. Dies gilt nach Satz 2 allerdings erst, wenn dadurch der Zweck der Auskunft, also die Identifizierung eines Tatverdächtigen und das Führen eines Ermittlungsverfahrens, **290**

---

[453] Erste Rede als Bundesjustizminister im Deutschen Bundestag am 12.2.2022, abrufbar unter https://www.bmj.de/; vgl. dazu auch Pistorius DRiZ 2022, 25.
[454] Vgl. dazu → Rn. 285.
[455] http://wiki.vorratsdatenspeicherung.de/images/DiskE_.pdf; vgl. dazu Arning/Moos ZD 2012, 153 ff.
[456] BT-Drs. 19/25294, 49 f.; BT-Drs. 19/27900, 6 f.

nicht vereitelt wird. Auch wenn insofern zunächst regelmäßig eine Zurückstellung der Benachrichtigung in Betracht kommen dürfte, um den Erfolg des Ermittlungsverfahrens nicht zu gefährden, sind die Gründe für die Zurückstellung nach Satz 4 aktenkundig zu machen. Wie bei anderen vergleichbaren Regelungen in der StPO ist die Benachrichtigung durch die sachleitende Staatsanwaltschaft vorzunehmen.[457]

5. Direktanfragen an ausländische Dienstanbieter

291 Im Zusammenhang mit „Hate Speech" sind Auskunftsersuchen nach §§ 100j, 100k StPO regelmäßig bei ausländischen sozialen Netzwerken wie Facebook, Instagram, YouTube, Twitter oder TikTok erforderlich, da diese Plattformen unmittelbar zur Tatbegehung genutzt worden sind und dort die Bestand- und Nutzungsdaten der Täter vorliegen. Aber auch Daten ausländischer E-Mail-Dienste wie GMail oder oder Yahoo sind zur Identifizierung häufig unerlässlich.

292 **Global tätige Internetdienstanbieter sind grundsätzlich kooperativ** und akzeptieren Auskunftsersuchen deutscher Strafverfolgungsbehörden über zu diesem Zweck eingerichtete Online-Portale oder E-Mail-Adressen.

293 Nach völkerrechtlichen Grundsätzen dürfen deutsche Strafverfolgungsbehörden aber Ermittlungsmaßnahmen nur auf eigenem Staatsgebiet vornehmen (**Territorialitätsprinzip**); für Ermittlungen im Ausland sind daher grundsätzlich justizielle Rechtshilfeersuchen erforderlich.[458] Jedoch erlaubt die – von Deutschland und über 60 weiteren Staaten ratifizierte[459] – Cybercrime-Convention des Europarats (CCC[460]) gemäß Art. 32b CCC den Strafverfolgungsbehörden einen unmittelbaren Empfang von im Ausland gespeicherten Daten, wenn der Berechtigte einer Datensicherung freiwillig zustimmt.[461] Dabei muss die **Zustimmung** iSd Art. 32b CCC nicht stets vom Betroffenen erklärt werden, sondern kann auch von einer anderen Stelle erfolgen, die personenbezogene Daten des Betroffenen erhoben oder verarbeitet hat.[462] Da Art. 32b CCC allein das Verhältnis zwischen den Vertragsparteien betrifft und gerade nicht regelt, unter welchen Voraussetzungen Daten freigegeben werden dürfen, ist die Frage, ob die Zustimmung zu der Übermittlung rechtmäßig durch eine dazu befugte Person erteilt worden ist, nach den innerstaatlichen Vorschriften wie §§ 100j, 100k StPO zu beurteilen.[463]

294 Zudem hat das U.S.-Justizministeriums bereits im Jahr 2012 den U.S.-amerikanischen Internetdienstanbietern gestattet, ohne Rechtshilfeersuchen übermittelte Direktanfragen ausländischer Strafverfolgungsbehörden zu Bestands-, Nutzungs- oder Verkehrsdaten zu beantworten, sofern es sich bei den Kunden nicht um U.S.-Bürger

---

[457] BT-Drs. 17/12879, 11; KK-StPO/Bruns § 100j Rn. 6.
[458] Vgl. dazu allgemein MüKoStPO/Kudlich Einleitung Rn. 655; Meyer-Goßner/Schmitt StPO Einleitung Rn. 210.
[459] Übereinkommen des Europarates über Computerkriminalität vom 23.11.2001 („Cybercrime Convention"), SEV Nr. 185.
[460] Die Cybercrime Convention ist in Deutschland gemäß Art. 59 Abs. 2 GG als Bundesrecht ratifiziert worden; BGBl. 2008 II 1242.
[461] Im November 2021 hat das Ministerkomitee des Europarats zudem ein 2. Zusatzprotokoll zur CCC verabschiedet, das ab Mai 2022 den Vertragsstaaten zur Unterzeichnung freigegen worden ist; CM (2021) 57-final. Darin sind unter Art. 7 auch Regelungen zur Ermöglichung unmittelbarer Anfragen von Strafverfolgungsbehörden der Vertragsstaaten an Internetdienstanbieter in anderen Vertragsstaaten enthalten.
[462] BVerfG NJOZ 2017, 599 Rn. 38 f.; Schomburg/Lagodny/Trautmann CKÜ Art. 32 Rn. 5 ff.
[463] BVerfG NJOZ 2017, 599 Rn. 39; Schomburg/Lagodny/Trautmann CKÜ Art. 32 Rn. 8 mwN.

II. Standardmaßnahmen zur Identifizierung

handelt.[464] Inhaltsdaten, wie etwa Nachrichten über soziale Netzwerke, Chat-Protokolle oder Inhalte von E-Mail-Postfächern, werden von dieser Anfragemöglichkeit jedoch ausdrücklich nicht umfasst, so dass zur Erlangung dieser Daten weiterhin ein formales Rechtshilfeersuchen erforderlich ist. Ebenfalls hat das U.S.-Justizministerium bestätigt, dass es einer nachträglichen Autorisierung zur Verwertung der Bestands-, Nutzungs- oder Verkehrsdaten in deutschen Straf- und Ermittlungsverfahren nicht bedarf.[465] Auch vor diesem Hintergrund sind **für Direktanfragen an U.S.-amerikanische Dienstanbieter justizielle Rechtshilfeersuchen nicht notwendig**, da diese Vorgehensweise durch den Staat, in dem die Ermittlungshandlung sich auswirkt, ausdrücklich genehmigt ist.[466] Gleiches gilt im Übrigen ausdrücklich auch dann, wenn sich die Daten bei einer Zweigniederlassung befinden, wie etwa in Irland.[467]

Eine – ggf. mit Zwangsmitteln durchsetzbare – **Auskunftspflicht ausländischer Internetdienstanbieter gegenüber deutschen Strafverfolgungsbehörden wird damit jedoch nicht begründet**. Die unmittelbare Auskunftserteilung ausländischer Internetdienstanbieter beruht weiterhin auf Freiwilligkeit. Weder aus dem Gebot zur Benennung einer empfangsberechtigten Person für Auskunftsersuchen inländischer Strafverfolgungsbehörden gemäß § 5 Abs. 2 NetzDG noch aus der Anwendbarkeit des TTDSG gemäß § 1 Abs. 3 TTDSG folgt für Anbieter sozialer Netzwerke eine inhaltliche Auskunftspflicht. Die Vorschrift setzt vielmehr bestehende Befugnisse zur Abfrage und zur Übermittlung von Daten voraus und soll durch eine „Briefkastenfunktion" die Möglichkeiten einer „freiwilligen unmittelbaren Kooperation zwischen Strafverfolgungsbehörden und Providern" verbessern.[468]

295

Aufgrund der Freiwilligkeit der Beauskunftung werden nicht bei jedem Auskunftsersuchen auch die entsprechenden Bestands- oder Nutzungsdaten durch die ausländischen Dienstanbieter herausgegeben. Aus der Evaluierung des NetzDG und den Transparenzberichten der Anbieter sozialer Netzwerke ergibt sich vielmehr, dass zwar jährlich mehrere zehntausend Anfragen deutscher Strafverfolgungsbehörden gestellt, aber **im Schnitt nur in ca. 50 Prozent der Fällen die angefragten Daten auch herausgegeben** werden – in den anderen Fällen wird die Beauskunftung abgelehnt.[469] So stellen die ausländischen Internetdienstanbieter einerseits jeweils unterschiedliche formelle und inhaltliche Bedingungen für Auskunftsersuchen, die weit über die Voraussetzungen der §§ 100j, 100k StPO herausgehen. Andererseits nehmen sich die ausländischen Internetdienstanbieter auch ein eigenes Prüfungsrecht heraus, ob die Äußerung nach deutschen Recht von der Meinungsfreiheit gedeckt ist oder einen Tatbestand des StGB erfüllt. Letztlich wird in vielen Fällen trotz grundsätzlich erklärter Kooperationsbereitschaft ohne weitere Begründung ein justizielles Rechtshilfeersuchen für erforderlich gehalten. Vor diesem Hintergrund und mangels klarer gesetzlicher Regelungen bzw. eindeutig kommunizierter Vorgehensweisen der ausländischen Internetdienstanbieter, in welchen Fällen welche Daten herausgegeben werden, bleibt deutschen Strafverfol-

296

---

[464] BfJ Rundschreiben vom 30.3.2012 und 31.5.2017.
[465] BfJ Rundschreiben vom 8.10.2012.
[466] Vgl. dazu allgemein MüKoStPO/Kudlich Einleitung Rn. 655; Meyer-Goßner/Schmitt StPO Einleitung Rn. 210.
[467] BfJ Rundschreiben vom 30.3.2015.
[468] BT-Drs. 18/12356, 27; Erbs/Kohlhaas/Liesching NetzDG § 5 Rn. 12; Golla NJW 2021, 2238 Rn. 4.
[469] Eifert BT-Drs. 19/22610, 110 ff. mwN.

gungsbehörden gegenüber den ausländischen Internetdienstanbietern insofern nur die Rolle eines „Bittstellers[470]".

297 Andererseits ist es erforderlich, solche Anfragen immer wieder trotz ungewisser Erfolgsaussicht zu stellen, weil die Bestands- und Nutzungsdaten oftmals den einzigen Identifizierungsansatz darstellen.

298 Die bereits geforderte **Einführung ausdrücklicher gesetzlicher Regelungen**, welche die Strafverfolgungsbehörden zu Auskunftsverlangen berechtigen und die Anbieter zur entsprechenden Auskunftserteilung verpflichten,[471] ist daher aus Sicht der Strafverfolgungspraxis nur zu unterstreichen. Solche Regelungen werden auf europäischer Ebene bereits seit April 2018 mit dem Vorschlag für eine sog. „E-Evidence-Verordnung[472]", seit Dezember 2020 zudem im Zusammenhang mit dem „Gesetz über digitale Dienste – Digital Services Act (DSA)[473]" und seit Mai 2022 in Bezug auf das „Zweite Zusatzprotokoll zur Cybercrime-Konvention[474]" diskutiert.

6. Folgeermittlungen in Registern – §§ 161, 163 StPO

299 Identifizierungsermittlungen erfordern zudem regelmäßig „Folgeermittlungen" in öffentlichen Registern, etwa wenn durch Online-Recherchen oder Bestands- und Nutzungsdatenauskünfte neue Hinweise wie Mobilrufnummern, Adressen, Kfz-Kennzeichen oder Bilder zu dem unbekannten Nutzer ermittelt werden.

300 So ist regelmäßig erforderlich, **Mobilrufnummern** bei den jeweiligen TK-Diensten abzufragen, um den jeweiligen Anschlussinhaber zu ermitteln. Dafür besteht zwar ebenfalls die Möglichkeit einer Bestandsdatenauskunft gemäß § 100j Abs. 1 Nr. 1 StPO in Verbindung mit § 174 Abs. 1 Satz 1 TKG an den jeweiligen Mobilfunkanbieter. Jedoch bietet sich bei solchen Abfragen die Nutzung des **automatisierten Auskunftsverfahrens** gemäß § 173 TKG im Rahmen einer Online-Abfrage bei der Bundesnetzagentur an. Für dieses automatisierte Verfahren müssen TK-Dienste die Daten so bereitstellen, dass sie von der Bundesnetzagentur ohne Kenntnisnahme der Anbieter abgerufen werden können. Die Norm ist so ausgestaltet, dass sich das Auskunftsbegehren nach § 173 TKG unmittelbar an die Bundesnetzagentur richtet, die die Auskunft nicht nur vermittelt, sondern selbst erteilt. Vor diesem Hintergrund reichen als „Abrufnorm" im automatisierten Verfahren die allgemeinen Datenerhebungsbefugnisse der auskunftsberechtigten Behörden wie §§ 161, 163 StPO aus.[475]

301 Gleiches gilt für Folgeermittlungen, wenn etwa in sozialen Netzwerken Fotos der unbekannten Beschuldigten oder Lichtbilder von **Kraftfahrzeugen mit amtlichen Kennzeichen** ermittelt worden sind bzw. wenn gegenüber den TK- und TM-Diensten angegebene Personalien und Wohnorte mit den Meldedaten abgeglichen werden müssen. Auch insoweit sind **automatisierte Registerabfragen** möglich, etwa der Abruf von Fahrzeug- und **Halterdaten aus dem Fahrzeugregister** gemäß §§ 35 ff. Straßenverkehrsgesetz (StVG) oder der **Meldedaten aus dem Melderegister** gemäß §§ 34, 38 Bundesmeldegesetz (BMG). Die in sozialen Netzwerken veröffentlichten Fo-

---

[470] Rebehn DRiZ 2019, 208 (209).
[471] Eifert BT-Drs. 19/22610, 117. Dieser Vorschlag wurde im Rahmen der Evaluierung des NetzDG abgelehnt, da es „nicht Gegenstand des NetzDG, sondern anderer Rechtsgrundlagen" sei; BT-Drs. 19/22610, 26.
[472] Vgl. → Rn. 53.
[473] Vgl. → Rn. 49 ff.
[474] Vgl. → Rn. 54.
[475] BVerfG NJW 2012, 1419 Rn. 125, 144, 152 ff. („Bestandsdatenauskunft I" zu § 112 TKG aF).

tos der unbekannten Beschuldigten können dann mit den **Lichtbildern der amtlichen Ausweise** verglichen werden, um mutmaßliche Nutzer zu verifizieren. Da es sich bei diesen Auskunftsverfahren unabhängig davon, ob eine automatisierte oder manuelle Auskunft erfolgt, ebenfalls um Auskunftsbegehren gegenüber Behörden handelt, stellen die §§ 161, 163 StPO ausreichende Abrufnormen dar.[476]

III. Spezialmaßnahmen zur Identifizierung

Sofern diese Standardmaßnahmen erfolglos geblieben sind, kann zur Identifizierung im Einzelfall auch die Durchführung der nachfolgenden Spezialmaßnahmen in Betracht gezogen werden. Diese sind – anders als die Standardmaßnahmen – aufgrund der **stärkeren Eingriffstiefe** jedoch nur unter besonderen Voraussetzungen wie etwa dem Verdacht einer Straftat von erheblicher Bedeutung möglich und erfordern regelmäßig eine **gerichtliche Anordnung** auf Antrag der Staatsanwaltschaft. 302

1. „IP-Tracking" – § 100h StPO

Zunächst kann versucht werden, über den **Einsatz verdeckter Lesebestätigungsdienste** im Rahmen einer unmittelbaren Internet-Kommunikation mit dem Tatverdächtigen eine aktuelle IP-Adresse des Tatverdächtigen zu ermitteln (sog. „IP-Tracking"), um diese IP-Adresse dann im Rahmen der (eventuellen) Speicherfristen gemäß § 100j Abs. 2 StPO bei den TK-Anbietern abfragen zu können. 303

Ein solches IP-Tracking kann durch die **Versendung einer E-Mail** mit einem (unsichtbaren) Anhang an die Zielperson erfolgen. Bei dem Öffnen der E-Mail und dem Nachladen des Anhangs wird dann die IP-Adresse der Zielperson auf dem Server protokolliert. Das gleiche Ergebnis kann auch durch die **Versendung eines Links** zu einer Webseite erzielt werden, so dass bei einem Aufruf der Webseite ebenfalls die IP-Adresse auf dem Server protokolliert wird.[477] Auch wenn ein solches IP-Tracking für den durchschnittlichen Nutzer in der Regel unbemerkt erfolgt, ist es jedoch immer von einer aktiven Reaktion der Zielperson abhängig. Wenn die Zielperson den E-Mail-Anhang nicht nachlädt oder den Link nicht anklickt, bleibt die Maßnahme erfolglos. 304

Das IP-Tracking ist – nach überwiegender Auffassung – als technisches Mittel zur Täterermittlung auf der Grundlage des § 100h Abs. 1 Nr. 2 StPO zulässig, da die **Eingriffstiefe** der einmaligen und punktuellen Ermittlung einer IP-Adresse im Rahmen einer unmittelbaren Kommunikation mit dem Betroffenen nicht dem Regelfall der §§ 100g Abs. 1, 100k Abs. 1 und 2 StPO entspricht.[478] 305

Für den Einsatz technischer Mittel muss die Anlasstat gemäß § 100h Abs. 1 Satz 2 StPO jedoch eine **Straftat von erheblicher Bedeutung** sein, ohne dass sie dem Katalog des § 100a Abs. 2 StPO anzugehören braucht. Die Anlasstat muss also mindestens dem Bereich der mittleren Kriminalität zuzurechnen sein, darüber hinaus den Rechtsfrieden empfindlich stören und dazu geeignet sein, das Gefühl der Rechtssicherheit der Bevölkerung erheblich zu beeinträchtigen, was ganz überwiegend nur bei Straftaten 306

---

[476] Vgl. BVerfG NJW 2012, 1419 Rn. 152.
[477] Vgl. dazu Krause NStZ 2016, 139 (144); Lellmann/Pohl Kriminalistik 2015, 498 (504).
[478] BeckOK StPO/Bär StPO § 100g Rn. 25; KK-StPO/Bruns § 100g Rn. 20; BeckOK StPO/Graf StPO § 100a Rn. 252 f.; Meyer-Goßner/Schmitt/Köhler StPO § 100g Rn. 45; Krause NStZ 2016, 139 ff.; aA BGH-Ermittlungsrichter BeckRS 2015, 17557.

mit einer **Strafobergrenze von mehr als drei Jahren** angenommen wird.[479] Dieser Auslegung hat sich auch der Gesetzgeber angeschlossen und für die bei „Hate Speech" regelmäßig in Betracht kommenden Straftatbestände wie §§ 86a, 111, 126, 140, 185 ff. StGB in § 100k Abs. 2 StPO eine gesonderte Regelung getroffen, da es sich dabei nicht um Straftaten von auch im Einzelfall erheblicher Bedeutung iSd § 100k Abs. 1 StPO handelt. Eine Straftat von erheblicher Bedeutung kommt daher bei „Hate Speech" allenfalls bei der Volksverhetzung gemäß § 130 StGB als Katalogtat des § 100a Abs. 2 Nr. 1d StPO in Betracht.

307 Bei „Hate-Spech"-Delikten, die die Schwelle zur Straftat von erheblicher Bedeutung nicht erreichen, kommt ein IP-Tracking aber gleichwohl nach § 100g Abs. 1 Nr. 2 StPO für TK-Dienste wie etwa E-Mail-Dienste bzw. § 100k Abs. 2 StPO für TM-Dienste wie etwa soziale Netzwerke in Betracht, da die Erhebung von Verkehrs- oder Nutzungsdaten – ebenso wie die Überwachung von Inhaltsdaten gemäß § 100a StPO[480] – auch durch eigene Maßnahmen der Strafverfolgungsbehörden durchgeführt werden kann, ohne dass zwingend eine Verpflichtung des TK- oder TM-Dienstes zur Mitwirkung erforderlich wäre. Auch wenn die Erhebung von Verkehrs- oder Nutzungsdaten in der Regel allein beim TK- oder TM-Dienst erfolgt, ist eine Erhebung auf anderem Weg durch den Wortlaut der Vorschrift mit umfasst.[481] Dabei ist aber darauf zu achten, dass diese „Selbstvornahme" durch die Strafverfolgungsbehörden in dem Beschluss gemäß §§ 101a Abs. 1 und 1a, 100e Abs. 3 Satz 2 Nr. 3 StPO ausdrücklich aufgeführt wird.

308 Auch wenn der Eingriff durch das IP-Tracking unabhängig von der verfolgten Straftat gegenüber dem Betroffenen jeweils gleich wiegt, wird mit einer solchen differenzierenden Vorgehensweise bei den weniger schwerwiegenden Straftaten ohne erhebliche Bedeutung eine besondere Verhältnismäßigkeitsprüfung aufgrund der in §§ 100g Abs. 1 Nr. 1, 100k Abs. 2 StPO angeordneten Subsidiarität (*„Erforschung des Sachverhalts auf andere Weise aussichtslos"*) sichergestellt.

2. „Login-Überwachung" – §§ 100g, 100k StPO

309 Wenn ein „IP-Tracking" etwa mangels aktiver Reaktion der Zielperson erfolglos geblieben ist, kann sich auch eine Überwachung des entsprechenden Profils anbieten, um unmittelbar von dem jeweiligen Dienstanbieter die **Login-IP-Adressen in Echtzeit** zu erhalten und diese im Rahmen der (eventuellen) Speicherfristen gemäß § 100j Abs. 2 StPO bei den TK-Anbietern abfragen zu können. Für eine solche „Login-Überwachung" ist zwischen § 100g Abs. 1 StPO für TK-Dienste wie etwa E-Mail-Dienste und § 100k Abs. 1 und 2 StPO für TM-Dienste wie etwa soziale Netzwerke zu unterscheiden.

310 In § 100g Abs. 1 Nr. 1 StPO und § 100k Abs. 1 StPO existiert zunächst eine Ermächtigungsgrundlage zur Erhebung von Verkehrs- bzw. Nutzungsdaten in Echtzeit bei Straftaten von auch im Einzelfall erheblicher Bedeutung, also bei Straftaten mit einer Strafobergrenze von mehr als drei Jahren.[482] Voraussetzung ist zudem jeweils, dass die Erhebung der Daten für die Erforschung des Sachverhalts erforderlich ist und in

---

[479] BeckOK StPO/Bär StPO § 100g Rn. 7; MüKoStPO/Günther § 100g Rn. 25; vgl. aber auch Meyer-Goßner/Schmitt/Köhler StPO § 98a Rn. 5: „Strafrahmenobergrenze über zwei Jahren".
[480] KK-StPO/Bruns § 100a Rn. 37; HK-GS/Hartmann § 100a Rn. 13; Meyer-Goßner/Schmitt/Köhler StPO § 100a Rn. 8.
[481] BGH-Ermittlungsrichter BeckRS 2015, 17557 zu § 100g StPO; zustimmend BeckOK StPO/Graf StPO § 100j Rn. 18; HK-GS/Hartmann StPO § 100g Rn. 3.
[482] BeckOK StPO/Bär StPO § 100g Rn. 7; MüKoStPO/Günther § 100g Rn. 25; vgl. aber auch Meyer-Goßner/Schmitt/Köhler StPO § 98a Rn. 5: „Strafrahmenobergrenze über zwei Jahren".

III. Spezialmaßnahmen zur Identifizierung

einem angemessenen Verhältnis zur Bedeutung der Sache steht. Mit dieser „**einfachen Subsidiaritätsklausel**" soll die besondere Berücksichtigung des Grundsatzes der Verhältnismäßigkeit bei der Anordnung zum Ausdruck gebracht werden.[483]

Bei Straftaten, die die Schwelle zur erheblichen Bedeutung im Einzelfall nicht erreichen, kommt eine „Login-Überwachung" gemäß § 100g Abs. 1 Nr. 2 StPO und § 100k Abs. 2 StPO in Betracht. Während § 100g Abs. 1 Nr. 2 StPO eine allgemeine Ermächtigungsgrundlage für Straftaten vorsieht, die mittels Telekommunikation begangen worden sind, verfügt § 100k Abs. 2 StPO über einen ausdrücklichen Katalog von typischen „Hate Speech"-Straftatbeständen. Voraussetzung ist hier jeweils, dass die Erforschung des Sachverhalts auf andere Weise aussichtslos wäre („**qualifizierte Subsidiaritätsklausel**"). Von einer Aussichtslosigkeit ist auszugehen, wenn andere Ermittlungsmöglichkeiten ganz fehlen oder mit hoher Wahrscheinlichkeit keinen Erfolg versprechen.[484] Es ist daher zwar jeweils eine Einzelfallprüfung notwendig, ob alternative zielführende Ermittlungsmaßnahmen mit geringerem Eingriff zur Verfügung stehen und ob zusätzlich die Datenerhebung auch verhältnismäßig ist – in den typischen Fällen von „Hate Speech" wird sich jedoch bei Ausschöpfung der bereits dargestellten Maßnahmen oftmals **kein weiterer Ermittlungsansatz** finden lassen, der nicht noch eingriffsintensiver wäre.[485]. 311

Für beide „Echtzeit"-Überwachungen ist grundsätzlich eine **gerichtliche Entscheidung** auf Antrag der Staatsanwaltschaft erforderlich (§§ 101a Abs. 1 und 1a, 100e Abs. 1 StPO). Bei § 100k Abs. 1 und 2 StPO müssen zudem noch tatsächliche Anhaltspunkte dafür vorliegen, dass der Beschuldigte den jeweiligen TM-Dienst nutzt (§ 100k Abs. 4 StPO), während § 100g Abs. 1 StPO eine solche ausdrückliche Einschränkung nicht vorsieht und die Eigenschaft als Beschuldigter, Nachrichtenmittler oder Anschlussnutzer ausreichen lässt (§§ 101a Abs. 1 Satz 1, 100a Abs. 3 StPO). 312

Die Pflicht der TK- und TM-Dienste zur **Umsetzung** einer angeordneten „Login-Überwachung" ergibt sich aus § 101a Abs. 1 und 1a StPO in Verbindung mit § 100a Abs. 4 StPO. Die Beteiligten der betroffenen Telekommunikation und die betroffenen Nutzer des Telemediendienstes sind von der Erhebung der Verkehrsdaten nach § 100g oder der Nutzungsdaten nach § 100k Abs. 1 und 2 grundsätzlich zu benachrichtigen (§ 101a Abs. 6 Satz 1 StPO). Die **Benachrichtigung** kann jedoch durch richterliche Anordnung für zunächst höchstens 12 Monate wegen einer Gefährdung des Untersuchungszwecks zurückgestellt werden (§§ 101a Abs. 6 Satz 2, 101 Abs. 4 Satz 3 StPO). 313

3. E-Mail-Beschlagnahme – §§ 94, 95a, 99 StPO

Sollte eine Identifizierung auch nicht über die Überwachung der Nutzungs- bzw. Verkehrsdaten gelingen, kann sich – als eine der letzten möglichen Maßnahmen – eine **Sicherstellung der Inhalte eines E-Mail-Postfachs** anbieten. Obwohl die Beschlagnahme bzw. Überwachung von E-Mails bereits Gegenstand mehrerer, sich teilweise widersprechender höchstrichterlicher Entscheidungen war, hatte der Gesetzgeber lange davon abgesehen, sich ausdrücklich mit der Thematik zu befassen.[486] 314

---

[483] BeckOK StPO/Bär StPO § 100g Rn. 21; § 100k Rn. 29.
[484] BeckOK StPO/Bär StPO § 100g Rn. 22; § 100k Rn. 33.
[485] So ausdrücklich auch BeckOK StPO/Bär StPO § 100g Rn. 22; § 100k Rn. 33.
[486] Vgl. dazu Park Durchsuchung Rn. 884 ff.

a) „Offene" und „Verdeckte" Beschlagnahme – §§ 94, 99 StPO

315 So hatte sich zunächst der *BGH* mit der Beschlagnahme von E-Mails auf einem Webserver zu befassen und entschied, dass mangels einer ausdrücklichen Regelung und aufgrund der Vergleichbarkeit von E-Mails mit herkömmlichen Postsendungen eine entsprechende Anwendung des § 99 StPO möglich sei.[487]

316 Kurz darauf klärte das *BVerfG*, dass es sich bei elektronischen Daten um beschlagnahmefähige Gegenstände iSd § 94 Abs. 1 StPO handele und die §§ 94 ff. StPO taugliche Rechtsgrundlagen für die einmalige und punktuelle Sicherstellung und Beschlagnahme von E-Mails als Eingriffe in Art. 10 Abs. 1 GG darstellen.[488] Dass in § 94 Abs. 1 StPO von „Gegenständen" als Objekten der Beschlagnahme die Rede ist, schade nach dem *BVerfG* nicht, da davon auch nichtkörperliche Gegenstände wie E-Mails erfasst seien.[489] Jedoch handele es sich bei der Beschlagnahme der beim Provider gespeicherten E-Mails um einen **offenen Eingriff**, über den der Betroffene – im Regelfall[490] – zuvor von den Strafverfolgungsbehörden zu unterrichten sei, damit er jedenfalls bei der Sichtung seines E-Mail-Bestands seine Rechte wahrnehmen könne.[491] §§ 94 ff. StPO seien jedoch dann nicht mehr ausreichend, wenn der Eingriff heimlich, längerfristig oder für einen unbestimmten Zweck erfolge bzw. wenn der Eingriffsadressat keine Einwirkungsmöglichkeit auf den Datenbestand habe.[492]

317 Auf diese Rechtsprechung bezog sich wiederum der *BGH* und schränkte die Anwendung der §§ 94 ff. StPO dahingehend ein, dass die Beschlagnahme eines gesamten E-Mail-Postfachs nur dann mit dem **Grundsatz der Verhältnismäßigkeit** vereinbar sei, wenn konkrete Anhaltspunkte dafür vorlägen, dass der **gesamte Datenbestand** für das Verfahren potenziell beweiserheblich sei.[493] Eine verhältnismäßige Vorgehensweise sei jedoch dann gegeben, wenn die vorläufige Sicherstellung des gesamten E-Mail-Bestands im Rahmen einer Durchsuchung beim Provider nach § 103 StPO erfolge, an die sich zunächst eine Durchsicht des sichergestellten Datenmaterials nach § 110 StPO zur Feststellung der Beweiserheblichkeit und -verwertbarkeit anschließe, um danach die endgültige Entscheidung über den erforderlichen und zulässigen Umfang der Beschlagnahme treffen zu können.[494] Auch der *BGH* wies darauf hin, dass es sich bei der Sicherstellung oder Beschlagnahme gemäß §§ 94 ff. StPO um „offene" Ermittlungsmaßnahmen handele, die dem Betroffenen bekannt zu machen seien:

> „Der Beschuldigte ist deshalb auch dann von der Beschlagnahme der in seinem elektronischen Postfach gelagerten E-Mail-Nachrichten zu unterrichten, wenn die Daten auf Grund eines Zugriffs beim Provider auf dessen Mailserver sichergestellt wurden."[495]

---

[487] BGH NStZ 2009, 397.
[488] BVerfG NJW 2009, 2431.
[489] BVerfG NJW 2009, 2431 Rn. 63.
[490] Eine Ausnahme von der Unterrichtungspflicht kann nach dem BVerfG dann geboten sein, wenn die Kenntnis des Eingriffs in das Fernmeldegeheimnis dazu führen würde, dass dieser seinen Zweck verfehlt, BVerfG NJW 2009, 2431 Rn. 94.
[491] BVerfG NJW 2009, 2431 Rn. 94; ebenso BGH BeckRS 2017, 116423 Rn. 58.
[492] BVerfG NJW 2009, 2431 Rn. 68.
[493] BGH NStZ 2010, 345 (346).
[494] BGH NStZ 2010, 345 (346); darauf hinweisend schon BVerfG NJW 2009, 2431 Rn. 105 ff.
[495] BGH NStZ 2010, 345 (346).

III. Spezialmaßnahmen zur Identifizierung

Der danach teilweise vertreten Auffassung, eine **Zurückstellung der Benachrichtigung** sei in solchen Konstellationen wegen Gefährdung des Untersuchungszwecks entsprechend § 101 Abs. 5 StPO möglich, erteilte der *BGH* eine Absage und hielt fest, dass eine solche Zurückstellung nur durch den Gesetzgeber geregelt werden könne.[496] Seitdem war in der Praxis umstritten, ob eine zunächst „verdeckte" E-Mail-Beschlagnahme von E-Mails mangels ausdrücklicher gesetzlicher Regelung noch entsprechend § 99 StPO ohne einschränkenden Straftatenkatalog oder nur als Telekommunikationsüberwachung gemäß § 100a StPO in den dortigen Katalogfällen möglich ist.[497] 318

Mit Wirkung von Juli 2021 hat der Gesetzgeber zwar keine ausdrückliche Regelung zur E-Mail-Beschlagnahme, aber mit § 95a StPO eine allgemeine Regelung zur Zurückstellung der Benachrichtigung des betroffenen Beschuldigten eingeführt, wenn sich der zu beschlagnahmende Beweisgegenstand im Gewahrsam einer unverdächtigen Person befindet.[498] Bei dieser Regelung bezog sich der Gesetzgeber ausdrücklich auf die Beschlagnahme von digital gespeicherten Informationen wie bei Providern gespeicherten E-Mails oder Chatinhalten, Inhalten eines Nutzerkontos eines sozialen Netzwerks oder in einer Cloud gespeicherten Daten.[499] Aufgrund dieser eindeutigen Bezugnahme des Gesetzgebers und der damit „festgeschriebenen" Unterscheidung zwischen der einmaligen und punktuellen Beschlagnahme von E-Mails gemäß § 94 ff. StPO sowie der längerfristigen Überwachung der E-Mail-Kommunikation gemäß § 100a StPO[500] ist auch nicht mehr mit einer ausdrücklichen Regelung zu rechnen. 319

Eine entsprechende Anwendung des § 99 StPO auf die Beschlagnahme von E-Mails kann seitdem jedenfalls nicht mehr damit begründet werden, dass hinsichtlich der Beschlagnahme von E-Mails eine gesetzgeberische Regelungslücke vorliege.[501] Eine zunächst „verdeckte" Beschlagnahme von E-Mails ist damit grundsätzlich nur noch gemäß § 100a StPO oder im Zusammenhang mit einer Zurückstellung der Benachrichtigung gemäß § 95a StPO möglich. 320

b) Zurückstellung der Benachrichtigung – § 95a StPO

§ 95a Abs. 1 StPO gestattet es dem Gericht, bei der Anordnung bzw. Bestätigung der Beschlagnahme die Benachrichtigung des von der Beschlagnahme betroffenen Beschuldigten iSd § 35 Abs. 2 StPO zurückzustellen, solange diese **Benachrichtigung den Untersuchungszweck gefährden** würde. 321

Der Untersuchungszweck ist bei Information des Beschuldigten gefährdet, wenn die begründete Erwartung besteht, dass durch die verdeckte Ermittlungsführung weitere beweiserhebliche Erkenntnisse gewonnen werden können, aber diese Erlangung bei Kenntnis des Beschuldigten von den gegen ihn gerichteten Ermittlungen in Frage steht.[502] 322

Diese Möglichkeit der Zurückstellung gilt jedoch gemäß § 95a Abs. 1 Nr. 1 StPO nur in den Fällen, in denen der Beschuldigte als Täter oder Teilnehmer einer Straftat von auch im Einzelfall erheblicher Bedeutung, insbesondere einer sog. Katalogtat des 323

---

[496] BGH NStZ 2015, 704 (705); so auch bereits BGH NStZ 2010, 345 (346).
[497] Vgl. BeckOK StPO/Graf StPO § 99 Rn. 13 ff. einerseits sowie KK-StPO/Bruns § 100a Rn. 20 und Meyer-Goßner/Schmitt/Köhler StPO § 100a Rn. 6b andererseits.
[498] BT-Drs. 19/27654, 62.
[499] BT-Drs. 19/27654, 61.
[500] BT-Drs. 19/27654, 62, 64; so ausdrücklich auch BGH NStZ 2021, 355 Rn. 21.
[501] So aber BeckOK StPO/Graf StPO § 99 Rn. 13.
[502] BT-Drs. 19/27654, 63 unter Verweis auf Meyer-Goßner/Schmitt/Köhler StPO § 101 Rn. 19.

§ 100a StPO, verdächtig ist. Insofern wird durch den Gesetzgeber die Möglichkeit zur Zurückstellung ausdrücklich auf **Straftaten aus dem mindestens mittleren Kriminalitätsbereich** begrenzt, die zudem im Einzelfall jeweils von erheblicher Bedeutung sein müssen und damit den Rechtsfrieden empfindlich stören und sein müssen, das Gefühl der Rechtssicherheit der Bevölkerung erheblich zu beeinträchtigen.[503] Bei weniger schweren Delikten soll der Charakter der Beschlagnahme als insgesamt offene Maßnahme nicht angetastet werden, um die im Vergleich zu einer offen ausgestalteten Ermittlungsmaßnahme erhöhte Eingriffsintensität von heimlichen Maßnahmen verhältnismäßig auszugestalten.[504]

324 Zudem ist gemäß § 95a Abs. 1 Nr. 2 StPO erforderlich, dass die Erforschung des Sachverhalts oder die Ermittlung des Aufenthaltsortes des Beschuldigten auf andere Weise wesentlich erschwert oder aussichtslos wäre. Diese „**Subsidiaritätsklausel**" deckt sich mit der Regelung in § 100a Abs. 1 Nr. 3 StPO. Notwendig ist damit auch im Rahmen des § 95a Abs. 1 StPO eine Einzelfallprüfung, ob im Anordnungszeitpunkt alternative zielführende Ermittlungsmaßnahmen mit geringerem Eingriffsgewicht zur Verfügung stehen, insbesondere ob die Beschlagnahme wirklich sofort erfolgen muss, oder ob (zunächst) andere Ermittlungsmaßnahmen herangezogen und mit der Beschlagnahme bis zu einem späteren Zeitpunkt abgewartet und die Maßnahme dann offen durchgeführt werden kann.[505]

325 Die **Befugnis zur Zurückstellung** liegt gemäß § 95a Abs. 2 StPO alleine bei dem Gericht. Der Gesetzgeber hat dabei jedoch ausdrücklich festgehalten, dass die Staatsanwaltschaft die Anträge auf Beschlagnahme bzw. Bestätigung und Zurückstellung der Benachrichtigung verbinden kann.[506] Erfolgt im Einzelfall zunächst eine nichtgerichtliche Beschlagnahme, muss die gerichtliche Anordnung der Zurückstellung der Benachrichtigung gemäß § 95a Abs. 3 StPO binnen drei Tagen beantragt werden.

326 Um sicherzustellen, dass der Beschuldigte nicht durch den Gewahrsamsinhaber Kenntnis über das Herausgabeverlangen und die Beschlagnahme erlangt, ist es gemäß § 95a Abs. 6 StPO möglich, dem Gewahrsamsinhaber durch ein sog. „**Offenbarungsverbot**" zu verbieten, den Beschuldigten und Dritte über die Maßnahme zu unterrichten. Die Kompetenz zur Anordnung des Offenbarungsverbots liegt nur grundsätzlich bei dem Gericht. Abweichend zur Anordnungskompetenz für die Zurückstellung der Benachrichtigung ist in § 95a Abs. 6 Satz 2 StPO insofern auch eine Eilanordnungskompetenz für die Staatsanwaltschaft und ihre Ermittlungspersonen vorgesehen. Der Gesetzgeber hat dies damit begründet, dass ansonsten die Gefahr einer Regelungslücke im Zeitraum zwischen einer nichtgerichtlichen Beschlagnahme und deren gerichtlichen Bestätigung bestünde, mit der dann auch das Gericht das Offenbarungsverbot anordnen kann.[507] Die in § 95a Abs. 7 StPO eröffnete Möglichkeit, das Offenbarungsverbot zwangsweise durchzusetzen, dürfte dagegen eher „präventiven" Charakter haben.

c) E-Mail-Beschlagnahme bei „Hate Speech"

327 Die damit durch den Gesetzgeber geschaffene **Möglichkeit einer „heimlichen" Beschlagnahme** gemäß § 95a StPO ist jedoch für eine E-Mail-Beschlagnahme **regelmäßig nicht anwendbar**. Zwar kann mit einem „Offenbarungsverbot" iSd § 95a Abs. 6 StPO dem Betroffenen aufgegeben werden, nicht nur die Beschlagnahme, sondern auch eine

---

[503] BT-Drs. 19/27654, 63 f.; vgl. auch → Rn. 306.
[504] BT-Drs. 19/27654, 63.
[505] BT-Drs. 19/27654, 64; Park Durchsuchung Rn. 740; Vassilaki MMR 2022, 103 (104).
[506] BT-Drs. 19/27654, 65.
[507] BT-Drs. 19/27654, 66.

III. Spezialmaßnahmen zur Identifizierung

ihr vorausgehende Durchsuchung nach den §§ 103 und 110 StPO oder Herausgabeanordnung nach § 95 StPO nicht zu offenbaren. Auch ist nach der Rechtsprechung des *BVerfG* und des *BGH* bereits die der Beschlagnahme vorangehende vorläufige Sicherstellung des E-Mail-Postfachs bei dem E-Mail-Dienstanbieter durch Durchsuchung oder Herausgabeanordnung eine offene Maßnahme, die – jedenfalls bislang – dem davon betroffenen Nutzer des Postfachs bekannt zu geben ist.[508] Jedoch eröffnet § 110 Abs. 4 StPO eine Anwendung des § 95a StPO.

Eine „verdeckte" E-Mail-Beschlagnahme ist daher bei der Verfolgung von „Hate Speech" allenfalls bei dem Verdacht der Volksverhetzung gemäß § 130 StGB als Katalogtat des § 100a Abs. 2 Nr. 1d StPO möglich.[509] Für die übrigen bei „Hate Speech" regelmäßig in Betracht kommenden weniger schwerwiegenden Straftatbestände ist **regelmäßig nur eine „offene" Beschlagnahme** gemäß §§ 94 ff. StPO möglich, der eine ebenfalls gegenüber dem Betroffenen „offene" vorläufige Sicherstellung des E-Mail-Postfachs gemäß §§ 103, 110 StPO vorauszugehen hat. 328

Bei der E-Mail-Beschlagnahme zum Zwecke der Identifizierung eines unbekannten Tatverdächtigen ist eine solche „offene" Vorgehensweise jedoch nicht hinderlich. Denn gemäß § 33 Abs. 4 Satz 1 StPO ist der Betroffene nicht vor Erlass des Durchsuchungsbeschlusses gemäß § 103 StPO zum Zwecke der vorläufigen Sicherstellung zu hören. Eine entsprechende **Bekanntgabe** ist erst mit der Umsetzung des Beschlusses, also dem **Beginn der vorläufigen Sicherstellung** erforderlich, so dass auch insoweit kein Beweismittelverlust durch eine „Vorabinformation" an den unbekannten Tatverdächtigen droht.[510] Vorzunehmen ist die Bekanntgabe im Wege der formlosen Mitteilung gemäß § 35 Abs. 2 StPO etwa durch Übersendung einer Ausfertigung der Entscheidung mittels einfachen Briefs.[511] In Fällen, in denen eine E-Mail-Beschlagnahme zur Identifizierung des unbekannten Tatverdächtigen erforderlich ist, wird eine entsprechende Bekanntgabe dabei regelmäßig nur an die gegenüber dem E-Mail-Dienstanbieter angegebenen Bestandsdaten und damit aufgrund der Angabe nicht verifizierter Falschpersonalien zunächst faktisch kaum möglich sein. Die Bekanntgabe ist dann nach Identifizierung des Beschuldigten nachzuholen. 329

Zur Umsetzung der vorläufigen Sicherstellung wird im Regelfall die Staatsanwaltschaft eine entsprechende Herausgabeanordnung gemäß § 95 Abs. 1 StPO an den E-Mail-Dienstanbieter stellen, die auf den vorliegenden Durchsuchungsbeschluss gemäß § 103 StPO Bezug nimmt. Durch die E-Mail-Dienstanbieter wird diese Anordnung regelmäßig dergestalt umgesetzt, dass der **Inhalt des relevanten Postfachs kopiert und den Strafverfolgungsbehörden elektronisch zum Download zur Verfügung gestellt** wird. Nach dem erfolgreichen Download der Sicherung kann der Betroffene benachrichtigt und der Postfachinhalt durch die Staatsanwaltschaft bzw. auf deren Anordnung durch ihre Ermittlungspersonen nach § 110 Abs. 1 und 3 StPO durchgesehen werden, um für das Verfahren potenziell relevante E-Mails mit weiteren Identifizierungsansätzen aufzufinden. 330

Werden verfahrensrelevante E-Mails aufgefunden, ist für diese E-Mails eine Beschlagnahme gemäß § 94 Abs. 1 StPO zu erwirken. Die übrigen **nicht verfahrensrelevanten E-Mails sind im Rahmen der Sichtung zu löschen**. 331

---

[508] BVerfG NJW 2009, 2431 Rn. 94; BGH NStZ 2010, 345 (346); BeckRS 2017, 116423 Rn. 58.
[509] Dazu → Rn. 333 ff.
[510] KK-StPO/Greven § 98 Rn. 21; MüKoStPO/Hauschild § 98 Rn. 21.
[511] Meyer-Goßner/Schmitt/Köhler StPO § 98 Rn. 10, § 35 Rn. 12.

332 Bei U.S.-amerikanischen E-Mail-Dienstanbietern wie GMail ist eine solche Herausgabe von „Inhaltsdaten" jedoch nur im Wege eines förmlichen Rechtshilfeersuchens möglich – entweder an die USA für den Sitz des Konzerns oder an Irland für den Sitz der europäischen Konzerntochter.[512]

4. E-Mail-Überwachung – § 100a StPO

333 Neben der einmaligen und punktuellen Beschlagnahe von E-Mails gemäß §§ 94 ff. StPO kommt bei Straftaten von im Einzelfall erheblicher Bedeutung auch eine **längerfristige Überwachung und Aufzeichnung der E-Mail-Kommunikation** gemäß § 100a StPO in Betracht.[513] Im vorliegenden Kontext der Identifizierung eines unbekannten Urhebers von „Hate Speech" dürfte es sich angesichts der Eingriffstiefe der Maßnahme jedoch um einen absoluten Ausnahmefall handeln.

334 Nach der Rechtsprechung des *BGH* ist mit § 100a StPO nicht nur eine Echtzeitüberwachung, sondern auch ein Zugriff auf bei dem Provider **„ruhende" E-Mails** möglich, die zeitlich vor der richterlichen Überwachungsanordnung empfangen oder versandt und abgespeichert worden sind.[514]

335 Der Kritik, eine „Überwachung" gemäß § 100a StPO passe für eine solche „Beschlagnahme" von E-Mails nicht, weil es an den für den Zugriff auf „ruhende" E-Mails typischen Durchsuchungs- und Beschlagnahmeelementen mangele,[515] erteilte der *BGH* eine Absage. Auch bei solchen „ruhenden E-Mails" handele es sich um Telekommunikation iSv § 100a Abs. 1 Satz 1 StPO. Da E-Mails bei einem Provider und damit nicht in einer ausschließlich vom betroffenen Kommunikationsteilnehmer beherrschten Sphäre abgelegt sind, stelle der Zugriff darauf einen Eingriff in den Schutzbereich des Art. 10 Abs. 1 GG dar. Zudem erfolge der Zugriff auf gespeicherte E-Mails durch die Strafverfolgungsbehörden regelmäßig im Wege einer durch den Provider ermöglichten Ausleitung der Nachrichten, so dass die Telekommunikationsüberwachung nach § 100a Abs. 1 Satz 1 StPO „erst recht" eine ausreichende Ermächtigungsgrundlage für den Zugriff auf beim Provider gespeicherte E-Mails darstelle, wenn beim Provider gespeicherte E-Mails auch ohne Rücksicht auf den Zeitpunkt ihrer Speicherung nach § 94 StPO beschlagnahmt werden dürfen.[516] Diese Streitfrage ist in der Praxis auch durch die Neuregelung des § 95a StPO und die nunmehr insbesondere bei Katalogtaten des § 100a StPO gegebene Möglichkeit der Zurückstellung der Benachrichtigung des Beschuldigten von einer Beschlagnahme deutlich entschärft worden.

336 Auch die E-Mail-Überwachung gemäß § 100a StPO ist bei U.S.-amerikanischen E-Mail-Dienstanbietern nur im Wege eines förmlichen Rechtshilfeersuchens möglich.

---

[512] Eine vereinfachte Europäische Ermittlungsanordnung (EEA) gemäß §§ 91a ff. IRG ist gegenüber Irland nicht möglich, vgl. Schomburg/Lagodny/Trautmann IRG § 91a Rn. 11.

[513] KK-StPO/Bruns § 100a Rn. 20 f.; MüKoStPO/Günther § 100a Rn. 135 ff.; Meyer-Goßner/Schmitt/Köhler StPO § 100a Rn. 6c.

[514] BGH NStZ 2021, 355 Rn. 19 unter Bezugnahme auf BGH NJW 2003, 2034 (2035); NJW 1997, 1934 (1935).

[515] Löwe/Rosenberg/Hauck StPO § 100a Rn. 77; SK-StPO/Wolter/Greco § 100a Rn. 33.

[516] BGH NStZ 2021, 355 Rn. 23; kritisch dazu Grözinger NStZ 2021, 358.

5. Inhaltsüberwachung bei Telemediendiensten – § 100a StPO

Abschließend stellt sich die Frage, ob gemäß § 100a StPO auch die **Aktivität der** 337 **Nutzer sozialer Netzwerke** und anderer TM-Dienste unmittelbar bei den Dienstanbietern überwacht werden kann.

Nach dem Wortlaut des § 100a Abs. 1 StPO darf ausdrücklich nur die „**Telekommu-** 338 **nikation**" überwacht und aufgezeichnet werden. Und nach § 100a Abs. 4 Satz 1 StPO hat auf Grund einer entsprechenden Anordnung jeder, der „Telekommunikationsdienste" erbringt oder daran mitwirkt, dem Gericht, der Staatsanwaltschaft und ihren im Polizeidienst tätigen Ermittlungspersonen diese Maßnahmen zu ermöglichen und die erforderlichen Auskünfte unverzüglich zu erteilen. § 100a StPO nimmt daher nicht ausdrücklich Bezug auf eine Überwachung bei „Telemediendiensten".

Unter den Begriff der „Telekommunikation" iSd § 100a StPO fallen jedoch nach der 339 Rechtsprechung des *BVerfG* und des *BGH* – orientiert an dem Schutzbereich des Art. 10 GG – alle Kommunikationsvorgänge, die sich der Telekommunikationstechnik unter Nutzung einer entsprechenden Anlage und der darauf bezogenen Dienstleistungen eines Dritten bedienen. § 100a StPO erfasst damit unabhängig von den Legaldefinitionen der „Telekommunikation" und der „Telekommunikationsdienste" in § 3 Nr. 95 und 61 TKG[517] das **internetbasierte Aussenden, Übermitteln und Empfangen von Nachrichten jeglicher Art**.[518] Von diesem weiten Verständnis von „Telekommunikation" iSd § 100a StPO ist daher nicht nur die Nutzung von TK-Diensten wie E-Mail, Chat- und Messenger-Diensten[519], sondern auch die Nutzung von TM-Diensten wie Webseiten oder Suchmaschinen umfasst.[520]

Vor diesem Hintergrund ist gemäß § 100a StPO grundsätzlich auch die Überwachung 340 der Aktivität der Nutzer sozialer Netzwerke und anderer TM-Dienste unmittelbar bei den Dienstanbietern möglich. Jedoch dürfte ein solcher Eingriff zum Zwecke der Identifizierung unbekannter Tatverdächtiger nur als „letzte Maßnahme" in besonders schwerwiegenden Fällen in Betracht kommen.

Unabhängig von einer strafprozessualen Zulässigkeit ist eine solche Maßnahme bei 341 U.S.-amerikanischen Dienstanbietern ohnehin allenfalls im Wege eines förmlichen Rechtshilfeersuchens möglich.

IV. Sicherstellung internetfähiger Geräte

Für eine zweifelsfreie Identifizierung des Urhebers einer strafrechtlich relevanten 342 Äußerung kann zwar an sich in jedem Einzelfall eine vorläufige Sicherstellung der internetfähigen Geräte wie Smartphone, Tablet, Notebook etc. im Rahmen einer **Durch-**

---

[517] Nach § 3 Nr. 59 TKG ist „Telekommunikation" der technische Vorgang des Aussendens, Übermittelns und Empfangens von Signalen mittels Telekommunikationsanlagen; nach § 3 Nr. 61 TKG sind „Telekommunikationsdienste" in der Regel gegen Entgelt über Telekommunikationsnetze erbrachte Dienste, die – mit der Ausnahme von Diensten, die Inhalte über Telekommunikationsnetze und -dienste anbieten oder eine redaktionelle Kontrolle über sie ausüben – folgende Dienste umfassen: Internetzugangsdienste, interpersonelle Telekommunikationsdienste und Dienste, die ganz oder überwiegend in der Übertragung von Signalen bestehen, wie Übertragungsdienste, die für Maschine-Maschine-Kommunikation und für den Rundfunk genutzt werden.
[518] BGH-Ermittlungsrichter BeckRS 2020, 49703.
[519] Dazu ausdrücklich BGH NStZ 2021, 355; BGH-Ermittlungsrichter BeckRS 2020, 49703.
[520] Dazu ausdrücklich BVerfG NJW 2016, 3508.

suchung gemäß § 102 StPO und eine **digital-forensische Auswertung auf Nutzungsspuren** hinsichtlich des relevanten Profils sowie ggf. hinsichtlich der relevanten Äußerung erwogen werden. Für solche aufwändigen Maßnahmen der digital-forensischen Spiegelung des Gesamtdatenbestandes („Image[521]") und der anschließenden fachlichen Auswertung stehen angesichts der Masse der Fälle von „Hate Speech" weder bei den Polizeibehörden noch bei den Staatsanwaltschaften auch nur annähernd die entsprechenden Kapazitäten zur Verfügung stehen.[522]

343 Bei „Hate Speech" kommt zudem auch immer eine **Einziehung des zur Tatbegehung genutzten internetfähigen Geräts als Tatmittel** iSd § 74 Abs. 1 StGB in Betracht. Zwar kann von einer förmlichen Anordnung der Einziehung abgesehen werden, wenn der Beschuldigte auf die Rückgabe des in seinem Eigentum stehenden, sichergestellten Gegenstandes ausdrücklich verzichtet.[523] Jedoch muss für eine Einziehungsentscheidung eindeutig geklärt werden, ob der Angeklagte das jeweilige Gerät bei den zur Aburteilung gelangten Taten auch tatsächlich zum Einsatz brachte.[524] Grundlegende Voraussetzung für eine Einziehung eines internetfähigen Endgeräts ist damit eine digital-forensische Auswertung zur Nutzung des Geräts. Letztlich steht diese Entscheidung im Ermessen der Strafverfolgungsbehörden („*...können eingezogen werden.*") und unterliegt dem Verhältnismäßigkeitsgrundsatz nach § 74 f StGB.

344 **Beispiel aus der Rechtsprechung** In einem Strafverfahren vor dem *AG Frankfurt am Main*[525] wegen Volksverhetzung über WhatsApp sah das Gericht von der Einziehung eines sichergestellten Mobiltelefons gemäß § 74 Abs. 1 StGB ab, obwohl dies nach den Feststellungen zur Volksverhetzung genutzt worden war.
Das *AG Frankfurt am Main* erkannte keine Notwendigkeit einer Einziehung, da der Angeklagte die Tat auch mit jedem anderen WhatsApp-fähigen Gerät hätte begehen können bzw. wieder begehen könnte und keine Gründe erkennbar waren, wegen derer das konkret benutzte Mobiltelefon einen Anreiz für die Tatbegehung und auch eine Wiederholung dieser darstellen würde.

345 Um sich mit der Notwendigkeit einer digital-forensischen Datensicherung und -auswertung zum Zwecke des Tatnachweises oder der Tatmitteleinziehung nicht selbst lahm zu legen, kann in der Praxis in geeigneten Fällen von „Hate Speech" eine **abgestufte Vorgehensweise zur Sicherstellung und Auswertung von digitalen Beweismitteln** angewandt werden, um die Ermittlungsverfahren zügig abschließen zu können.

1. Suche nach „Alltagsgeräten"

346 Dabei steht zunächst die vorläufige Sicherstellung von „Alltagsgeräten" im Vordergrund, bei denen der Verdacht der Nutzung zur vorgeworfenen Tatbegehung besteht. Dies wird regelmäßig das offensichtlich **aktuell genutzte Smartphone oder Tablet** bzw. der offensichtliche aktuell genutzte internetfähige Rechner sein. Anders als bei Straftaten nach § 184b StGB, in denen bereits der Besitz digitaler Inhalte strafbar ist, ist im Zusammenhang mit „Hate Speech" eine **Sicherstellung aller vor Ort auffindbarer Rechner oder Datenträger nicht angezeigt**.

---

[521] Vgl. dazu einführend Basar/Hiéramente NStZ 2018, 681 (685).
[522] So auch Warken NZWiSt 2017, 417 (421).
[523] BGH NStZ-RR 2022, 105; MüKoStGB/Joecks/Meißner § 74 Rn. 40.
[524] BGH BeckRS 2020, 22785; BeckRS 2020, 15637.
[525] BeckRS 2022, 1600.

2. Fotografische Sicherung bei kooperativen Beschuldigten

Wenn der Beschuldigte im Rahmen der Durchsuchung kooperativ ist, ist dieser zu bitten, über die entsprechende App bzw. den Browser des „Alltagsgeräts" das relevante **Profil bei dem sozialen Netzwerk** sowie – soweit möglich – die **relevante Äußerung aufzurufen**. Alternativ kann der Beschuldigte auch freiwillig seine Zugangsdaten überlassen. Dieses Aufrufen ist dann **fotografisch zu sichern**, um eine entsprechende Nutzung des Profils nachweisen zu können und eine Auswertung des sichergestellten „Alltagsgeräts" zum Zwecke des Tatnachweises entbehrlich zu machen. Dabei ist auch dann kein Rechtshilfeersuchen erforderlich, wenn der Datenzugriff auf einem Server im Ausland erfolgt. Denn gemäß Art. 32b CCC stellt es keine Verletzung der Souveränität des betroffenen Staates dar, wenn der Beschuldigte die zu sichtenden Daten selbst herunterlädt oder den Ermittlungsbehörden die Zugangsdaten überlässt.[526] Wenn die Nutzung des Profils fotografisch gesichert ist und sich der Beschuldigte im Rahmen einer Vernehmung zudem noch geständig einlässt, kann auf eine weitergehende **Sicherstellung des „Alltagsgeräts" als Beweismittel verzichtet** werden, da dann eine digital-forensische Auswertung zum Tatnachweis nicht mehr erforderlich ist. Da es sich bei der Einziehung des Tatmittels gemäß § 74 StGB um eine Ermessensentscheidung handelt,[527] spricht eine Kooperation des Beschuldigten und eine geständige Einlassung ebenfalls dafür, von einer weitergehenden **Sicherstellung zum Zwecke der Einziehung als Tatmittel abzusehen** (§§ 74 Abs. 1, 74f Abs. 1 Satz 1 StGB iVm § 111b Abs. 1 Satz 1 StPO).

347

3. Sicherung bei nicht kooperativen Beschuldigten

Ist der Beschuldigte dagegen nicht kooperativ, ist das entsprechende **„Alltagsgerät" vorläufig sicherzustellen und auszuwerten**. Sollte dieses passwortgeschützt sein, können aufgefundene Passwörter verwendet oder Verschlüsselungen gebrochen werden.[528] Auch ist eine Entsperrung biometrischer Sicherungen gemäß § 81b StPO möglich.[529] Ein durch die Strafverfolgungsbehörden durchgeführter Login in das zur Tatbegehung genutzte Profil über das vorläufig sichergestellte „Alltagsgerät" ist dabei gemäß § 110 Abs. 3 StPO als Zugriff auf ein räumlich getrenntes Speichermedium möglich, denn unter diesem Begriff werden auch Profile bei E-Mail-Diensten, Cloud-Speicher oder soziale Netzwerke umfasst.[530] Wenn – wie im Regelfall der Durchsuchung – unklar ist, ob und in welchem ausländischen Staat sich der Server befindet, auf dem die entsprechenden Profildaten des Betroffenen gespeichert sind, ist die Sichtung nach § 110 Abs. 3 StPO ohne Stellung eines Rechtshilfeersuchen zulässig.[531]

348

4. Beschränkung der digital-forensischen Auswertung

Wenn zum Nachweis der Täterschaft im Einzelfall eine digital-forensische Auswertung des sichergestellten „Alltagsgeräts" notwendig ist, sollte sich diese – zumindest

349

---

[526] Vgl. BeckOK StPO/Hegmann StPO § 110 Rn. 16 sowie → Rn. 293.
[527] BGH BeckRS 2020, 22785; BeckRS 2020, 15637.
[528] Meyer-Goßner/Schmitt/Köhler StPO § 110 Rn. 6.
[529] BeckOK StPO/Hegmann StPO § 110 Rn. 14; Rottmeier/Eckel NStZ 2020, 193; Neuhaus StV 2020, 489; Park Durchsuchung Rn. 896.
[530] LG Koblenz NZWiSt 2022, 160 mit abl. Anm. Bechtel; KK-StPO/Bruns § 110 Rn. 8.
[531] BeckOK StPO/Hegmann StPO § 110 Rn. 16; Meyer-Goßner/Schmitt/Köhler StPO § 110 Rn. 7b; aA Park Durchsuchung Rn. 901.

im Regelfall – auf die **Beantwortung der Fragen beschränken**, ob über das vorläufig sichergestellte Gerät das relevante **Profil genutzt** und die relevante **Äußerung veröffentlicht** worden ist. Dies ist insbesondere dann möglich, wenn neben der verfahrensgegenständlichen Äußerung der jeweilige Kontext der relevanten Äußerung und das Nutzerprofil des Urhebers bereits gesichert sind.[532] Eine in der Praxis regelmäßig für erforderlich erachtete weitergehende inhaltliche Auswertung der über das Profil veröffentlichten Kommentare ist dann grundsätzlich nicht mehr notwendig.

---

[532] Vgl. dazu → Rn. 248 ff.

§ 4. Mustertexte für Ermittlungsmaßnahmen

I. Standardmaßnahmen

1. Online-Recherche – §§ 161, 163 StPO

In dem Ermittlungsverfahren 350

gegen <...>

wegen <...>

ist gemäß §§ 161 Abs. 1 Satz 1, 163 Abs. 1 Satz 2 StPO eine Recherche auf frei zugänglichen Online-Informationskanälen zum Zwecke der Identifizierung des unbekannten Nutzers des Profils <...> bei dem Dienstanbieter <...> durchzuführen.

Mit der Durchführung der Maßnahme wird <...> beauftragt.

Gründe:

Gegen den Nutzer der Kennung <...> besteht der Verdacht <...>.

Der Tatverdächtige konnte bislang nicht identifiziert werden.

Eine Recherche auf frei zugänglichen Online-Informationskanälen zum Zwecke der Identifizierung eines unbekannten Tatverdächtigen bewirkt grundsätzlich keinen Grundrechtseingriff, da die Kommunikationsdienste des Internets in weitem Umfang den Aufbau von Kommunikationsbeziehungen ermöglichen, in deren Rahmen das Vertrauen eines Kommunikationsteilnehmers in die Identität und Wahrhaftigkeit seiner Kommunikationspartner nicht schutzwürdig ist, da hierfür keinerlei Überprüfungsmechanismen bereitstehen (*BVerfG* NJOZ 2017, 599 Rn. 31; NJW 2008, 822, 835 f.).

Die gezielte Suche und Speicherung von Informationen über eine Person bedürfen hingegen einer Rechtsgrundlage, wobei §§ 161 Abs. 1 Satz 1, 163 Abs. 1 Satz 2 StPO ausreichend sind und auch verdeckte Ermittlungen in sozialen Netzwerken umfassen. Von diesen Befugnisnormen ist auch das Anmelden in „privaten" Gruppen sowie die ggf. dafür erforderliche aktive Kommunikation verdeckt agierender Beamter umfasst, ohne dass dafür die Voraussetzungen eines Verdeckten Ermittlers (VE) iSd § 110a StPO erforderlich wären (KK-StPO/Griesbaum, 8. Aufl., § 161 Rn. 12a; Meyer-Goßner/Schmitt/Köhler, StPO, 65. Aufl., § 100a Rn. 7, § 163 Rn. 28a; KK-StPO/Moldenhauer, 8. Aufl., § 163 f Rn. 13.).

Dieses „eigenhändige" Vorgehen der Strafverfolgungsbehörden umfasst auch die innerbehördliche Unterstützung, ua durch andere Beamte und Angestellte (MüKoStPO/Kölbel, 1. Aufl., § 161 Rn. 3).

2. Bestandsdatenauskunft – § 100j Abs. 1 StPO

351 Ermittlungsverfahren

gegen <...>

wegen <...>

Sehr geehrte Damen und Herren,

in dem vorbezeichneten Ermittlungsverfahren ist die Herausgabe von Bestandsdaten durch Ihr Unternehmen erforderlich.

Ich erbitte daher

- gemäß § 100j Abs. 1 Satz 1 Nr. 1 Strafprozessordnung (StPO) in Verbindung mit § 174 Abs. 1, Abs. 2, Abs. 3 Nr. 1 Telekommunikationsgesetz (TKG)
- gemäß § 100j Abs. 1 Satz 1 Nr. 2 Strafprozessordnung (StPO) in Verbindung mit § 22 Abs. 1 Satz 1, Abs. 2, Abs. 3 Nr. 1 Telekommunikation-Telemedien-Datenschutzgesetz (TTDSG)

um Übermittlung der dort gespeicherten Bestandsdaten gemäß §§ 3 Nr. 6, 172 Abs. 1 TKG bzw. § 2 Abs. 2 Nr. 2 TTDSG zu folgender Person, Rufnummer oder Kennung: <...>.

Die Beauskunftung der Bestandsdaten ist gemäß § 100j Abs. 1 StPO in Verbindung mit § 174 Abs. 3 Nr. 1 TKG bzw. § 22 Abs. 3 Nr. 1 TTDSG erforderlich, da zureichende tatsächliche Anhaltspunkte für eine Straftat vorliegen und die zu erhebenden Daten erforderlich sind zur Erforschung des Sachverhalts bzw. zur Ermittlung des Aufenthaltsorts eines Beschuldigten.

Für die Auskunftserteilung sind sämtliche unternehmensinternen Datenquellen zu berücksichtigen (§ 174 Abs. 1 Satz 4 TKG bzw. 22 Abs. 1 Satz 4 TTDSG). Derjenige, der geschäftsmäßig Telekommunikationsdienste oder Telemediendienste erbringt oder daran mitwirkt, hat die zur Auskunftserteilung erforderlichen Daten unverzüglich zu übermitteln (§ 100j Abs. 5 Satz 1 StPO in Verbindung mit § 174 Abs. 6 Satz 1 TKG bzw. § 22 Abs. 5 Satz 1 TTDSG). Zur Durchsetzung der Auskunftspflicht können erforderlichenfalls Ordnungs- und Zwangsmittel, insbes. Ordnungsgeld sowie ersatzweise Ordnungshaft festgesetzt werden (§ 100j Abs. 5 Satz 2, 95 Abs. 2 Satz 1, 70 StPO). Zudem besteht die Verpflichtung, sowohl gegenüber den Betroffenen als auch gegenüber Dritten über Auskunftsersuchen und -erteilung Stillschweigen zu wahren (§ 174 Abs. 6 Satz 2 TKG bzw. § 22 Abs. 5 Satz 3 TTDSG). Ein Verstoß gegen die Verschwiegenheitsverpflichtung kann ein strafrechtlich relevantes Verhalten (zB Strafvereitelung, Begünstigung oder Beihilfe zu einer Straftat) darstellen bzw. mit einer Geldbuße bis zu 50.000 Euro geahndet werden (§ 228 Abs. 2 Nr. 56, Abs. 7 Nr. 5 TKG).

3. Nutzungsdatenauskunft – § 100k Abs. 3 StPO

352 Ermittlungsverfahren

gegen <...>

wegen <...>

Sehr geehrte Damen und Herren,

in dem vorbezeichneten Ermittlungsverfahren ist die Herausgabe von Nutzungsdaten durch Ihr Unternehmen erforderlich.

Ich erbitte daher gemäß § 100k Abs. 3 Strafprozessordnung (StPO) in Verbindung mit § 24 Abs. 1 Satz 1, Abs. 2, Abs. 3 Nr. 1, Abs. 4 Satz 1 Telekommunikation-Telemedien-Datenschutzgesetz (TTDSG) um Übermittlung der dort gespeicherten Nutzungsdaten gemäß § 2 Abs. 2 Nr. 3a) TTDSG zu folgender Kennung: <...>.

Die Beauskunftung der Nutzungsdaten ist gemäß § 100k Abs. 3 StPO in Verbindung mit § 24 Abs. 3 Nr. 1 TTDSG notwendig, da zureichende tatsächliche Anhaltspunkte für eine Straftat vorliegen und die zu erhebenden Daten erforderlich sind zur Erforschung des Sachverhalts sowie zur Identifikation des Nutzers. Der Inhalt der Nutzung ist bereits bekannt (§ 100k Abs. 3 StPO).

Für die Auskunftserteilung sind sämtliche unternehmensinternen Datenquellen zu berücksichtigen (§ 24 Abs. 1 Satz 2 TTDSG). Derjenige, der geschäftsmäßig Telemediendienste erbringt oder daran mitwirkt, hat die zur Auskunftserteilung erforderlichen Daten unverzüglich zu übermitteln (§ 101a Abs. 1a Satz 1, 100a Abs. 4 Satz 1 StPO in Verbindung mit § 24 Abs. 4 Satz 1 TTDSG). Zur Durchsetzung der Auskunftspflicht können erforderlichenfalls Ordnungs- und Zwangsmittel, insbes. Ordnungsgeld sowie ersatzweise Ordnungshaft festgesetzt werden (§§ 100a Abs. 4 Satz 3, 95 Abs. 2 Satz 1, 70 StPO). Zudem besteht die Verpflichtung, sowohl gegenüber den Betroffenen als auch gegenüber Dritten über Auskunftsersuchen und -erteilung Stillschweigen zu wahren (§ 24 Abs. 4 Satz 3 TTDSG). Ein Verstoß gegen die Verschwiegenheitsverpflichtung kann ein strafrechtlich relevantes Verhalten (zB Strafvereitelung, Begünstigung oder Beihilfe zu einer Straftat) darstellen.

Nach Auskunft/Identifizierung: Die Benachrichtigung der betroffenen Person wird gemäß § 101a Abs. 7 Satz 2 StPO zurückgestellt, um die weiteren Ermittlungen und Abklärungen zur Verifizierung der Identifizierung, die dafür notwendige zunächst verdeckte Durchführung des Ermittlungsverfahrens sowie die ggf. erforderliche Sicherstellung von Beweismitteln nicht zu gefährden. <...>

4. Bestandsdatenauskunft zu IP-Adresse – § 100j Abs. 2 StPO

Ermittlungsverfahren 353

gegen <...>

wegen <...>

Sehr geehrte Damen und Herren,

in dem vorbezeichneten Ermittlungsverfahren ist die Herausgabe von Bestandsdaten durch Ihr Unternehmen erforderlich.

Ich erbitte daher gemäß § 100j Abs. 2 Strafprozessordnung (StPO) in Verbindung mit §§ 174 Abs. 1 Satz 3, 177 Abs. 1 Nr. 3 Telekommunikationsgesetz (TKG) um Übermittlung der dort gespeicherten Bestandsdaten gemäß §§ 3 Nr. 6, 172 Abs. 1 TKG zu folgender Internetprotokoll-Adresse (IP-Adresse):

- IP-Adresse: <...>
- Datum / Uhrzeit: <...> / <...> MEZ/MESZ

Die Beauskunftung der Bestandsdaten ist gemäß § 100j Abs. 1 StPO in Verbindung mit § 174 Abs. 3 Nr. 1 TKG erforderlich, da zureichende tatsächliche Anhaltspunkte für eine Straftat vorliegen und die zu erhebenden Daten erforderlich sind zur Erforschung des Sachverhalts.

Für die Auskunftserteilung sind sämtliche unternehmensinternen Datenquellen zu berücksichtigen (§ 174 Abs. 1 Satz 4 TKG). Derjenige, der geschäftsmäßig Telekommunikationsdienste oder Telemediendienste erbringt oder daran mitwirkt, hat die zur Auskunftserteilung erforderlichen Daten unverzüglich zu übermitteln (§ 100j Abs. 5 Satz 1 StPO in Verbindung mit § 174 Abs. 6 Satz 1 TKG). Zur Durchsetzung der Auskunftspflicht können erforderlichenfalls Ordnungs- und Zwangsmittel, insbes. Ordnungsgeld sowie ersatzweise Ordnungshaft festgesetzt werden (§ 100j Abs. 5 Satz 2, 95 Abs. 2 Satz 1, 70 StPO). Zudem besteht die Verpflichtung, sowohl gegenüber den Betroffenen als auch gegenüber Dritten über Auskunftsersuchen und -erteilung Stillschweigen zu wahren (§ 174 Abs. 6 Satz 2 TKG). Ein Verstoß gegen die Verschwiegenheitsverpflichtung kann ein strafrechtlich relevantes Verhalten (zB Strafvereitelung, Begünstigung oder Beihilfe zu einer Straftat) darstellen bzw. mit einer Geldbuße bis zu 50.000 Euro geahndet werden (§ 228 Abs. 2 Nr. 56, Abs. 7 Nr. 5 TKG).

Nach Auskunft/Identifizierung: Die Benachrichtigung der betroffenen Person wird gemäß § 100j Abs. 4 Satz 2 StPO zurückgestellt, um die weiteren Ermittlungen und Abklärungen zur Verifizierung der Identifizierung, die dafür notwendige zunächst verdeckte Durchführung des Ermittlungsverfahrens sowie die ggf. erforderliche Sicherstellung von Beweismitteln nicht zu gefährden.

5. Direktanfrage an ausländischen E-Mail-Dienst – § 100j StPO

354 Aktenzeichen: <...>

Submission of basic subscriber data

Official request concerning Section 100j German Code of Criminal Procedure (StPO)

Dear Ladies and Gentlemen,

the Public Prosecutor's Office in <Ort> is currently investigating a case of <Straftatbestand> according to Section <...> German Criminal Code (StGB).

On <Tatzeit> the holder of the account <E-Mail-Adresse> send the following email:

<Screenshot der E-Mail einfügen>

The email itself justifies the initial suspicion of <Straftatbestand> according to Section <...> of the German Criminal Code (StGB).

I. Standardmaßnahmen

According to Section 100j (1) German Code of Criminal Procedure (StPO) and Section 174 Telecommunication Act (TKG), I am kindly asking for submission of basic subscriber-data in the time period from <Datum Beginn> to <Datum Ende> pursuant to meaning of Section 3 no. 6 TKG including the last login IP and alternative e-mail addresses or mobilphone numbers regarding the following account which was used by the perpetrator

- account: <…>

Information on the basic subscriber data is required in accordance with Section 100j (1) StPO and Section 174 (3) No. 1 TKG, as there are sufficient actual indications of a criminal offense and the data to be collected are required to research the facts.

Please do not contact the owner/user of the account, since this would jeopardize the ongoing criminal investigation.

6. Direktanfrage an ausländisches soziales Netzwerk – §§ 100j, 100k StPO

Aktenzeichen: <…> 355

Submission of basic subscriber data and login information

Official request concerning Sections 100j, 100k German Code of Criminal Procedure (StPO)

Dear Ladies and Gentlemen,

the Public Prosecutor's Office in <Ort> is currently investigating a case of <Straftat> according to section <Straftatbestand> German Criminal Code (StGB).

On <Datum> the holder of the account <Profilname> posted the following statement:

<Screenshot einfügen, aus der sich die Äußerung ergibt>

The post can be found at the following URL if it has not been deleted in the meantime:

<URL der Äußerung>

The post itself justifies the initial suspicion of <Straftat> according to section <Straftatbestand> German Criminal Code.

I am kindly asking for

- submission of to the basic subscriber-data according to Section 100j (1) no. 2 of the German Code of Criminal Procedure (StPO) and Section 22 German Telecommunication Telemedia Dataprotection Act (TTDSG) pursuant to Section 2 (2) no. 2 TTDSG
- submission of the login IP-adresses according to Section 100k (3) of the German Code of Criminal Procedure (StPO) and Section 24 German Telecommunication Telemedia Dataprotection Act (TTDSG) pursuant to Section 2 (2) no. 3a TTDSG

in the time period from <Datum Beginn> to <Datum Ende> regarding the following account which was used by the suspect:

- account: <URL des Profils / ID>

Information on the basic subscriber data and the login IP-adresses are required in accordance with Section 100j (1) StPO and Section 174 (3) no 1 TKG as well as Section 100k (3) StPO and Section 24 (3) no. 1 TTDSG as there are sufficient actual indications of a criminal offense and the data to be collected are required to research the facts and identify the unknown suspect. The content of the usage is already known, Section 100k (3) StPO.

Please do not contact the owner/user of the account, since this would jeopardize the ongoing criminal investigation.

Nach Auskunft/Identifizierung: Die Benachrichtigung der betroffenen Person wird gemäß § 101a Abs. 7 Satz 2 StPO zurückgestellt, um die weiteren Ermittlungen und Abklärungen zur Verifizierung der Identifizierung, die dafür notwendige zunächst verdeckte Durchführung des Ermittlungsverfahrens sowie die ggf. erforderliche Sicherstellung von Beweismitteln nicht zu gefährden. <...>

II. Spezialmaßnahmen

1. IP-Tracking – § 100h StPO

356   In dem Ermittlungsverfahren

gegen   <...>

wegen   <...>

wird gemäß § 100h Abs. 1 Nr. 2 StPO der Einsatz technischer Mittel zu Observationszwecken (IP-Tracking) bezüglich des nichtidentifizierten Nutzers der Kennung <...> für einen Zeitraum von <3 Monaten> vom <...> bis <...> angeordnet.

Mit der Durchführung der Maßnahme wird das Polizeipräsidium <...> beauftragt.

Für den Fall der Identifizierung wird die Benachrichtigung der Zielperson bis zum <... [höchstens 12 Monate, § 101 Abs. 6 Satz 1 StPO]> wegen einer Gefährdung des Untersuchungszwecks zurückgestellt (§ 101 Abs. 4 Satz 1 Nr. 7, Abs. 5 Satz 1 und Abs. 7 Satz 1 StPO).

Gründe:

Gegen den Nutzer der Kennung <...> besteht der Verdacht <...>.

Der Tatverdächtige konnte bislang nicht identifiziert werden.

Ziel bei dem beabsichtigten Einsatz technischer Mittel zu Observationszwecken (IP-Tracking) ist es, punktuell im Rahmen einer Internet-Kommunikation mit dem Tatverdächtigen zunächst dessen Internetverbindung (IP-Adresse) zu ermitteln, um darüber den Tatverdächtigen identifizieren zu können.

Das IP-Tracking ist als technisches Mittel zur Täterermittlung auf Grundlage des § 100h Abs. 1 Nr. 2 StPO zulässig (BeckOK StPO/Bär, 43. Ed., StPO § 100g Rn. 25; KK-StPO/Bruns, 8. Aufl., § 100g Rn. 20; BeckOK StPO/Graf, 43. Ed., StPO § 100a Rn. 252 f.;

II. Spezialmaßnahmen

Meyer-Goßner/Schmitt/Köhler StPO, 65. Aufl., § 100g Rn. 45; Krause NStZ 2016, 139, 144; aA *BGH-Ermittlungsrichter*, BeckRS 2015, 17557.).

Auch wenn §§ 100g, 100k StPO allgemeine Befugnisse zur Erhebung von Telekommunikations-Verkehrsdaten bzw. Telemedien-Nutzungsdaten enthalten, folgt daraus kein „Automatismus", dass eine Ermittlung von IP-Adressen in jedem Fall eine Ermittlungsmaßnahme nach §§ 100g Abs. 1, 100k Abs. 1 StPO darstellt. Denn bei dem IP-Tracking liegt kein Eingriff in Art. 10 GG vor, da die staatliche Stelle selbst an der Kommunikation teilnimmt (*BVerfG* NJW 2008, 822, 835). Zudem erfolgt die Erhebung der IP-Adresse nicht bei dem Erbringer von Telekommunikationsdiensten (§ 100g Abs. 5 StPO) oder Telemediendiensten (§ 100k Abs. 5 StPO). Auch ist der durch das IP-Tracking vorgenommene Eingriff in das Recht auf informationelle Selbstbestimmung gemäß Art. 1 Abs. 1 GG iVm Art. 2 Abs. 1 GG ist nicht so schwerwiegend, dass er dem Regelfall der §§ 100g Abs. 1, 100k Abs. 1 StPO entspricht. Denn der Lesebestätigungsdienst wird erst durch ein Tätigwerden des Betroffenen ausgeführt. Je nach Konfiguration der Software des Betroffenen kann die Kontaktaufnahme zu dem externen Server des Lesebestätigungsdienstes zudem unterbunden werden. Auch stellt IP-Tracking immer nur eine punktuelle Maßnahme dar. Die Tracking-Maßnahme bezieht sich nur auf eine konkrete Kommunikationsverbindung. Die übrige Kommunikation des Betroffenen bleibt im Gegensatz zu §§ 100g Abs. 1, 100k Abs. 1 StPO unüberwacht. Letztlich ist die Erstellung eines Bewegungsprofils mittels IP-Tracking nicht möglich. Zwar ist es über Internetrecherchen möglich zu überprüfen, von welchem Provider die jeweilige IP-Adresse für welche Region vergeben wird (sog. Geolocation). Eine solche Ortung der IP-Adresse ist jedoch sehr ungenau. Im Vergleich zu dem Regelfall der §§ 100g, 100k StPO sind bei dem IP-Tracking insbesondere die Kennzeichen „Vollumfänglichkeit" und „Langfristigkeit" der Verkehrs- bzw. Nutzungsdatenüberwachung nicht gegeben. Die „Heimlichkeit" und der Maßnahme und die Möglichkeit der „Erstellung eines Bewegungsprofils" sind stark eingeschränkt. Die Eingriffstiefe des IP-Tracking entspricht daher insgesamt nicht dem Regelfall der §§ 100g Abs. 1, 100k Abs. 1 StPO.

Die Voraussetzungen des § 100h Abs. 1 Satz 2 StPO sind vorliegend erfüllt, da gegen den Tatverdächtigen der Verdacht <...> und damit der Verdacht einer Straftat von erheblicher Bedeutung besteht. <ggf. weitere Begründung>

Ohne die getroffene Anordnung wären die weitere Erforschung des Sachverhalts und die Identifizierung des unbekannten Täters aussichtslos bzw. wesentlich erschwert.

Die Benachrichtigung der betroffenen Zielperson ist für den Fall der Identifizierung zunächst zurückzustellen, um die weiteren Ermittlungen und Abklärungen zur Verifizierung der Identifizierung, die dafür notwendige zunächst verdeckte Durchführung des Ermittlungsverfahrens sowie die ggf. erforderliche Sicherstellung von Beweismitteln nicht zu gefährden. <...>

2. IP-Tracking – §§ 100g, 100k StPO

Geschäftsnummer: <...>

Amtsgericht <...>

Ermittlungsrichter/in

§ 4. Mustertexte für Ermittlungsmaßnahmen

In dem Ermittlungsverfahren

gegen <...>

wegen <Straftat mittels Telekommunikation (§ 100g Abs. 1 Satz 1 Nr. 2 StPO) oder minderschwere Katalogtat (§ 100k Abs. 2 Satz 1 Nr. [...] StPO)>

wird auf Antrag der Staatsanwaltschaft <...>

zum Zwecke der Identifizierung des unbekannten Nutzers der Kennung <...>

- gemäß § 100g Abs. 1 Nr. 2 Strafprozessordnung (StPO) in Verbindung mit §§ 101a Abs. 1a, 100a Abs. 4, 100e Abs. 1 und 3 bis 5 StPO die Erhebung von IP-Adressen als Verkehrsdaten (§ 9 TTDSG)
- gemäß § 100k Abs. 2 Satz 1 Nr. <...> Strafprozessordnung (StPO) in Verbindung mit §§ 101a Abs. 1a, 100a Abs. 4, 100e Abs. 1 und 3 bis 5 StPO die Erhebung von IP-Adressen als Nutzungsdaten (§ 2 Abs. 2 Nr. 3a TTDSG)

durch eigene technische Mittel der <Strafverfolgungsbehörde> im Wege des IP-Tracking für einen Zeitraum von <3 Monaten> vom <...> bis <...> angeordnet.

Die Benachrichtigung des <Beteiligten der betroffenen Telekommunikation / betroffenen Nutzers des Telemediendienstes> von der Erhebung der <Verkehrsdaten / Nutzungsdaten> wird bis zum <... [höchstens 12 Monate, § 101a Abs. 6 Satz 2 Nr. 2 StPO]> wegen einer Gefährdung des Untersuchungszwecks zurückgestellt (§§ 101a Abs. 6 Satz 2 Nr. 1, 101 Abs. 5 Satz 1 StPO).

Gründe:

Es bestehen tatsächliche Anhaltspunkte dafür, dass der <Beschuldigte/bislang unbekannte Beschuldigte> als Täter oder Teilnehmer die folgende Straftat begangen hat: <Sachverhalt>.

Die tatsächlichen Anhaltspunkte beruhen auf <Beweismittel>.

Vor diesem Hintergrund besteht der Verdacht <Verbrechen/Vergehen>, strafbar gemäß <...>.

Dabei handelt es sich um eine Straftat iSd <§ 100g Abs. 1 Satz 1 Nr. 2 StPO, die mittels Telekommunikation begangen worden ist / minderschwere Katalogtat gemäß § 100k Abs. 2 Satz 1 Nr. [...] StPO)>. Eine Anordnung nach § 100h StPO ist damit nicht möglich, weil dem Verfahren keine Straftat von erheblicher Bedeutung zugrunde liegt.

Jedoch ist das IP-Tracking als punktuelle Maßnahme auch bei minderschweren Delikten gemäß <§ 100g Abs. 1 Nr. 2 StPO / § 100k Abs. 2 StPO> möglich. Die Erhebung von <Verkehrsdaten / Nutzungsdaten> kann auch durch eigene Maßnahmen der Strafverfolgungsbehörden durchgeführt werden kann, ohne dass zwingend eine Verpflichtung des <Telekommunikationsdienstes / Telemediendienstes> zur Mitwirkung erforderlich wäre. Auch wenn die Erhebung von <Verkehrsdaten / Nutzungsdaten> in der Regel allein beim dem <Telekommunikationsdienst / Telemediendienst> erfolgt, ist eine Erhebung auf anderem Weg durch den Wortlaut der Vorschrift mit umfasst (BGH-Ermittlungsrichter, BeckRS 2015, 17557, zustimmend BeckOK StPO/Graf, 43. Ed., StPO § 100j Rn. 13; HK-GS/Hartmann, 5. Aufl., § 100g Rn. 3; vgl. auch KK-StPO/Bruns, 8. Aufl., § 100a Rn. 37; HK-GS/Hartmann, 5. Aufl., § 100a Rn. 13; Meyer-Goßner/Schmitt/Köhler, StPO, 65. Aufl., § 100a Rn. 8.)

II. Spezialmaßnahmen 91

<[§ 100g Abs. 1 Satz 1 Nr. 2 StPO:] Die Erforschung des Sachverhalts wäre auf andere Weise aussichtslos, weil (...). Weniger einschneidende und gleichsam geeignete Maßnahmen stehen nicht zur Verfügung. Die Erhebung der Daten steht in einem angemessenen Verhältnis zur Bedeutung der Sache. / [§ 100k Abs. 2 StPO:] Die Erforschung des Sachverhalts wäre auf andere Weise aussichtslos, weil (...). Weniger einschneidende und gleichsam geeignete Maßnahmen stehen nicht zur Verfügung. Die Erhebung der Daten steht in einem angemessenen Verhältnis zur Bedeutung der Sache.>

<[Sofern notwendig:] Aufgrund der tatsächlichen Anhaltspunkte ist die Annahme gerechtfertigt ist, dass der <unbekannte Tatverdächtige> die Kennung <...> nutzt (<§§ 101a Abs. 1 Satz 1, 100a Abs. 3 StPO / § 100k Abs. 4 StPO>).

Eine vorherige Anhörung des Beschuldigten unterbleibt, da sie den Ermittlungszweck gefährden würde, § 33 Abs. 4 Satz 1 StPO.>

Die Benachrichtigung des betroffenen Nutzers ist zunächst für den tenorierten Zeitraum zurückzustellen, um im Falle der Identifizierung die weiteren Ermittlungen und Abklärungen zur Verifizierung der Identifizierung, die dafür notwendige zunächst verdeckte Durchführung des Ermittlungsverfahrens sowie die ggf. erforderliche Sicherstellung von Beweismitteln nicht zu gefährden. <...>

3. Login-Überwachung bei TK-Dienst – § 100g StPO

Geschäftsnummer: <...>   358

Amtsgericht <...>

Ermittlungsrichter/in

In dem Ermittlungsverfahren

gegen   <... (§§ 101a Abs. 1, 100e Abs. 3 Nr. 1 StPO)>

wegen   <Straftat von erheblicher Bedeutung (§ 100g Abs. 1 Satz 1 Nr. 1 StPO) oder Straftat mittels Telekommunikation (§ 100g Abs. 1 Satz 1 Nr. 2 StPO)>

wird auf Antrag der Staatsanwaltschaft <...>

gemäß § 100g Abs. 1 Nr. <...> Strafprozessordnung (StPO) in Verbindung mit §§ 101a Abs. 1, 100a Abs. 4, 100e Abs. 1 und 3 bis 5 StPO sowie § 170 Abs. 1 bzw. Abs. 2 Telekommunikationsgesetz (TKG) der Telekommunikations-Diensteanbieter <...> verpflichtet, betreffend das Nutzerkonto mit der

- Kennung: <...>
- Inhaber: <...[Personalien aus Bestandsdaten]>

für einen Zeitraum von <3 Monaten> vom <...> bis <...> die anfallenden Verkehrsdaten (§§ 9 und 12 TTDSG), insbesondere die Login-IP-Adressen <im Fall des § 100g Abs. 1 Satz 1 Nr. 1 StPO: inklusive der Standortdaten>, zu erheben und in Echtzeit an <...> zu übersenden.

Die Benachrichtigung der Beteiligten der betroffenen Telekommunikation von der Erhebung der Verkehrsdaten wird bis zum < ... [höchstens 12 Monate, § 101a Abs. 6

Satz 2 Nr. 2 StPO]> wegen einer Gefährdung des Untersuchungszwecks zurückgestellt (§§ 101a Abs. 6 Satz 2 Nr. 1, 101 Abs. 5 Satz 1 StPO).

Gründe:

Es bestehen tatsächliche Anhaltspunkte dafür, dass der <bislang unbekannte Nutzer der Kennung [...]> als Täter oder Teilnehmer die folgende Straftat begangen hat: <Sachverhalt>.

Die tatsächlichen Anhaltspunkte beruhen auf <Beweismittel>.

Vor diesem Hintergrund besteht der Verdacht <Verbrechen/Vergehen>, strafbar gemäß <...>.

Dabei handelt es sich um eine Straftat iSd <§ 100g Abs. 1 Satz 1 Nr. 1 StPO. Die Straftat wiegt auch im Einzelfall schwer, weil (...) / § 100g Abs. 1 Satz 1 Nr. 1 2 StPO, die mittels Telekommunikation begangen worden ist>.

<[§ 100g Abs. 1 Satz 1 Nr. 1 StPO:] Die Erhebung der Verkehrsdaten (sowie der Standortdaten) ist zur Erforschung des Sachverhalts erforderlich, weil (...). Weniger einschneidende und gleichsam geeignete Maßnahmen stehen nicht zur Verfügung. Die Erhebung der Daten steht in einem angemessenen Verhältnis zur Bedeutung der Sache. / [§ 100g Abs. 1 Satz 1 Nr. 2 StPO:] Die Erforschung des Sachverhalts wäre auf andere Weise aussichtslos, weil (...) Weniger einschneidende und gleichsam geeignete Maßnahmen stehen nicht zur Verfügung. Die Erhebung der Daten steht in einem angemessenen Verhältnis zur Bedeutung der Sache.>

<[Sofern notwendig:] Aufgrund der tatsächlichen Anhaltspunkte ist die Annahme gerechtfertigt ist, dass der [...] die Kennung [...] nutzt (§§ 101a Abs. 1 Satz 1, 100a Abs. 3 StPO / § 100k Abs. 4 StPO). / Eine vorherige Anhörung des Beschuldigten unterbleibt, da sie den Ermittlungszweck gefährden würde, § 33 Abs. 4 Satz 1 StPO.>

Die Benachrichtigung des betroffenen Nutzers ist zunächst für den tenorierten Zeitraum zurückzustellen, um im Falle der Identifizierung die weiteren Ermittlungen und Abklärungen zur Verifizierung der Identifizierung, die dafür notwendige zunächst verdeckte Durchführung des Ermittlungsverfahrens sowie die ggf. erforderliche Sicherstellung von Beweismitteln nicht zu gefährden. <...>

4. Login-Überwachung bei TM-Dienst – § 100k StPO

359 Geschäftsnummer: <...>

Amtsgericht <...>

Ermittlungsrichter/in

In dem Ermittlungsverfahren

gegen   <... (§§ 101a Abs. 1a, 100e Abs. 3 Nr. 1 StPO)>

wegen   <Straftat von erheblicher Bedeutung (§ 100k Abs. 1 StPO) oder Katalogtat (§ 100k Abs. 2 StPO)>

wird auf Antrag der Staatsanwaltschaft <...>

II. Spezialmaßnahmen

- gemäß § 100k Abs. 1 Satz 1 Strafprozessordnung (StPO) in Verbindung mit §§ 101a Abs. 1a, 100a Abs. 4, 100e Abs. 1 und 3 bis 5 StPO sowie § 24 Abs. 1 Satz 1, Abs. 2, Abs. 3 Nr. 1, Abs. 4 Satz 1 Telekommunikation-Telemedien-Datenschutzgesetz (TTDSG)
- gemäß § 100k Abs. 2 Satz 1 Nr. <...> Strafprozessordnung (StPO) in Verbindung mit §§ 101a Abs. 1a, 100a Abs. 4, 100e Abs. 1 und 3 bis 5 StPO sowie § 24 Abs. 1 Satz 1, Abs. 2, Abs. 3 Nr. 1, Abs. 4 Satz 1 Telekommunikation-Telemedien-Datenschutzgesetz (TTDSG)

der Telemedien-Diensteanbieter <...> verpflichtet, betreffend das Nutzerkonto mit der

- Kennung: <...>
- Inhaber: <... [Personalien aus Bestandsdaten]>

für einen Zeitraum von <3 Monaten> vom <...> bis <...> die anfallenden Nutzungsdaten gemäß § 2 Abs. 2 Nr. 3 TTDSG, insbesondere die Login-IP-Adressen <im Fall des § 100k Abs. 1 StPO: inklusive der Standortdaten>, zu erheben und in Echtzeit an <...> zu übersenden.

Die Benachrichtigung des betroffenen Nutzers des Telemediendienstes von der Erhebung der Nutzungsdaten wird bis zum < ... [höchstens 12 Monate, § 101a Abs. 6 Satz 2 Nr. 2 StPO]> wegen einer Gefährdung des Untersuchungszwecks zurückgestellt (§§ 101a Abs. 6 Satz 2 Nr. 1, 101 Abs. 5 Satz 1 StPO).

Gründe:

Es bestehen tatsächliche Anhaltspunkte dafür, dass der <bislang unbekannte Beschuldigte> als Täter oder Teilnehmer die folgende Straftat begangen hat: <Sachverhalt>.

Die tatsächlichen Anhaltspunkte beruhen auf <Beweismittel>.

Vor diesem Hintergrund besteht der Verdacht <Verbrechen/Vergehen>, strafbar gemäß <...>.

Dabei handelt es sich um eine Straftat iSd <§ 100k Abs. 1 StPO. Die Straftat wiegt auch im Einzelfall schwer, weil (...). / § 100k Abs. 2 StPO, die mittels Telemedien begangen worden ist>.

<[§ 100k Abs. 1 StPO]: Die Erhebung der Nutzungsdaten sowie der Standortdaten ist zur Erforschung des Sachverhalts erforderlich, weil (...). Weniger einschneidende und gleichsam geeignete Maßnahmen stehen nicht zur Verfügung. Die Erhebung der Daten steht in einem angemessenen Verhältnis zur Bedeutung der Sache. / [§ 100k Abs. 2 StPO:] Die Erforschung des Sachverhalts wäre auf andere Weise aussichtslos, weil (...). Weniger einschneidende und gleichsam geeignete Maßnahmen stehen nicht zur Verfügung. Die Erhebung der Daten steht in einem angemessenen Verhältnis zur Bedeutung der Sache.>

<[Sofern notwendig:] Aufgrund der tatsächlichen Anhaltspunkte ist die Annahme gerechtfertigt ist, dass der [...] die Kennung [...] nutzt (§ 100k Abs. 4 StPO). / Eine vorherige Anhörung des Beschuldigten unterbleibt, da sie den Ermittlungszweck gefährden würde, § 33 Abs. 4 Satz 1 StPO.>

Die Benachrichtigung des betroffenen Nutzers ist zunächst für den tenorierten Zeitraum zurückzustellen, um im Falle der Identifizierung die weiteren Ermittlungen und Abklärungen zur Verifizierung der Identifizierung, die dafür notwendige zunächst verdeckte

5. Vorläufige E-Mail-Sicherstellung bei Dienstanbieter – § 103 StPO

360   Geschäftsnummer: <...>

Amtsgericht <...>

Ermittlungsrichter/in

In dem Ermittlungsverfahren

gegen   <Unbekannt >

wegen   <Straftat>

wird auf Antrag der Staatsanwaltschaft <...>

gemäß §§ 103 Abs. 1 Satz 1, 105 Abs. 1 Satz 2 StPO die Durchsuchung der Geschäftsräume des E-Mail-Dienstanbieters <...> zum Zwecke der vorläufigen Sicherstellung des aktuellen Inhalts des E-Mail-Postfachs <...> angeordnet.

Die Durchsuchung erstreckt sich auch auf vom Durchsuchungsobjekt räumlich getrennte Speichermedien (§ 110 Abs. 3 StPO).

Gründe:

Der <unbekannte Nutzer der Kennung ...> ist verdächtig, <Sachverhalt>.

Die tatsächlichen Anhaltspunkte für diesen Verdacht beruhen auf <Beweismittel>.

Vor diesem Hintergrund besteht der Verdacht <Verbrechen/Vergehen>, strafbar gemäß <...>.

Es bestehen tatsächliche Anhaltspunkte dafür, dass der <unbekannte Nutzer> die E-Mail-Adresse <...> nutzt. Aufgrund dieses Umstands ist die Annahme gerechtfertigt, dass die Durchsuchung zum Auffinden beweisrelevanter E-Mails bei dem E-Mail-Dienstanbieter führen wird.

Die angeordnete Maßnahme steht in angemessenem Verhältnis zur Schwere der Tat und zur Stärke des Tatverdachts und ist für die Ermittlungen notwendig, da die bisherigen Ermittlungen zur Identifizierung des Tatverdächtigen erfolglos geblieben sind.

Eine vorherige Anhörung des Betroffenen <sowie des Beschuldigten> unterbleibt, da sie den Ermittlungszweck gefährden würde (§ 33 Abs. 4 Satz 1 StPO).

6. E-Mail-Beschlagnahme nach Sichtung – §§ 94, 95a StPO

361   Geschäftsnummer: <...>

Amtsgericht <...>

Ermittlungsrichter/in in dem Ermittlungsverfahren

gegen   <Unbekannt>

II. Spezialmaßnahmen

wegen   <Straftat>

wird auf Antrag der Staatsanwaltschaft <...>

gemäß §§ 94 Abs. 1 und 2, 98 Abs. 1 Satz 1 Strafprozessordnung (StPO) die Beschlagnahme der folgenden, vorläufig sichergestellten E-Mails des Postfachs <...> bei dem E-Mail-Dienstanbieter <...> angeordnet:

- Eingegangene E-Mail vom <...> mit dem Betreff <...>
- Gesendete E-Mail vom <...> mit dem Betreff <...>
- <...>.

<Wegen einer Gefährdung des Untersuchungszwecks wird die Benachrichtigung des Beschuldigten von der Beschlagnahme der E-Mails bis zum [max. 6 Monate (§ 95a Abs. 2 Satz 2 und 3 StPO] zurückgestellt (§ 95a Abs. 1 Nr. 1 und 2 und Abs. 2 Satz 1 StPO).>

<Der betroffene E-Mail-Dienstanbieter [...] wird verpflichtet, für die Dauer der Zurückstellung gegenüber dem Beschuldigten und Dritten die Beschlagnahme [sowie die der Beschlagnahme vorausgegangene Durchsuchung nach §§ 103, 110 StPO oder Herausgabeanordnung nach § 95 StPO] nicht zu offenbaren (§ 95a Abs. 6 Satz 1 StPO).>

Gründe:

Der <unbekannte Nutzer des Profils ...> ist verdächtig, <Sachverhalt>.

Die tatsächlichen Anhaltspunkte für diesen Verdacht beruhen auf <Beweismittel>.

Vor diesem Hintergrund besteht der Verdacht <Verbrechen/Vergehen>, strafbar gemäß <...>.

Es bestehen tatsächliche Anhaltspunkte dafür, dass der <unbekannte Tatverdächtige> die E-Mail-Adresse <...> nutzt.

Im Rahmen einer Auswertung des gemäß <§§ 103, 110 StPO bzw. § 95 StPO> vorläufig sichergestellten Inhalts des E-Mail-Postfachs <...> hat die Staatsanwaltschaft die im Tenor genannten E-Mails aufgefunden. Die Beschlagnahme dieser E-Mails ist notwendig, weil diese als Beweismittel für das Verfahren in Betracht kommen, da <...>.

<Gegenstand des Verfahrens ist eine Straftat iSd § 95a Abs. 1 Nr. 1 StPO. Die Straftat wiegt auch im Einzelfall schwer, weil (...).>

<Die Benachrichtigung des Beschuldigten von der Beschlagnahme der E-Mails ist aufgrund einer damit verbundenen Gefährdung des Untersuchungszwecks zurückzustellen (§ 95a Abs. 1 StPO). Es besteht die begründete Erwartung, dass durch die verdeckte Ermittlungsführung weitere beweiserhebliche Erkenntnisse gewonnen werden können, aber diese Erlangung bei Kenntnis des Beschuldigten von den gegen ihn gerichteten Ermittlungen in Frage steht, weil [...].>

<Die [Erforschung des Sachverhalts oder die Ermittlung des Aufenthaltsortes des Beschuldigten] auf andere Weise wäre bei einer Benachrichtigung des Beschuldigten wesentlich erschwert oder aussichtslos, da [...] (§ 95a Abs. 1 Nr. 2 StPO). Alternative zielführende Ermittlungsmaßnahmen mit geringerem Eingriffsgewicht stehen damit nicht zur Verfügung.>

<Unter Würdigung aller Umstände und nach Abwägung der Interessen der Beteiligten ist auch ein Offenbarungsverbot gemäß § 95a Abs. 6 Satz 1 StPO erforderlich, weil [...].>

7. E-Mail-Überwachung – § 100a StPO

362 Geschäftsnummer: <...>

Amtsgericht <...>

Ermittlungsrichter/in

In dem Ermittlungsverfahren

gegen   <... (§ 100e Abs. 3 Nr. 1 StPO)>

wegen   <Katalogstraftat (§ 100a Abs. 2 Satz 1 Nr. 1d StPO)>

wird auf Antrag der Staatsanwaltschaft <...>

gemäß § 100a Abs. 1 Satz 1, Abs. 2 Nr. 1d Strafprozessordnung (StPO) in Verbindung mit § 100e Abs. 1 Satz 1 und Abs. 3 bis 5 StPO der Telekommunikations-Diensteanbieter <...> verpflichtet, zum Zwecke der Überwachung und Aufzeichnung der Telekommunikation betreffend das Nutzerkonto mit der

Kennung: <E-Mail-Adresse>

Inhaber: <...[Personalien aus Bestandsdaten]>

die noch vorhandene Telekommunikation (Inhalte einschließlich gespeicherter Nachrichten inklusive der Nachrichtenanhänge, insbesondere auch der noch nicht endgültig gelöschten Nachrichten sowie der noch nicht abgesendeten Nachrichtenentwürfe) und für einen Zeitraum von <3 Monaten> vom <...> bis <...> die zukünftige Telekommunikation (Inhalte, Verkehrsdaten und Zeiten) zu erheben und in Echtzeit an <...> auszuleiten.

Die Benachrichtigung der Beteiligten der überwachten Telekommunikation wird bis zum < ... [höchstens 12 Monate, § 101 Abs. 6 Satz 1 StPO]> wegen einer Gefährdung des Untersuchungszwecks zurückgestellt (§ 101 Abs. 4 Satz 1 Nr. 3, Abs. 5 Satz 1 und Abs. 7 Satz 1 StPO).

Gründe:

Es bestehen tatsächliche Anhaltspunkte dafür, dass der <bislang unbekannte Nutzer der Kennung [...]> als Täter oder Teilnehmer die folgende Straftat begangen hat: <Sachverhalt>.

Die tatsächlichen Anhaltspunkte beruhen auf <Beweismittel>.

Vor diesem Hintergrund besteht der Verdacht <Verbrechen/Vergehen>, strafbar gemäß <...>.

Dabei handelt es sich um eine Straftat iSd <§ 100a Abs. 2 Satz 1 Nr. 1d StPO. Die Straftat wiegt auch im Einzelfall schwer, weil (...)>.

Es bestehen tatsächliche Anhaltspunkte dafür, dass der <unbekannte Tatverdächtige> die E-Mail-Adresse <...> nutzt.

II. Spezialmaßnahmen

§ 100a StPO ist nach der Rechtsprechung des *Bundesgerichtshofs* sowohl für den Zugriff auf die Daten beim Senden und Abrufen als auch für den Zugriff auf beim Provider zwischen- oder endgespeicherte E-Mails, die zeitlich vor der richterlichen Überwachungsanordnung empfangen oder versandt und abgespeichert worden sind (BGH NStZ 2021, 355 Rn. 19; NJW 2003, 2034, 2035; NJW 1997, 1934, 1935; ebenso KK-StPO/Bruns, 8. Aufl., § 100a Rn. 20 f.; MüKoStPO/Günther, 1. Aufl., § 100a Rn. 135 ff.; Meyer-Goßner/Schmitt/Köhler StPO, 65. Aufl., § 100a Rn. 6c). Auch hat das *Bundesverfassungsgericht* in seiner Grundsatzentscheidung zur Sicherstellung von E-Mails den verdeckten Zugriff auf beim Provider gespeicherte E-Mails nicht ausgeschlossen, sondern an besonders hohe Anforderungen hinsichtlich der Bedeutung der zu verfolgenden Straftat und des Grades des Tatverdachts geknüpft (*BVerfG* NJW 2009, 2434 Rn. 69). Diese hochschwelligen Eingriffsvoraussetzungen enthält § 100a StPO.

Die Erforschung und Aufklärung des Sachverhaltes wären ohne diese Anordnung aussichtslos bzw. wesentlich erschwert, da <die bisherigen Ermittlungen zur Identifizierung des Tatverdächtigen erfolglos geblieben sind. (...)> Weniger einschneidende und gleichsam geeignete Maßnahmen stehen nicht zur Verfügung. Die Erhebung der Daten steht in einem angemessenen Verhältnis zur Schwere der Tat und zur Stärke des Tatverdachts und sind für die Ermittlungen notwendig. <...>

Die Benachrichtigung des betroffenen Nutzers ist zunächst für den tenorierten Zeitraum zurückzustellen, um im Falle der Identifizierung die weiteren Ermittlungen und Abklärungen zur Verifizierung der Identifizierung, die dafür notwendige zunächst verdeckte Durchführung des Ermittlungsverfahrens sowie die ggf. erforderliche Sicherstellung von Beweismitteln nicht zu gefährden. <...>

Eine vorherige Anhörung des Betroffenen <sowie des Beschuldigten> unterbleibt, da sie den Ermittlungszweck gefährden würde (§ 33 Abs. 4 Satz 1 StPO).

Glossar

Abonnenten
Nutzer, der einen Kanal in den sozialen Medien mit abonniert hat und dadurch alle neuen Inhalte des Kanals automatisch angezeigt bekommt.

Administrator
Technisch verantwortlicher Benutzer mit uneingeschränkten Systemrechten, zB Betreiber von Webseiten, Foren, Gruppen, Kanälen etc.

Antworten
Funktion, mit der in sozialen Medien öffentlich auf die Äußerung eines anderen Nutzers reagiert werden kann, wodurch ein Thread erzeugt wird.

App / Applikation
Anwendungssoftware für Mobilgeräte wie Smartphones und Tablets beziehungsweise mobile Betriebssysteme.

Biografie
Abschnitt eines digitalen Profils, das Informationen zu dem Inhaber enthält, zB Namen, Familienstand, Interessen, Familienangehörige etc.

Blog
Digitale Publikation, in der üblicherweise ein „Blogger" regelmäßig Inhalte wie Texte und Bilder veröffentlicht.

Browser
Anwenderprogramm zum Abruf und zur Anzeige von Webseiten, zB Edge, Chrome, Firefox, Safari.

Chat
Online-Kommunikation mit einer Person oder mehreren Personen in Gruppen, die Text, Audioaufnahmen, Bilder und Videos enthalten können.

Counter-Speech
Gegenrede als die Strategie, auf Hasskommentare mit positiven Erwiderungen zu reagieren, statt diese lediglich zu zensieren, zu ignorieren oder durch weitere, gegen die ursprünglichen Hasskommentare gerichteten negativen Kommentare zu eskalieren.

Darknet
Abgeschlossenes Netzwerk mit Webseiten, Foren, Handelsplattformen etc., die nicht in normalen Suchmaschinen indiziert sind und nur über spezielle Browser wie den Tor-Browser zugänglich sind.

Deepweb
Teil des World Wide Webs, der mit allen Browsern erreichbar ist, aber nur manchen Benutzern zugänglich, indem die Inhalte nicht frei zugänglich sind oder nicht von Suchmaschinen indiziert werden.

Domain
Weltweit eindeutiger Name einer Webseite, der als Domain unterhalb von Internetendungen wie zB „.de" registriert werden kann.

Download
Herunterladen eines Inhalts von einer Internet-Plattform.

Dynamische IP-Adresse
Dynamische IP-Adressen kommen bei der normalen Internetnutzung am häufigsten vor. Bei einer Einwahl ins Internet vergibt der Internetanbieter dem Kunden eine noch nicht belegte, zufällige IP-Adresse aus seinem Bestand. Diese Zuteilung ändert sich automatisch in regelmäßigen Zeitabständen, meist alle 24 Stunden.

Emoji
Grafiken, mit denen in sozialen Netzwerken Äußerungen symbolisiert (zB Daumen hoch) oder Emotionen ausgedrückt werden können (zB Smiley-Gesicht).

Erwähnung
Bei einer Erwähnung wird ein Nutzer in einer Nachricht über soziale Medien markiert. Diese Erwähnung führt zunächst dazu, dass der betroffene Nutzer eine Benachrichtigung erhält. Zudem können Nutzern durch einen Klick auf die Erwähnung direkt auf das Profil des erwähnten Nutzers gelangen.

Facebook
Soziales Netzwerk des U.S.-amerikanischen Unternehmen Meta Platforms zum Aufbau von persönlichen Beziehungen; schätzungsweise über 30 Millionen deutsche Nutzer.

Fakename
Kunstname („Spitzname") als Identität bei der Internetkommunikation

Fake News
Über digitale Medien verbreitete falsche oder manipulierte Nachrichten, mit denen bewusst unwahre Behauptungen aufgestellt werden wie zB das „In-den-Mund-legen" von politischen Statements oder das Erfinden von Vorkommnissen.

Fan
Nutzer, der einer Facebook-Seite ein „Like" („Gefällt mir") gibt.

Feed
Anzeige der neuesten Inhalte und Aktualisierungen der Personen, denen ein Nutzer folgt.

Freemail
Bezeichnet das kostenlose Angebot einer E-Mail-Adresse und eines E-Mail-Postfachs (Mailbox) zum Senden und zum Empfangen von E-Mails seitens eines E-Mail-Anbieters.

Follower
Nutzer, der in sozialen Medien ein Profil mit „Gefällt mir" markiert bzw. einen Kanal abonniert hat.

Forum
Internetseite, auf der sich die Benutzer über bestimmte Themen austauschen können. Daei werden Beiträge üblicherweise nicht unmittelbar, sondern zeitversetzt beantwortet und dadurch archiviert.

Freunde
Verbindung zwischen privaten Facebook-Nutzern, die anders als bei einem Fan oder einem Follower von beiden Seiten bestätigt werden muss.

GMail
E-Mail-Dienst des U.S.-amerikanischen Unternehmens Google.

Google
U.S.-amerikanisches Unternehmen, das ua die gleichnamige Suchmaschine sowie den Videodienst YouTube und den E-Mail-Dient Gmail anbietet.

Gruppe
Öffentlich einsehbarer oder privater Zusammenschluss von Nutzern innerhalb eines sozialen Netzwerks wie Facebook, Snapchat oder LinkedIn, in dem Mitglieder mit gemeinsamen Interessen Informationen austauschen und über relevante Themen diskutieren.

Hashtag
Wort, dem das Zeichen „#" vorangestellt ist, um diese in sozialen Medien als Teil eines übergreifenden Themas oder einer umfassenderen Konversation zu markieren (zB #Hatespeech).

Homepage
Webseite, die als Erstes angezeigt wird, wenn eine Domain ohne weitere Adressergänzung aufgerufen wird („Startseite" einer Webseite).

Host-Provider
Anbieter von Speicherplatz und technischer Infrastruktur, mit der Dritte Webseiten, Foren, Plattformen etc. betreiben können.

Instagram
Soziales Netzwerk des U.S.-amerikanischen Unternehmens Meta Platforms mit Schwerpunkt auf Video- und Foto-Darstellung; schätzungsweise über 15 Millionen deutsche Nutzer.

IP-Adresse
Jedes Gerät, das sich wie zB Smartphones, Tablets oder Drucker mit dem Internet verbindet, besitzt eine eindeutig identifizierbare Adresse nach dem Internetprotokoll, kurz: IP-Adresse. IP-Adressen werden von den Internetzugangsanbietern an ihre Kunden vergeben und funktionieren wie Telefonnummern im Internet.

IP-Tracking
Ermittlung der IP-Adresse eines Kommunikationspartners durch technische Maßnahmen im Wege einer laufenden Telekommunikation.

Imageboard
Forum, bei dem Bilder ausgetauscht und kommentiert werden können.

Kanal
Öffentlich einsehbarer oder privater Zusammenschluss von Nutzern innerhalb eines sozialen Netzwerks wie Telegram oder YouTube, in dem nur der Ersteller Beiträge verfassen kann.

Klick
Aufruf eines Inhalts durch Anklicken eines Links. Klickzahlen sind ein Gradmesser für die Relevanz einer Äußerung.

Kommentar
Reaktion eines Nutzers auf eine vorherige Äußerung eines anderen Nutzers, etwa durch Text, Emojis, Memes etc.

Kommentarspalte
Anzeige der Antworten und Kommentare zu einer Äußerung.

Like
Interaktionsform in sozialen Medien, mit der man angeben kann, dass einem ein Inhalt gefällt („Gefällt mir" bzw. „Mag ich"). Auf Facebook und YouTube steht dafür ein „Daumen-hoch"-Symbol, auf Instagram und Twitter ein „Herz"-Symbol zur Verfügung.

Link
Sprungmarke zu einem anderen Online-Inhalt, der durch einfaches Anklicken erreicht werden kann.

LinkedIn
Soziales Netzwerk des U.S.-amerikanischen Unternehmens Microsoft Cooperation zur Pflege bestehender Geschäftskontakte und zum Knüpfen von neuen geschäftlichen Verbindungen; schätzungsweise 18 Millionen Nutzer in Deutschland, Österreich und der Schweiz.

Login
Vorgang der Anmeldung bei einem IT-System oder Dienst, etwa durch Eingabe von Benutzername und Passwort.

Mailserver
Server, der es ermöglicht, E-Mails zu empfangen, zu senden, weiterzuleiten und für den Abruf bereitzuhalten.

Meme
Grafik mit Bild und Text, die als Witz oder Kommentar zum Teilen in sozialen Netzwerken gemacht wurde.

Messenger
Anwendung zur Übermittlung von Texten, Bildern, Audio- und Videodateien als Sofortnachrichten wie zB WhatsApp und Telegram bzw. Facebook Messenger oder Instagram Direct.

Moderator
Verantwortlicher Nutzer für Inhalte in Webseiten, Foren, Gruppen, Kanälen etc. Moderatoren beteiligen sich an Diskussionen und achten auf die Einhaltung der jeweiligen Regeln. Dazu kann der Moderator unangemessene Beiträge löschen und die Urheber sperren oder ausschließen. Der Moderator verfügt anders als der Administrator jedoch nicht über uneingeschränkte Systemrechte.

Newsfeed
Anzeige der neuesten Inhalte und Aktualisierungen der Personen, denen ein Nutzer folgt.

Nickname
selbst gewählter „Spitzname" als Identitätsmerkmal.

Online-Wache
Virtuelle Polizeidienststellen und Online-Portale der Polizei, über die Bürger bestimmte Eingaben wie die Erstattung von Strafanzeigen online erledigen können.

Plattform
Internetpräsenz wie soziales Netzwerk, Webseite oder Blog, die Nutzern die Möglichkeit zur Erstellung eigener Beiträge gibt.

Post
Teilen von Inhalten und Statusaktualisierungen in einem sozialen Netzwerk, Blog oder Forum, bei Twitter „Tweet", bei Snapchat „Snap".

Provider
Dienstanbieter.

Reaktionen
Form der Interaktion in sozialen Medien, die durch Emojis angezeigt werden, wie Likes, Herz, Haha, Wow, Traurig oder Wütend.

Reichweite
Gesamtzahl der Personen, die man mit einer Äußerung in sozialen Medien erreichen kann, indem die Äußerung in dem Feed bzw. Newsfeed der Nutzer erscheint.

Screenshot
Fotoähnliche Speicherung eines Bildschirminhalts.

Server
Eine in ein Rechnernetz eingebundene physische Maschine, auf der neben dem Betriebssystem ein oder mehrere Dienstprogramme zur Ermöglichung des Datenaustauschs laufen.

Smartphone
Mobiltelefon mit umfangreichen Computer-Funktionalitäten und Möglichkeit zur Internetkommunikation.

Smiley
Grafische Darstellung eines Gesichtsausdrucks, um eine bestimmte Emotion auszudrücken.

Snapchat
App für die Erstellung und Versendung von Foto- und Videonachrichten, der insbesondere dem Versand von mit Filtern bearbeiteten Fotos und kurzen Videos dient; schätzungsweise über 12 Millionen deutsche Nutzer.

Soziale Medien
Webseiten und Apps, über die Nutzer interaktiv Inhalte kreieren, teilen und sich vernetzen können.

Soziales Netzwerk
Kommunikationsplattform zur Präsentation von persönlichen Inhalten und Multimediadateien mit der Möglichkeit, persönliche Beziehungen aufzubauen und sich der Öffentlichkeit oder nur einem bestimmten Kreis von „Freunden" zu präsentieren.

statische IP-Adresse
Gleichbleibende IP-Adresse, die zB für Webserver eingesetzt werden, die immer unter der gleichen URL erreichbar sein sollen.

Tablet
Tragbarer flacher Computer in der Form eines Schreibblocks, der durch Berühren des Bildschirms mit dem Finger bedient wird.

Teilen
Inhalte von anderen Nutzern über das eigene Profil in sozialen Medien veröffentlichen, so dass diese auf der eigenen Präsenz bzw. Pinnwand erscheinen („Reposten", „Retweeten" etc.).

Telegram
In Russland entwickelter Messenger, der über Gruppen und Kanäle auch Funktionen eines sozialen Netzwerks zur Verfügung stellt; schätzungsweise knapp 8 Millionen deutsche Nutzer.

Thread
Nachrichtenstrang einer Konversation, der beginnend mit einer ursprünglichen Nachricht eine Reihe von Antworten und Kommentaren dazu enthält.

TikTok
Soziales Netzwerk des chinesischen Unternehmen ByteDance zur Erstellung, Veröffentlichung und Kommentierung von Musikvideos und anderen kurzen Videoclips; schätzungsweise über 15 Millionen deutsche Nutzer.

Timeline
Profilseite eines Profils in sozialen Netzwerken wie etwa Facebook und Instagram-Accounts, über die sowohl Informationen zur Person als auch veröffentliche Beiträge zu sehen sind.

Tweet
Kurznachricht auf Twitter.

Twitter
Soziales Netzwerk des U.S.-amerikanischen Unternehmen Twitter Inc. zur Veröffentlichung und Kommentierung von kurzen Textnachrichten (max. 280 Zeichen) (Tweets) im Internet; schätzungsweise knapp 8 Millionen deutsche Nutzer.

URL
URL ist die Abkürzung für Uniform Resource Locator („einheitlicher Ressourcenanzeiger") und bedeutet die Adresse einer Webseite, eines Forums, einer Plattform etc.

Upload
Hochladen eines Inhalts auf eine Internet-Plattform, um einen Download zu ermöglichen.

VK
Soziales Netzwerk des gleichnamigen russischen Unternehmens zum Aufbau von persönlichen Beziehungen wie Facebook.

Webserver
Server, der Webseiten speichert und die Inhalte auf Anfrage etwa eines Browsers ausliefert.

Webseite
Seite bzw. Gesamtheit der hinter einer Adresse stehenden Seiten im World Wide Web, die über einen Webserver bereitgestellt und durch einen Browser aufgerufen werden kann.

WhatsApp
Messenger, der vom U.S.-amerikanischen Unternehmen Meta Platforms betrieben wird; schätzungsweise 60 Millionen deutsche Nutzer.

YouTube
Videoportal des U.S.-amerikanischen Unternehmens Google LLC, auf dem Nutzer Videoclips hochladen sowie ansehen, bewerten, und kommentieren können; schätzungsweise knapp 50 Millionen deutsche Nutzer.

Stichwortverzeichnis

Die Zahlen verweisen auf Randnummern.

A
Abonnenten 113, 184, 210
Abstrakte Gefährdungsdelikte 80
Abwägung 76, 196, 206 ff., 235
– Breitenwirkung 210
– Reichweite 210
ACAB 212
Administrator 151
Aktionsprogramm 1
– Gemeinsam gegen Hass im Netz 1
– Hessen gegen Hetze 1
– Konsequent gegen Hass 1
Allgemeinheit *siehe Schutz der Allgemeinheit*
Altermedia 154
Andenken Verstorbener *siehe Verunglimpfung*
Androhung von Straftaten 133, 135
– Bedingung 135
– Vortäuschen 136
– Warnung 135
Anmelden in Gruppen 254
Anschlag in Halle 30
Anschlag in Hanau 31
Antisemitismus 94
Antragsdelikte 95, 231
Anwendbarkeit StGB 77 ff., 155
– Abstrakte Gefährdungsdelikte 80
– Erfolgsort 79
– Handelsplattformen 155
– Handlungsort 78
Anwendungsvorrang 52
Appelcharakter 130
Arbeit macht frei 178
Auffangcharakter 153
Auffordern 162
Aufforderung zu Straftaten 130
– Befürwortung 132
– Meinungsfreiheit 132
Aufstacheln 160

Auslandsgruppe 173
Auslandshandlung 79
Auslandstat 192
Auslegung 67, 68
Ausschlussfrist 104

B
Bedrohung 242 ff.
– Bedingung 244
– Kenntnis des Adressaten 245
Begriffsbestimmung Hate Speech 10, 12
Beihilfe 148, 151, 154
Bekenntnisse 168
Beleidigung 194 ff.
– Abwägung 196, 206 ff.
– Abwägungskriterien 208 ff.
– Auslegung 195
– Formalbeleidigung 197 ff.
– Kollektivbeleidigung 212
– Kontextrecherche 195
– Machtkritik 211
– Mai-Beschlüsse des BVerfG 207 ff.
– Meinungsfreiheit 195, 206 ff.
– Öffentliche Tatbegehung 194, 229
– Personen des politischen Lebens 225 ff.
– Sachbezug 197, 199, 202, 204, 206
– Schmähkritik 201 ff., 206
Beleidigungsfreie Sphäre 213
Benachrichtigung des Betroffenen 279, 290, 313, 318, 321 ff.
– Befugnis 279, 290, 313, 321, 325
– Zurückstellung 279, 290, 313, 318, 321 ff.
Beschimpfung 168
Beschlagnahme 314
– E-Mail *siehe E-Mail-Beschlagnahme*
Besonderes öffentliches Interesse an der Strafverfolgung 232
Bestandsdatenauskunft 257 ff., 291 ff.
– Ausländische Dienstanbieter 291 ff.

- E-Mail-Adressen 262, 265
- Mobilrufnummern 262, 265
- Mustertext 351
- Pflicht zur Beauskunftung 266
- Pflicht zur Verschwiegenheit 268
- Qualifizierte Bestandsdatenauskunft 281 ff.
- Registrierungsdaten 257
- Telekommunikationsdienste 258 ff.
- Telemediendienste 263 ff.
- Verifizierungspflicht 261, 265
- Verpflichtung zur Erhebung 260, 265
- Verpflichtung zur Speicherung 260, 265

Betreiben 151
Betreiber 114, 120
- Garantenstellung 120
- Sanktionierung 121
- Untätigkeit 120
- Verantwortlichkeit 114 ff.

Betroffenheit Hate Speech 13
Bevölkerung *siehe Verunsicherung der Bevölkerung*
Billigen 177, 188 ff.
- Holocaust 177
- Like 190
- Straftaten 188

Biografie 249
Blog 11
Böswilliges Verächtlichmachen 164
Breitenwirkung 210

C

Chatgruppen 149
Cloud 319
Counter-Speech 56, 63
Cybercrime-Konvention 54, 256, 293
- 2. Zusatzprotokoll 54
- Zustimmung zur Datensicherung 293

D

Datensicherung
- Datum 248
- Kontext 248
- Öffentlichkeit 248
- Profil 249
- Screenshots 250

Digital-Forensik 342
Digital Services Act 49
- Anwendungsvorrang 52

- Meldepflicht 50

Direktanfragen an ausländische Dienstanbieter 291 ff.
- Auskunftspflicht 295
- Bittsteller 296
- Freiwilligkeit der Beauskunftung 296
- Gestattung 294
- Inhaltsdaten 332, 336, 341
- Kooperationsbereitschaft 292, 296
- Mustertexte 354, 355
- Rechtshilfeersuchen 294, 332, 336, 341
- Territorialitätsprinzip 293

Domain 100
Drohung siehe *Androhung von Straftaten*
Durchsuchung 342

E

E-Evidence 53
- Notifizierungspflicht 53

Ehre 194
Eignung zur Erschwerung des öffentlichen Wirkens 230
- Persönliche Integrität 230
- Politische Kultur 230

Eignung zur Ehrverletzung 224
- Normative Bewertung 224
- Reale Bewertung 224

Eignung zur Störung des öffentlichen Friedens 110 ff., 138, 167, 173, 180 ff., 191
- Androhung von Straftaten 138
- Billigung von Straftaten 191
- Holocaust-Leugnung 180, 182
- Indizwirkung 180, 181
- Reichweite 112, 113
- Störung *siehe Störung des öffentlichen Friedens*
- Volksverhetzung 167, 173
- Wertungsklausel 111

Einziehung 343, 344
- Tatmittel 343
- Ermessensentscheidung 343

E-Mail 11, 108, 241
E-Mail-Adresse 252, 253, 262
E-Mail-Beschlagnahme 314 ff.
- Benachrichtigung 318, 329
- Mustertext 361
- Offene Beschlagnahme 316, 317, 328

Stichwortverzeichnis

– Umsetzung 330
– Verdeckte Beschlagnahme 315, 318, 320, 327, 328
– Verhältnismäßigkeit 317
– Zurückstellung der Benachrichtigung 312 ff.
E-Mail-Dienst 259, 260, 261
E-Mail-Sicherstellung zur Sichtung 316 ff., 327
– Durchsuchung 317
– Bekanntgabe 329
– Herausgabeanordnung 327
– Mustertext 360
E-Mail-Überwachung 333 ff.
– Mustertext 362
– ruhende E-Mails 334, 335
Erfolgsort 79
Erkundigungspflicht 98
Erwähnung 113, 184, 210, 251
Europarat 2, 54

F
Facebook 8, 14, 15, 22, 112, 125, 291
Fake News 136, 137, 218 ff.
Feed 210
Feindeslisten 140
– Gefahrschaffung 143
– Verbreiten 141, 142
– Zielsetzung des Täters 143
Folgeermittlungen in Registern 299 ff.
– Kfz-Kennzeichen 301
– Lichtbilder von Ausweisen 301
– Meldedaten 301
– Mobilrufnummern 300
Follower 72
Formalbeleidigung 72, 197 ff., 223
Forum/Foren 264
Freemail 100
Freunde 113, 184, 210
Friede *siehe Gemeinschaftsfriede, Öffentlicher Friede, Individueller Rechtsfriede*

G
Garantenstellung 120
Gefahrschaffung 143
Gelangenlassen an eine andere Person 241
Gemeinschaftsfriede 130
Gesetz gegen Rechtsextremismus und Hasskriminalität 41, 92

Gettoisierung 176
Gmail 90
Gruppen 158, 173

H
Hanau 31
Handelsplattform 148 ff.
– Administrator 151
– Auffangcharakter 153
– Betreiben 151
– Chatgruppen 149
– Legaldefinition 149
– Moderator 151
– Provision 151
– Spenden 151
– Subsidiarität 153
– Zweckrichtung 150
Handlungsort 78
Hashtag 113, 184, 210, 251
Hasskriminalität 11
Hassposting 9, 11, 18
Hate Speech
– Begriffsbestimmung 10, 12
– Betroffenheit 13
– Definition ECRI 5
– Definition Europarat 2
– Definition Facebook 8
– Definition Institut für Demokratie 7
– Definition NetzDG
– Definition Zentrale für politische Bildung 6
– Gefahren 22
– Meinungsfreiheit 65 ff.
– Radikalisierung 28 ff.
– Rechtspolitik 36 ff.
– Silencing 24 ff.
– Staatsschutz 9
– Straftatbestände 64
– Strafverfolgungsbehörden 56 ff.
– Wahrnehmung 13 ff.
Herkunftslandprinzip 45
Holocaust 69, 176
– Arbeit macht frei 178
– Billigen 177
– Gettoisierung 176
– Judenstern 178, 183
– Konzentrationslager 176, 181
– Leugnen 69, 177
– Massenvernichtung 176

– Vergleiche 178
– Verharmlosen 178
– Verherrlichen 177
Host-Provider 118

I
Identifizierungsermittlungen 252 ff.
– Anmelden in Gruppen 254
– Bestandsdatenauskunft 257 ff.
– Eingriffstiefe 302
– E-Mail-Beschlagnahme 314 ff.
– E-Mail-Überwachung 333 ff.
– Folgeermittlungen in Registern 299 ff.
– Inhaltsüberwachung bei Telemediendiensten 337 ff.
– Innerbehördliche Unterstützung 255
– IP-Tracking 303 ff.
– Login-Überwachung 309 ff.
– Mustertexte 350 ff.
– Nutzungsdatenauskunft 269 ff., 291 ff.
– Online-Recherche 253 ff.
– Qualifizierte Bestandsdatenauskunft 281 ff.
– Richtervorbehalt 252, 302
– Sicherstellung internetfähiger Geräte 342 ff.
– Standardmaßnahmen 253 ff.
– Spezialmaßnahmen 302 ff.
– Verdeckter Ermittler 254
Individueller Rechtsfriede 64, 110, 242 ff.
Inhalt 85 ff.
– Bezugspunkt 89
– Legaldefinition 86
– Speicherung 90
– Verbreiten 91, 142
Inhaltsüberwachung 337 ff.
– Telekommunikation 338 f.
Instagram 14, 15, 22, 291
Internetnutzung 22
IP-Adresse 270, 281, 282, 284, 309
– Echtzeit 309
– NAPT 285
– Speicherpraxis 285
– Quick Freeze 287
– Vorratsdatenspeicherung 284, 286
IP-Tracking 303 ff.
– Eingriffstiefe 305
– E-Mail 304

– Link 304
– Mustertext 356, 357
– Straftat von erheblicher Bedeutung 306
– Verhältnismäßigkeit 308

J
Judenstern 178, 183

K
Kennzeichen 123
Kennzeichenverwendung 122 ff.
– Benutzergruppen 126
– Meinungsfreiheit 128
– Öffentlichkeit 125
– Sozialadäquanz 127
– Verwenden 124
Kettenverbreitung 174
Kfz-Kennzeichen 301
Klicks 113, 184
Klima 111, 187
Kollektivbeleidigung 212
Kommentarspalte 251
Kompetenznetzwerk 1
Kontextrecherche 195, 248
Konzentrationslager 176, 181
Kooperationsprojekte 39
– Gemeinsam gegen Hass im Netz 39
– Justiz und Medien – konsequent gegen Hass 39
– KeineMachtdemHass 39
– OHNe Hass 39
– Verfolgen statt nur Löschen 39
Kriterien *siehe Abwägungskriterien*
Kulturwandel 57

L
Leugnen Holocaust 176
Lichtbilder von Ausweisen 301
Like 113, 166, 184, 186, 190, 210, 251
LinkedIn 14
Login-Überwachung 309 ff.
– Befugnis 312
– Benachrichtigung 313
– Mustertexte 358, 359
– Pflicht zur Umsetzung 313
– Straftat von erheblicher Bedeutung 310, 311
– Telekommunikationsdienst 309
– Telemediendienst 309

– Subsidiarität 311
Löschungen 15, 16
Lübcke 28, 29, 35

M
Machtkritik 211
Mai-Beschlüsse des BVerfG 207 ff.
Massenvernichtung 176
Meinungsfreiheit 65 ff., 128, 132, 147, 185, 195, 223, 235
– Abwägung 76, 196, 206 ff.
– Auslegung 67, 68
– Einschränkungen 73 ff.
– Journalismus 70
– Mehrdeutigkeit 68
– Perspektive 68
– Satire 71, 72
– Schutzbereich 66
– Tatsachenmitteilung 66
– Vorrang 76
– Werturteil 66
Meldedaten 301
Meldepflicht 43 ff., 50
Meldeplattformen 40, 105
– Hessen 40
– Rheinland-Pfalz 40
– Sachsen 40
Meme 218, 222
Menschenwürde 164
Messenger 11, 125
Messenger-Dienste 259, 260
Mobilrufnummern 262, 300
Moderator 151, 154
Mustertexte 350 ff.
– Bestandsdatenauskunft 351
– Direktanfragen an ausländischen E-Mail-Dienst 354
– Direktanfragen an ausländisches soziales Netzwerk 355
– E-Mail-Sicherstellung zur Sichtung 360
– E-Mail-Beschlagnahme nach Sichtung 362
– E-Mail-Überwachung 362
– IP-Tracking 356, 357
– Login-Überwachung 358, 359
– Nutzungsdatenauskunft 352
– Online-Recherche 350
– Qualifizierte Bestandsdatenauskunft 353

N
Nachforschungspflicht 117
Nachrede *siehe Üble Nachrede*
NAPT 285
NetzDG 3, 15, 43 ff.
– Löschungen 15, 16
– Meldepflicht 43 ff.
– Transparenzbericht 15
Newsfeed 210
Nickname 253
Notifizierungspflicht 53
Nutzungsdatenauskunft 269 ff., 291 ff.
– Ausländische Dienstanbieter 291 ff.
– Befugnis 274 ff.
– Benachrichtigung des Betroffenen 279
– IP-Adressen 270
– Kenntnis des Inhalts 272
– Mustertext 352
– Pflicht zur Beauskunftung 277
– Pflicht zur Verschwiegenheit 278
– Zweckbestimmung 272

O
Offenbarungsverbot 326, 327
Öffentlicher Friede 122, 156, 168
Öffentliche Tatbegehung 194, 229
Öffentliche Verwendung 125
Online-Wache 62, 105, 108
Online-Recherche 253 ff.
– Mustertext 350
Opferschutz 61

P
Personen des politischen Lebens 225 ff.
Plattform 11, 114
Plattformbetreiber *siehe Betreiber*
Politiker/in *siehe Personen des politischen Lebens*
Politisch motivierte Kriminalität (PMK) 18
Polizeiliche Kriminalstatistik (PKS) 18
Post 11
Prävention 58, 60
Prepaid 261
Provision 151
Pull 91
Push 91

Q
Qualifizierte Bestandsdatenauskunft 281 ff.

- Benachrichtigung des Betroffenen 290
- Dokumentationspflicht 289
- IP-Adresse 281, 282
- Mustertext 353
Quick Freeze 287

R
Radikalisierung 28 ff.
Recherche 248 ff.
- Kontextrecherche 248
- Profilrecherche 249
Rechtshilfeersuchen 256, 294, 332
- Direktanfragen *siehe Direktanfragen an ausländische Dienstanbieter*
Rechtspolitik 36 ff.
- Bund 41 ff.
- Bundesländer 38 ff.
- Europa 48 ff.
- Kooperationsprojekte 39
- Meldeplattformen 40
- NetzDG-Meldepflicht 43 ff.
Registrierungsdaten *siehe Bestandsdatenauskunft*
Reichweite 112 f., 210, 219, 245, 251
Religionsgesellschaften 168

S
Sachbezug 197, 199, 202, 204, 206
Sachgebietsschlüssel 19
Satire 71, 72
Schmähkritik 72, 201 ff.
Schriftenbegriff 85
Schriftform 105 ff.
Schwerpunkt-Staatsanwaltschaft 38
Schutz der Allgemeinheit 133
Screenshots 250
Server 83, 119, 151
Sicherstellung internetfähiger Geräte 342 ff.
- Abgestufte Vorgehensweise 345 ff.
- Alltagsgeräte 346
- Auswertung 349
- Durchsuchung 342
- Einziehung 343, 344
- Fotografische Sicherung 347
Silencing 24
- Politisch tätige Personen 25
- Journalistisch tätige Personen 26
Smiley 190
Snapchat 14
Sozialadäquanz 127, 146

Soziales Netzwerk 11, 125, 207, 210, 229, 251, 252, 264
Speicherpraxis von IP-Adressen 285
Spezialmaßnahmen zur Identifizierung 302 ff.
Standardmaßnahmen zur Identifizierung 253 ff.
Statistiken
- Hasspostings 18
- Internetnutzung 22
- Löschungen 15, 16
- Meldungen 20
- Politisch motivierte Kriminalität (PMK) 18
- Polizeiliche Kriminalstatistik (PKS) 18
- Strafanzeigen 20
Status WhatsApp 172
Störung des öffentlichen Friedens 184
Story 251
Strafantrag 62, 95 ff., 231 ff.
- Antragsfrist 96 ff.
- Ausschlussfrist 104
- Besonderes öffentliches Interesse an Strafverfolgung 232
- Erkundigungspflicht 98
- Inhalt 106
- Kenntnis von Person des Täters 96
- Kenntnis von Tatmittel 101
- Schriftform 105 ff.
- Weiterleitung 109
- Widerspruchsrecht 233
- Zweck 103, 107
Straftat von erheblicher Bedeutung 306, 310
Strafverfolgungsbehörden 56 ff.
- Kulturwandel 57
Strafzumessung 92
Studien *siehe Umfragen*
Subsidiarität 153, 311, 324

T
Tabuisierungsfunktion 124
Tatsachenmitteilung 66, 217, 222 f.
Teilen 166, 184, 186, 210
Telekommunikationsdienste 258 ff.
- E-Mail-Dienste 259, 261
- Festnetz- und Mobilfunkanbieter 259, 261
- Internettelefonie-Anbieter 259

Stichwortverzeichnis

- Internetzugangsdienst 259, 261
- Interpersonelle Telekommunikationsdienste 259
- Login-Überwachung 309
- Messenger-Dienste 259
- Nummerngebundene Telekommunikationsdienste 260
- Nummernunabhängige Telekommunikationsdienste 260

Telemediendienste 263 ff., 269 ff., 337 ff.
- Foren 264
- Inhaltsüberwachung 337 ff.
- Login-Überwachung 309
- Nutzungsdatenauskunft 269 ff.
- Soziale Netzwerke 264
- Webseiten 264

Terroristische Online-Inhalte 47
Thread 251
TikTok 14, 22, 291
Timeline 249, 251
Transparenzbericht 15
Tweet 11
Twitter 15, 22, 112, 183, 291

U
Überwachungspflicht 117
Üble Nachrede 217 ff.
- Öffentliche Tatbegehung 229
Umfragen
- Bitkom 14, 36, 56
- Forsa 14, 20, 25, 56
- Institut für Demokratie 24
- Institut für interdisziplinäre Konflikt- und Gewaltforschung 26
- Landesmedienanstalt NRW 14
- Magazin Kommunal 25
- Pollytix 14, 36
- Universität Leipzig 14, 24
Unterlassen 114
- Überwachungspflicht 117
- Nachforschungspflicht 117
URL 251

V
Verächtlichmachen *siehe Böswilliges Verächtlichmachen*
Verantwortlichkeit 114 ff.
Verbrechenanreizung 187
Verbreiten/Verbreitung 91, 142, 169, 171, 246

- Feindeslisten 142
- Kettenverbreitung 174
- Volksverhetzung 169, 171

Verdeckte Ermittler 254
Verfahrensklasse 19
Verharmlosen 178
Verherrlichen 177
Verhetzende Beleidigung 238 ff.
- Gelangenlassen an eine andere Person 241
- Zweck 239

Verleumden 164
Verleumdung 223
- Öffentliche Tatbegehung 229
Verunglimpfung des Andenkens Verstorbener 234 ff.
- Abwägung 235
- Meinungsfreiheit 235
- Postmortaler Persönlichkeitsschutz 234
- Verunglimpfen 236

Verunsicherung der Bevölkerung 133
Verwenden/Verwendung 124, 125
Volksverhetzung 156 ff., 344
- Auffordern 162
- Aufstacheln 160
- Beschimpfen 164
- Böswilliges Verächtlichmachen 164
- Eignung zur Störung des öffentlichen Friedens 167, 173
- Gruppe 158
- Liken 166
- Menschenwürde 164
- Teile der Bevölkerung 158
- Teilen 166
- Verbreiten/Verbreitung 169, 171
- Verleumden 164
- Zugänglichmachen der Öffentlichkeit 169, 171

Vorratsdatenspeicherung 284, 286
Vortäuschen 136

W
Wahrheitsgehalt 223
Wahrnehmbarkeit Inland 84
Wahrnehmung Hate Speech 13 ff.
Warnung 135
Webseite 11, 119, 229, 264
Webseitenbetreiber *siehe Betreiber*

Weiterleiten *siehe Teilen*
Weltanschauungsvereinigungen 168
Werturteil 66, 217
WhatsApp 90, 172, 214, 216, 344
– Gruppe 214, 216
– Status 172
Würde *siehe Menschenwürde*

Y
YouTube 15, 22, 112, 291

Z
Zugänglichmachen der Öffentlichkeit 91, 169, 171, 194, 229
– Öffentliche Tatbegehung 194, 229
– Volksverhetzung 169, 171
Zusatzprotokoll 54
Zustand allgemeiner Rechtssicherheit 189